日本ガバナンス

「改革」と「先送り」の政治と経済

Japan's Governance

曽根泰教
Yasunori Sone

東信堂

はしがき

年金記録消失が大きな問題になり、それに対して、安倍首相と厚生労働大臣の対応の悪さが目立ったとき、「ああ、パロマをやっちゃった」と鋭い指摘をした人がいた。パロマは湯沸かし器の欠陥を指摘されたときに、下請けや改造を理由に責任を回避しようとした。その対応の悪さは、石油FF式ファンヒーターでの松下電器（パナソニック）の対応と対比されていた。松下電器は欠陥商品を回収するという当然の対応を取るだけでなく、多大なコストをかけて、新聞・テレビでの広報はもとより、全戸への問い合わせをした。政府の対応がパロマと二重写しになったときに、政府も、結局は松下電器の方法を取らざるをえなくなるだろうとその時に予感できた。年金記録を「ねんきん特別便」で不確かな加入記録の確認をはかったが、結局、全ての受給者・加入者へ問い合わせをすることになった。

元をただせば、年金記録消失問題とは年金のデータベースの設計と入力ミスに端を発する問題だったはずである。しかし、五〇〇〇万件もの記録消失の問題が発覚するまでに、データベース作成の実務上発生した入力ミスや設計の欠陥は、当然、認識されていたはずである。問題は、それが認識されていながら、なぜ見直しや設計変更がなされなかったのか、ということである。また、自民党も野党も社会保険庁を「たるんでいる」と攻撃したが、歴代の社会保険庁長官や実務責任者は責任を取ったのだろうか。それを監督する立場の厚生労働大臣や内閣の責任はどうなるのか。

このような例を前にして、「今の日本はねじが緩んでいる」「たがが外れている」という嘆きが数多く出てくる。嘆いただけでは解決にはならない。どこに問題があるのかを特定する必要があるだろう。年金記録の問題点をひとことでいえば、なぜガバナンスが効かなかったのかということに尽きるだろう。とりわけ、全国民を対象とするような巨大データベースの作成・管理は、単に社会保険庁だけの内部ガバナンス問題だけにとどまらず、厚生労働省や内閣が関係してくる。しかし、仮に年金記録問題が解決したとしても、年金制度自体が今後の高齢化で耐えられるのかという難問が控えている。

本書は、ガバナンスという切り口から、日本が抱える現実の政治や政策の問題を明らかにしようとしたものである。もちろん、ガバナンス問題だけで日本の課題がすべて解決するわけではないが、プライマリーバランスから年金問題にいたるまで、基本的な問題の構造には共通性がある。

また、本書は過去の問題の対処の仕方を「改革」と「先送り」のせめぎ合いとして捉えている。ガバナンスの確保を目指した改革もあったし、全く方向違いの改革がなされた例もあった。それ以上に、問題の「先送り」は枚挙にいとまがない。

本書は日本ガバナンスとして体系的に書き下ろしたものではなく、折に触れて発表した評論や講演記録などを時系列で並べたものである。もちろん、小泉内閣から安倍内閣、福田内閣へと時間の順に読み進んでいただいても、興味ある章を拾い読みしていただいても、最終章の福田内閣を最初に読んでいただいても、内容の把握には支障はない。また、過去の発言を今の時点で並べるということは、歴史によって検証されるという厳しいチェックがあることも覚悟せざるをえない。

ガバナンス問題はコーポレートガバナンスの分野で一番多く論じられてきたが、政治や行政の世界も無縁ではない。むしろ、その起源には、権力分立論や主権論争があるといってもいいだろう。

ガバナンスとは意思決定やマネジメントに規律をもたらすことである。具体的にガバナンスを確保する方法はチェックやモニタリングである。規律の緩みの例はすでに指摘してきたが、チェックが強すぎるとどうなるかも、あわせて論ずる必要があるだろう。

例えば、二〇〇七年の参院選以降、衆参の「ねじれ」がいわれてきたが、その本質は、参議院による抑制と拒否権の行使が強すぎることなのか、規律が緩んでいることなのかを分けておく必要がある。「強すぎる参院」とはそのチェック機能が効きすぎていることを指している。そう考えれば、国会問題もガバナンスの設計と無縁ではない。アメリカ建国期の「フェデラリスト」から連綿と続く議論は、権力抑制の制度設計の問題であり、ひとことでいえば、ガバナンス構造の問題でもある。ブレーキが効かない車は危険であるが、アクセルをふかすとブレーキが効いてしまう車も扱いにくい代物だ。

「時代は混迷をきわめている」とか「世界は不透明な時代に入った」などは、いつの時代にもいわれることである。問題は何が混迷し、何が不透明なのかが特定されないと、単なる印象の吐露に終わってしまうということである。

本書では、その一つの切り口としてガバナンスという概念を持ちだして、日本の政治、経済、行政、政策などの問題を解き明かそうとしているが、もう一つの課題である改革の実をあげることの工夫と努力についても語っている。現実を動かそう、何とかしなければと危機感を持っている読者に対して、何らかのヒントが提供できれば目的を果たせたのではないかと期待するところである。

目　次／日本ガバナンス

はしがき……i
序　日本ガバナンス……3
1　サブプライムローンに見る「デジャビュ」とガバナンス問題……3
2　なぜガバナンス問題か……5
3　「失われた一五年」「改革の一五年」……7
4　改革の模索……9
5　改革の目的、改革の手法……14
6　ガバナンスの確立……17
7　二一世紀日本のガバナンス問題……21

1　改革のジレンマ……25
1　改革のスピードは遅いのか……28
2　改革派内の対立……30
3　改革のコスト……31
4　移行コスト……32
5　改革と改善……33
6　企業の改革、政府の改革……34
7　危機感と改革……36
8　テコの必要性……38
9　改革の意思決定……39

2　これからのわが国政治の舵取りと課題……43
1　はじめに……43
2　日本経済を表わす三つのD……44
3　解決への三つのD――デモクラティック・ガバナンス……45
4　「小泉改革」を支持した自民党員・国民……47

5　重大な損失は政治リーダーの喪失……48
6　一九九〇年、日本経済敗戦の年——未だに「戦後」は終わらない……50
7　限界に来た先送り手法……51
8　不良債権問題が何故解決できないのか……53
9　金融を緩和してもお金が回らない……55
10　郵貯改革に見る日本の構造問題……56
11　「小泉改革」の政治的課題……58
12　首相公選制について……61
13　経済改革——ヒントはIT革命と教育改革……63

3　小泉首相のパラドックス……65
1　自民党は「包括政党」という立場を失ったのか……67
2　「二区現象」の波……69
3　野党の教訓、連立の学習……70
4　政治主導の勘違い……72

4 「対抗ストーリー」を伝えるメディアを …… 75
1 「地上戦」「空中戦」「サイバー戦」 …… 78
2 CMよりも報道を意識 …… 80
3 急速に膨らみ、変えづらいイメージ …… 81
4 インターネットが秘める可能性 …… 83
5 聖域なき構造改革のすすめ …… 85
1 小泉は「政治の構造改革」ができるのか? …… 85
2 構造改革の目的・優先順位は明確か …… 86
3 小泉はカルロス・ゴーンになれるか …… 88
4 政治の構造改革が進まない状況では …… 90
5 相も変わらぬ「先送り」は言語道断 …… 93
6 政治の構造改革を進めるために …… 95
——小泉構造改革はなぜ進まないのか
1 抵抗の場所 …… 97

2　全面戦争か妥協か……99
3　カルロス・ゴーン氏の教訓に学ぶ……101

7　21世紀臨調が促す「政治にこそ構造改革」を……105
1　政治課題として実行される？……105
2　与党審査は慣例だった……107
3　政策決定過程にメスを……108
4　「日本はイギリスではない」……110
5　小泉首相と自民党のねじれ……112
6　「与党のやることがなくなる」……113
7　国会が不安定な状態に……114
8　民主党にも援軍……116
9　小泉ＶＳ抵抗勢力に異変……119

8 制度としての首相主導 ……121
——比較の視点から
9 提言「強い政権」づくりのための15カ条 ……127
1 改革の旗は色あせたか ……127
2 政権一年の評価と教訓 ……129
3 強い政権づくりの処方箋 ……132
10 決定の「場」の移動 ……145
——与党「事前審査制」の位置づけ
1 はじめに ……145
2 問題の所在 ……146
3 決定の前段階への移動 ……148
4 決定過程の「場」としての理解 ……151
5 おわりに ……153

11　迫られる小泉首相の選択——構造改革における選択は何か……157
1　課題は何か……157
2　小泉改革の方向性……159
3　人事権を行使できるか……161
4　小泉プランの内容……162
5　政治状況の読み方……164
12　日本の不良債権はなぜ早期に解決しないのか……167
13　日本再生の方法……173
1　不良債権処理に見る失敗の本質……173
2　経世済民の原点……188
3　産業構造の変化と政治の役割……200
4　ガバナンスの確立のために……214

14 政策決定における首相のリーダーシップ …… 229
15 日本経済の現状と政治の構造改革 …… 279
三つの罠 …… 281
16 日本を漫画的状況にしないためには …… 307
――小泉内閣・自民党・民主党の奇妙な関係
1 漫画的状況 …… 307
2 ねじれを解消するには …… 308
3 民主党はなぜ視界から消えたか …… 310
4 政権の「椅子取りゲーム」 …… 313
5 なぜ、痩せ我慢ができないのか …… 314
17 マニフェスト …… 317
(1) マニフェスト導入の波 …… 317
1 由来は？ 利点は？ …… 317

2 なぜ注目されたのか …… 318
3 日本でも機能するか …… 320
(2) マニフェストの原点 …… 322
(3) マニフェスト選挙——内実伴い始めた政権公約・緊張感求められる有権者 …… 326

18 選挙と政党の新しい胎動 …… 329
——政権選択とマニフェストの効果
1 はじめに …… 329
2 政権選択の意味 …… 330
3 マニフェスト選挙がもたらしたもの …… 332
4 マニフェストは定着したか …… 334
5 どう変化していくのか …… 336
6 おわりに …… 337

19 年金に見る「日本問題」 …… 339

20 参議院選挙では何が問われるか……343
1 はじめに……343
2 参議院そもそも論……344
3 政権獲得と法案成立の差……346
4 選挙のダイナミズムと政策評価……347
5 野党のマニフェスト……349
6 参議院選挙の政局論……350
7 おわりに……351

21 マニフェスト実行体制……353
1 はじめに……353
2 ローカルマニフェスト……355
3 非対称性……356
4 行政機構の改革……358
5 おわりに……360

22 日本政治の課題と展望……361
1 小泉内閣、四年間の評価……361
2 政治の構造改革……362
3 戦後六〇年の時代区分を通して見えてくるもの……364
4 世界的な条件の変化……366
5 国内的課題は豊かな社会の裏返し……367
6 少子化社会は世界的傾向……369
7 社会制度の根幹に関わる問題——分権とコミュニティの危機……370
8 政府と市場、仲介役としてのNPO（NGO）……371
9 ロー・スクールと公務員制度改革……372
10 「日本問題」解決の視点……374
11 郵政改革の争点とその本質……375
12 三五〇兆円の資金、財投機関と財投をどうするのか……377
13 改革のジレンマ……379
14 「日本改革」のテコはマニフェストと憲法……380

23 参院のあり方を考える……383
強い力政権の壁に……383
24 納税者が〝タックスイーター〟でもある現実……387
累積債務に責任を負うのは誰か……387
25 小さな政府は単なる規模縮小に非ず……391
まず必要な国が担う役割の定義……391
26 小泉時代の「政治の構造改革」と今後の道筋……395
1 小泉構造改革とは何だったのか……396
2 「構造改革」の意味……398
3 政治の構造改革……402
4 「改革の司令塔」はどこか?……406
5 日本の政策課題(マクロレベル)……412

6 ポスト小泉の政策争点……415
7 ポスト小泉に求めるもの……421

27 安倍政権誕生後の民主党に求められるもの……425
1 安倍政権の誕生……425
2 官邸主導とは……426
3 小泉政権との違い……429
4 自民党と民主党の構図……430
5 おわりに……433

28 福田政権と日本政治の行方
——問われる「動かぬ国会」の動かし方……435
1 「まさか」の連続……435
2 なぜ、「大連立」か……436
3 「分裂議会」の動かし方……438
4 予算関連法案のゆくえ……440

5 民主党にできること……441
6 総選挙での戦いは今までと違う……443

あとがき……445

事項索引 452
人名索引 454

装幀 桂川 潤

日本ガバナンス——「改革」と「先送り」の政治と経済

序　日本ガバナンス

1　サブプライムローンに見る「デジャビュ」とガバナンス問題

サブプライムローン問題の影響が世界に及び、その対処の方法が各種出てきたときに、「デジャビュ」(すでに過去に見たと感じる既視感)を唱える論調がたくさん出てきた。ただし、そのデジャビュは日本の不良債権問題処理のことだけではなく、もう一つのデジャビュにも触れておく必要があることも付け加えたい。

確かに一九九〇年代の不良債権処理とサブプライムローン問題は相違点も多いが、似ている点も多数ある。「証券化」の手法は日本のバブルの頃はまだ一般化していなかった。あるいは、「ホーム・エクイティ・ローン」といって、不動産の値上がり分を担保にして、金融機関から「リファイナンシング」といって借金をして、それを消費に回すということも、日本では一般的ではなかった。それに近いことを行ったのは、法人が土地の値上がり分を担保に、さらに借金を増やして、次々に不動産投資に走ったことだろう。いずれにしても、不動産価格が上昇しているときには成り立つ取引が、ひとたび、価格が落ち込むと、「悪循環」を発生させるという点では、きわめて似ている。

それよりも、「デジャビュ」観を強くするのは、このような事態が発生して各国のとる対応が、景気を維持するために、金融の緩和という金融政策と減税などの財政政策という古典的な間接的手法をとっていることにある。政府資金をつぎ込む代わりに、アラブやシンガポールからの資金援助が違いといえばいえるが、日本が、さかんに九〇年代に批判されたことを、繰り返している現状に対して、ひとこと言いたい人は日本には数多いと思う。その時の批判とは、「政府の責任で、早い段階で、短期に大量の公的資金を投入して償却を一気に行い、モラルハザードが起きないように経営責任を問うということ」だった。今のところサブプライム問題でその手法がとられたという形跡はないが、そこまで踏み込みこの問題の解決を図るかどうかが注目点である。そのことに対するいらだちが、日本の経験を語るときに出ているのではないかと思う。

ただし、「デジャビュ」について忘れてはならないのは、一九九七年に発した「アジア金融危機」の方である。日本の金融危機と同時期だったが、理由は異なるところから発生した。その時の問題は、ヘッジファンドをはじめとするグローバル化であり、そのグローバルの動きをコントロールする手立てを模索しようとしたが結局、解決策は見いだせなかったことは、今回も何ら手を打てずにいることと似ている。当時、ルービン財務長官が引退するときにも語ったが、手をつけようとして、結局は尻切れトンボに終わったのは、こちらの問題であった。

リスク分散の手法は、リスク拡散の手法でもある。しかし、証券化（セキュリタイゼーション）がすべて、リスクの垂れ流しになり、連鎖は広がる一方とばかりはいえないが、そのようなリスクが発生したときに、どのように食い止めるのか、どのようにチェックを働かせるメカニズムを作るのかは、「グローバルガバナンス」の中でもっとも重要なことであり、喫緊の問題であるが、その手法は未だ開発されていない。「デジャビュ」にはこちらの問題があることを確認した意味で、再び、日本の「失われた一〇年」を振り返る意味は大いにあるだろう。

2　なぜガバナンス問題か

よくいわれる「失われた一〇年」の時期には、実におびただしい改革を行ってきた。それゆえ、その時期は「改革の一〇年」でもあった。「失われた一〇年」と「改革の一〇年」を同時に経験するという奇妙なことが起きたが、その時期は、「失われた一〇年」における失敗を解決するための「改革の一〇年」だったのだろうか。

この点については、おそらく解釈が分かれるだろう。失敗の経験が、正しく改革や改善に生かされるとは限らないことは、しばしば経験することである。事故や倒産などの目に見える具体的事例の場合には、その原因解明の努力は、比較的なされやすい。しかし、因果関係が錯綜する大きな社会的システムの場合だと、実は、失敗は繰り返されることが多い。すなわち、同じ政策が何度も繰り返され、また、それとは別個に「改革」の提案が、これまた、何度も繰り返されることになる。「失われた一〇年」と「改革の一〇年」の奇妙な同居が起きる理由の一つである。

そうすると、「失われた一〇年」の問題とはひとことで言うと、何だったのだろうか。すなわち、それに対応すべき改革は何を目指すべきだったのか。あるいは、その改革をひとまとめにすると、なんと呼びうるのか、こんな疑問が出てくるだろう。例えば、バブルはなぜ起きたのか、また、その処理に予想外に時間がかかった理由は何か、という問いに対して、それはひとことで言えば、チェックが効かなかったという意味で、また、解決のための決定を先送りしても責任を問われないという意味で、ガバナンスが効かなかったといいうるのではないだろうか。

となると、改革もガバナンスをいかに確保するのかということが中心になるべきだが、現実問題からの要請は、別の議論を生みやすい。すなわち、不良債権処理の問題では、不良債権額の削減(半減)が目標となった。もちろん緊急の課題としては、額が当面の目標であることは正しいだろう。しかし、ガバナンスの見地からいえば、不良債権額を減らすことが目標ではなく、不良債権を生まない、あるいは生んだとしてもそれを解決するシステムをどのように作り込むことができるのかという問題が設定されるべきである。

このようにして「失われた一〇年」の歴史を振り返ってみると、そこに浮かび上がる問題は、「日本ガバナンス」とでもいいうる問題である。ガバナンスとは、政府に限らず「組織が重要な決定や舵取りをするときに、誰が権限や責任をもつのか、また、その運営のチェックのメカニズムをどうするか規定することである」。いいかえれば「意思決定やマネジメントに規律をもたらすメカニズム」のことである。当然ながら、チェックやモニタリングは、内部でなされるときもあるし、外部監査役のように外部からチェックが効くように設計されるときもある。しかし、時にして、ガバナンスもマネジメントも同じに扱われる場合があるので、議論が混乱することが多い。例えば、郵政民営化の時の議論には、それに、郵便局が無くなると田舎のおばあさんが大変だというサービスの議論が加わった。本来はガバナンス、マネジメント、サービスの議論は区別されるべきことなのである。

このように見てくると、日本が抱えるガバナンス問題は、依然として、解決がついていないことが多いのである。そのためには、何が「失われた一〇年」で起きたのかを問うことから問題を整理してみよう。

3　「失われた一五年」「改革の一五年」

日本の一九八〇年代を「失われた一〇年」というが、もともとの「失われた一〇年」という表現は、ラテンアメリカが債務危機の後遺症で三年間のマイナス成長と一〇年間の景気停滞に苦しんだ一九八〇年代を指す言葉であった。しかし、「失われた一〇年」は日本の一九九〇年代を指す言葉としてすっかり定着した。

「もはやバブル後ではない」と竹中平蔵経済財政担当大臣が宣言するのが、二〇〇五年一月二四日の衆参両院本会議の経済演説であるので、東証株価が暴落し始めた一九九〇年一月をバブル崩壊の起点とすれば、われたのは、一九五六年の『経済白書』である。それが、戦後一一年目に言われたことを考えれば、一五年は長すぎるだろう。となれば、ここで問うべきことは、「一五年というかくも長きにわたって、なぜ事態を解決できなかったのか」ということになるだろう。

そうなると当然のことながら、次の疑問がわいてくるだろう。そもそも、なぜ「失われた一五年」が起きたのかということになる。その質問の背景には、「なぜバブルは発生したのか」、あるいは「なぜバブルの発生を食い止められなかったのか」という問いにつながることになる。すなわち、「失われた一〇年」の原因を知るにはその前の時期を探る必要も出てくる。

もちろん、「なぜバブルが起きたのか」と「なぜバブル崩壊後、処理に時間がかかったのか」では、原因がまったく同じではないだろうが、共通点もあるはずだ。

太平洋戦争敗戦の原因を日本軍の組織論的欠陥の解明によって説明しようとした戸部良一氏たち防衛大学グループの『失敗の本質』のように、日本の金融機関の組織論的欠陥を探ることも可能であるだろう。

また、ベトナム戦争の反省から生まれた『ベスト・アンド・ブライテスト』(D・ハルバースタム)にならえば、当時の日本軍幹部は日本のエリート達であったし、バブルを作り、その崩壊後の処理に失敗した銀行や大蔵省に働いた者も、有力大学の卒業生達でもあり、いわば日本社会の中のエリート達「ベスト・アンド・ブライテスト」であった。すなわち、日本の中核的な組織での失敗の持つ意味は大きい。本書では、組織論的欠陥の解明を主たる目的とはしていないが、共通する問題認識として、なぜ、バブル発生をチェックできなかったのかということやバブル崩壊後における「問題の先送り」の組織論的欠陥ときわめてよく似ていると理解している。

今から振り返れば、なぜチェックが効かなかったのかという疑問は、「なぜガバナンスが機能しなかったのか」という問いに集約されるだろう。それは、企業のコーポレートガバナンス問題でもあり、また、日本全体を考えるときの「政府と市場」の関係でもある。なぜ、チェックできなかったのか、解決が長引いたのか、広い意味でのガバナンス構造に問題あったということができる。

さらに、バブル崩壊後の決定の「先送り」は、コーポレートガバナンス問題の他に、問題の構造に大きな原因があったともいえる。問題の構造とガバナンスの関係は大きなテーマになるが、素朴な疑問として、「失われた一五年」の間に、何もしないで空費したのか、それとも、対策は多数行ったのに効果がなかったのかの検証が必要になる。その上で、やることは分かっていたのだが、それをあえて先に延ばしたのか、解決策もなすべきことも不明のまま現実に対処しなければならなかった一五年なのかを問う必要があるだろう。

4　改革の模索

まず、「失われた一五年」の間、何もしないで指をくわえて立ちすくんでいたのだろうか。というのも、この時期は、実におびただしい改革の連続であったということもできるからである。ある法律の雑誌から、

「政治改革、行政改革、地方分権改革と司法改革」というタイトルで書くように原稿依頼を受けた（『法律時報』二〇〇五年七月号、三四―三九頁）。つまり、政治改革や行政改革や地方分権改革を踏まえて、司法改革のことについて書くという依頼であった。私自身の経験としてこれらの改革に関与してきたので、司法改革についても議論が可能だったが、考えてみれば、実に多種多様な改革に関わってきたと振り返ることができる。これら改革の他に、政治改革とほぼ同時並行で大学改革にもコミットしていたので、一九八〇年代後半からは、まさしく自分自身も改革の連続に関与したということができる。さらに最近は、医療制度改革というテーマも加わっている。

それでは、これだけの改革をしていたのなら、日本の危機が回避でき、事態の解決に素早く対応できたはずであるというのが当然の反応だろう。しかし、「失われた一五年」が厳然として存在する。それゆえ、この矛盾に答える必要があるだろう。

もちろん、それに的確に答えることができる唯一の回答があるわけではないが、なぜかについて、問題点を整理すると、①不良問題設定、②改革の効果不足、③問題の性格、に分けることができるだろう。

①不良問題設定

不良問題設定とは、理系の研究者達がよく使う言葉で、研究や実験で問題設定が悪いと、望むべき結果を得ることができないことをいう。私も、しばしば学生たちに、「good question には good answer と bad answer があるが、bad question は何も生まない」ということをいってきた。

それは、現実政治の文脈でいうならば、橋本行革をあげることができる。九〇年代の行革では、グローバル化や少子・高齢化などの二一世紀型の課題に対応できるような省庁の機能再編をする必要があった。単なる合併による巨大省庁を作るだけでは問題解決にならないと、私は批判してきた。ただし、首相を中心とする内閣機能の強化については正当に評価してきたが、喫緊の課題であった不良債権処理が行革やその他の改革で正確に取り上げられてきたかどうかは大いに疑問であった。

また、この時期に「フリー・フェア・グローバル」と唱えて「金融ビッグバン」を行ったが、その前に不良債権処理をすることが必要ではなかったかとも批判してきた。もちろん、長期の課題としては「金融ビッグバン」を行う必要があったことは確かではあるが、自由化には順序と時間の枠組みを考えることがその前提になる。それは、ロシアの「市場化」におけるショック療法やアジア金融危機でもでてきた教訓である。

バブル崩壊後に起きた株価下落や土地価格の暴落によって起きた景気後退に、通常の政策ツールである財政政策と金融政策で対処しようとした。その原因は構造的な問題によるもので、従来の循環的現象ではないということが理解されるのはかなり後になるが、一般的な不良債権処理には基本的な対処の方法があることは多くの人が知っていた。だが、それを行うことができなかったところに問題があった。実行に移すことができないので先送りをしたということもあったし、問題が当初考えていたよりも大きかったという誤算もあった。問題の規模の問題は、③の問題の性格にも関係してくる課題である。

②改革の効果不足

改革の効果が表れるには時間がかかる。九〇年代の政治改革や橋本行革の効果が本格的に表れるのは小泉内閣になってからである。教育改革ではその効果が表れるのはもっと先になる可能性がある。それゆえ、改革の効果の測定は難しい。見当違いの改革なのか、それとも効果が表れるのが遅れているだけなのかは、いつも議論が分かれるところである。そうであっても、大規模手術という制度改革が必要なのか、当面の絆創膏や包帯での止血を目指したものなのかの区別は、改革を見るときに必要な観点である。

その一つの例として、不良債権処理を論じたときに、ソフトランディングとハードランディングという言葉が対比された。だれでも、飛行機の着陸ではソフトランディングを好むだろう。しかし、このときの選択肢がソフトランディングとハードランディングの二つに一つだったのかどうかは疑問がある。本当の選択肢は、ハードランディングとクラッシュの二者択一だったのではなかったのか。となると、クラッシュを避けるためには、ハードランディングは不可避である。胴体着陸や海上着陸に備えて、緊急姿勢と避難準備が必要になるのは当然だろう。

一般に、ハードランディングのリスクは高く、ソフトランディングのリスクはそれほどでもないと見積もられる。ただし、それが可能であった場合の話であるが、このソフトランディング路線があたかもありうるように思ったところに、「先送り」心理の大きな原因があったといえるのではないか。一九九二年という早い段階で不良債権問題に気がついていた宮沢喜一氏でさえ、蔵相であった九八年の長銀などの金融危機の際には、「ハードランディングは素人のいうことです」といった。ということは、この時期でも、ソフトランディングは広く信じられていた選択肢であったともいえる。

③問題の性格

解決困難な問題は、その性格により、大きく二つに分けることができる。

一つは、解決方法は分かっているが、実行できない例である。もう一つは、解決方法が分かっていない、あるいは、未知の問題の例である。一般には、先送りを批判するときには、前者の例になるだろうが、その中間の問題もある。例えば、自民党の「金融再生トータルプラン」では、不良債権はブリッジバンク方式で処理できると理解されていたが、それは、アメリカのS&Lタイプの破綻処理の方法であった。ところが、日本が直面したのは、長銀や日債銀などはるかに規模が大きな金融機関の破綻処理であり、それまで準備してきた方法ではとうてい対処できないという事態であった。問題の規模が予想よりもはるかに大きかったという例である。

社会科学一般は、自然科学と違い実験が行えないとしばしばいわれてきたが、必ずしも、一回ごとに試行錯誤を繰り返す必要はない。過去の事例と海外事例は、実験が行えないという欠陥を補う。その意味では、学者も官僚も過去の事例や海外の例に精通しているということで問題に対処してきたし、学習や研究も海外の理論や事例を探ることから成り立ってきた。

しかしながら、日本で独自に発生したことや、未知の事例などは、独自の分析手法を必要とする。その意味では、先進課題、先端課題への対処ということが、近年求められるようになってきた。

例えば、グローバル化や少子・高齢化は、模索しながら答えを探る必要がある例である。とりわけ、少子・高齢化については、日本の対処を世界中が注目している。少なくとも、アジアの多くの国では、少子化が急速に進行しているし、韓国のように日本と同様に超高齢化を目前にしている国もある。

少子化は外国で対処の事例があるではないか、あるいは、高齢化の例も珍しくないという意見もあるが、日本の高齢化の進行はきわめて早い。それに加えて、少子化も急速に進んでいる。となると、それぞれ異なる原因の少子化と超高齢化が同時に起きるときにいかなることをなしたらいいのかは、先進課題の代表例であるといえる。

具体的な解決策以前に、これらの問題に対応するだけのシステムができているのかということが、「失われた一五年」からの教訓であるだろう。

5　改革の目的、改革の手法

マクロ政策としての一般的な財政政策や金融政策は九〇年代にやり尽くしたということがいえる。それゆえ、小泉政権では構造改革が前面に出てくるのもうなずくことができるだろう。ただし、構造改革という名前が示すものの範囲は相当広いことに注意する必要がある。例えば、産業構造の転換と民営化は同じではない。個別企業が国際競争力をつけるために選択と集中を行ったり、リストラしたりするのは構造改革ではあるが、政府が行うマクロ政策ではない。しかし、不良債権処理、金融制度の構造改革、プライマリーバランスの回復を含む財政改革などは、政策としては当然であるが、「構造」に当たる部分を何とかしようということが背景にある。その関連でいえば、小泉政治が終わり、その五年半の評価はさまざまな形で出てきているが、小泉政治の評価には、その五年半を改革の一五年の中で評価しないと理解できないことが多いことも注意しておく必要がある。

民営化や規制緩和の手法は、サッチャーやレーガン、中曽根の頃から知られてきた手法である。小泉改革の目玉であった「郵政民営化」も「道路公団民営化」も民営化という手法による改革である。となると、民営化にはどのような良い点があるのか確認しておく必要がある。

民営化による効果について、ＪＲ東海の葛西敬之会長は、⑴競争による活性化、⑵規制緩和による活性化（関連事業の拡大）、⑶政治介入からの遮断をあげ、特に⑶を強調した（慶應義塾大学ＳＦＣフォーラム、二〇〇六年一月一八日）。

一般的には、民営化された企業には、コーポレートガバナンスが働くと見ることができる。経営に対して株主の監視は厳しくなるし、株価は経営状況を反映したものになるはずである。また、経営責任は取締役会が負うことになり、社外取締役がチェックの役割を果たすし、株主は議決権を持って経営を監視することになる。

ただし、市場からの監視ということでは、公社でも、地方自治体でも、必ずしも民営化による株式発行でなくても、債券市場で厳しく監視されることはありうる。もっとも、日本の地方債の保証を総務省が行ってきたような例では、ガバナンスが働く余地は低いといえる。

コーポレートガバナンス問題で、大きな論点になったのは、エンロン事件を契機として、アメリカ型コーポレートガバナンスでいいのかという議論と、さらに、ライブドアや村上ファンドの問題で、再び、日本的経営へと回帰する議論が多くなったことであろう。

コーポレートガバナンス問題は議論の蓄積が多いが、実は、政府と市場という二つの制度を結ぶ仕組みはいかなるものにすべきかでは議論が不足している。

すでに見たように、旧国鉄からＪＲへと民営化したことの最大の効果は「政治からの遮断」であった。一般のコーポレートガバナンス論とは違い、政治の介入について大いに考えさせられる事例であった。われわれは、民主主義の枠組みの中で、政策形成を考えている。通常は、行政や議会が監視に当たることは、政治のガバナンスを考えるときに、当然のこととして扱っている。しかし、その政治の介入がガバナンスを狂わす原因になるという指摘は、制度を設計するときに、考慮すべき大きな問題なのである。

そうして考えてみると、道路公団民営化、郵政公社の民営化、ＮＨＫなどの特殊法人は「民営化」の文脈で議論されてきたが、ガバナンスの問題（正確には、「メゾガバナンス」の問題）として考える方が、分かりやすいともいえるのである。すなわち、経営形態から議論を始めるのがいいのか、ガバナンスから議論すべきなのかで求めるべき議論は分かれるということである。

それらと比べ一番独立性が高く、かつ法律で守られているのが、認可法人の日銀であろう。ところが、その日銀でさえ、内閣や与党との関係において、利上げ問題やインフレ目標などで、緊張関係を含む対立が数多く見受けられる。また、総裁、副総裁の国会同意人事では、改めて政治と日銀の問題が問われることとなった。
「政治からの遮断」の唯一の答えが民営化であるのかどうか、また、「政治からの遮断」と簡単に言い切ってしまうと民主主義における「政府と市場」のガバナンスの設計は可能になるかどうかが、まさしく、大きな問題として残っている。

6　ガバナンスの確立

「ホワイトカラーエグゼンプション」(white collar exemption)「コンプライアンス」(compliance)「デューディリジェンス」(due diligence 適正評価)「フィデュシャリー」(fiduciary 信認)など、訳語としては日本語に定着していない言葉を専門家は使うが、一般に理解されるには、どう訳すのかは重要な課題である。ある意味で、マニフェストを「政権公約」と訳した意味は大きいと考えている。ガバナンスの訳語は一般的には「統治」が使われているが、それにはやはり問題が多い。本書ではガバナンスというカタカナ表記を使っているが、ガバナンスの訳語については、次の記事が参考になるだろう。

二〇〇〇年一二月。あるカタカナ語を漢字熟語に置き換えようという造語の試みが、中国・北京で行われていた。その言葉は「ガバナンス」。挑戦したのは、慶応大学の曽根泰教教授(政治学)だ。「ガバナンス」は、普通「統治、支配、管理」などと訳される。だが、「『統治』では権力闘争的なイメージが強くなる。理屈、原理をもって治めるといった意味で、本来は幅広く使われている言葉なんです」と曽根教授。

そこで、北京大学の教授連と相談して、日本語でも使える熟語を造ろうとした。「『統治』が強いのであれば、『共治』では？」「いや、『共治』は連立政権に意味が近い」。そんなやりとりの末、提案されたのが「治理（ちり）」だった。中国では古くから使われている言葉で、「大漢和辞典」（大修館書店）には「漢書」からの引用がある。

曽根教授は帰国すると、「ガバナンス」に「治理」とルビを振るなどして広報に努めた。だが、政治学者らは「いい言葉ですね」とほめてはくれたものの、言い換えを進めてはくれない。「『ガバナンス』がすっかり定着していた。僕は福沢諭吉にはなれなかったってことです」

福沢諭吉は、日本が議会や政党といった民主主義の制度を理解していなかった明治時代、欧米に渡り、「スピーチ」を「演説」に、「ディベート」を「討論」に翻訳して広めたことで知られる。

インターネットなどで、情報が一瞬のうちに地球全体に伝わる時代。次々登場するカタカナ語を翻訳し、浸透させることは難しい。「たとえ福沢さんがいても、今なら『演説』の前に、『スピーチ』が定着してしまうだろう」と、曽根教授は分析している（［新日本語の現場］（67）漢字への翻訳、今はムダ？『読売新聞』二〇〇二年九月二〇日）。

ちなみに、グローバルガバナンスは「全球的治理」と中国語では表現される。

ガバナンスの問題を議論すると、当然、制度の問題に行き着く。例えば、土地担保主義、メインバンク制、護送船団方式など、新制度論者が述べてきた「制度」を抜きに、ガバナンス問題を語ることはできない。コーポレートガバナンスの問題でも、それらの制度は、単に利害関係者（ステークホルダー）まで広げれば済むわけではない。護送船団方式を前提とした銀行経営と、それがなくなったときの経営は異なるだろうし、リスク管理のガバナンスの確立が喫緊の課題として登場してくる。また、メインバンクが社外重役のようにコーポレートガバナンスで果たしてきた役割は大きいというかつての意見も、現在では様変わりしていることを考えるべきである。

ガバナンスには、大きく二つの要素がある。社会にしても組織にしても、重要な意思決定をするときに誰に権限と責任があるのかを明確にすること、もう一つが、その運営を、チェック、監視（モニタリング）できるようにしておくことである。

government と governance は語源が一緒であるが、政府以外の組織においても、意思決定とそのチェックのシステムを考えることができるという意味で、ガバナンスは広く使われている。

近年、元々の政府・政治のガバナンスを論じておかなければならないということは、ガバナンスの議論の中で再確認された。

例えば、政治改革の中で政策中心の選挙ということは、何百回も繰り返し訴えられてきたが、「政策なんて」という意識は、有権者にも政治家にもあった。しかしながら、マニフェストが導入されるようになって、政策を中心として、有権者と政治家、内閣と議会、政党の責任が明確になった。

その時に、マニフェストを政権公約と訳した効果はかなりあったと思っている。というのも、選挙において、政党は政権を取ることを目指し、有権者はその選択において、どの党に政権を取らせるのかということを意識するようになったからである。すなわち、選挙での有権者のつとめは、候補者の選択だけであるという旧来の意識からの転換が図られたということである。ただし、政権を取ったら向こう四年間に何をやるのかが明確でないと選択のしようがない。希望を並べただけでは、意思は分かったとしても、選択の根拠としては弱い。それゆえ、マニフェストでは検証可能な形で政策が提示される必要がある。根拠も示されないと、判断がつきかねる。総選挙における政権選択とは、「政権の選択」「首相の選択」「政策の選択」が一体になされるところが重要な点である。

選挙で選ばれた政党は、首相を選出し内閣を形成する。その内閣が官僚を使いこなして、マニフェストで書かれた政策を実行に移すという関係である。

つまり、選挙限り、紙の上の話で終わらせないためには、マニフェストの実行が重要である。実行体制ができないと、「空約束」で終わる可能性がある。その実行体制を見、実績を判断して、次の選挙のときの選択に役立てるという一連のサイクルが出てくることで、政治のガバナンスが確立する。このサイクルは、企業や研究開発の現場で行われている、'Plan, Do, Check, Action' のサイクルと同じ形である。しかし、最終的な評価者が有権者であるという点が重要なのである。それこそが、主権者を国民にしている意味であるともいえる。

ガバナンスの観点から「失われた一五年」の間の政治改革、地方分権改革、行政改革などを見てみると、それらに共通する問題意識として、制度の自律性や制度間の関係、あるいは、日本全体のガバナンスを確立しようしてきたことが読み取れる。例えば政治改革におけるマニフェストの例のように、明示的には語られてこなかったが、ガバナンスを求めて改革が進められてきたということができる。また、少なくとも最近の例では、郵政民営化の目的の一つには、ガバナンスの確立が明確に入っていた。

7　二一世紀日本のガバナンス問題

「失われた一五年」の間に求められてきた改革の方向性とは、ガバナンスの確立だったのではないかという理解は、単なる後知恵なのだろうか。例えば、不良債権額を半減するという目標とか、プライマリーバランスの回復とか、「無駄な道路は造らない」とか、郵貯資金が財投機関（特殊法人）に安易に流れないようにするとか、約四〇％の人が国民年金保険料未納という現実をどうするのかという問題設定は、単に数字を減らすという目標と捉えることもできるが、それは、それらの原因を解決するシステムを作るためにはどうしたらいいのかという問いでもある。その一つの問題がガバナンスをいかに確立するのかという問いかけでもある。すなわち、不良債権の額を減らすことと、不良債権の発生を未然に防ぐことや不良債権の処理を速やかに行うためのシステムをどう作るのかの違いである。それはコーポレートガバナンスとして捉えられる部分と、政府と市場というようなもっと大きな枠組みをいかに組みたてるかという、制度間のガバナンスまで及ぶ課題でもある。それが、アジア通貨危機のように国際的な領域に及びグローバルガバナンスを確立するための制度設計の問題になると、依然として、国内のように解決がついていない領域である。

このように見てくると、例えば、無駄な道路を造らないシステムをどのようにガバナンスとして設計するのかが問われることになる。その時に、民営化は答えとしてふさわしいのかが次の課題である。民間企業がコーポレートガバナンス問題と利害関係者（ステークホルダー）の関係として考えてきたこと以上の問題に踏み込む必要があることは、すでに、「政治からの遮断」の例で示してきた。それは、主に特殊法人を例にしてきたが、それにとどまるだけではない。プライマリーバランスの回復という問題は、政治そのものの課題である。財務省も国会も自民党も利益集団も国民も、すべて関係している問題なのである。景気の変動によって歳入には増減がある。それに依存することなく、安易な歳出増や安易な増税を防ぎながら、プライマリーバランスの回復に加え、財政再建ができるのか、そのようなシステムは設計可能なのかがガバナンス問題であるだろう。すなわち、それを解決するには、われわれが持っている民主主義のシステムを使うしかないのだが、「政治の介入」についての反省の上に行われる必要がある。

不良債権処理は一五年かかった。正確には、すべて解決したわけではないが、私が前から述べてきたように、「政治的争点のバランスシートから不良債権問題を落とすこと」という目的は達成したのではないだろうか。少なくとも、連日、新聞の一面に出てくる問題ではなくなった。だが、二度とバブルは発生しないのか、あるいは、不良債権が迅速に処理されるシステムが確立したのかという問いに対しては次のように答えることができるのではないか。少なくとも、九〇年代初頭のようなことはないだろうが、不良債権はある確率を持って発生する。しかし、そのためには、十分な引き当てを積み、迅速に償却ができれば、問題は解決できる。それよりも、経営における意思決定のシステムにおいて十分なチェックシステムを持っているか、すなわちガバナンスメカニズムが機能するようになっているかが、それを判断する目安となるだろう。

こう考えてくると、日本ガバナンスとは、個別企業のコーポレートガバナンスだけの問題ではない。プライマリーバランス回復も、国民年金保険料の未払いも、地方分権における国と地方の関係も、政府と日銀の関係も、ＮＨＫの問題など、もっと大きなガバナンス問題が解決したとは言い切れない。

さらに、先進課題である、グローバル化や少子・高齢化などを目前としたときに、いかに対処すべきなのかという問題がある。これには、問題から攻める方法と、問題を解決するシステムを設計する方法、すなわちガバナンスの確立との二種類の方法があるだろう。

こう考えてくると、「失われた一五年」の間に出てきたガバナンス問題はすべて解決したのではなく、まだ取り組む必要がある重要なテーマであり、先進課題だといえる。

1 改革のジレンマ

「改革」とは一見簡単なキーワードのように見えるが、実は、相当複雑な構造をもっている。改革に賛成の人と反対の人の単純な対立とばかりはいえない。一つには、改革を本心希望していなくても、改革を名乗る例に事欠かないからである。少なくとも、最近の選挙では、改革を訴えないと、勝利はおぼつかない。その点では、改革を名乗ってもその真意は隠されていることが多いので、どこまで本気で改革にコミットしているのかの確認は、必ず必要になる。ただし、真意を探り出す決定的な方法があるわけではないが、継続的な観察で、ある程度は、見抜くことはできる。

むしろ、やっかいな問題は、本気か否かを問わず、改革について表明された目的がハッキリしないことの方である。たとえ本気でコミットメントしていても、その目的が曖昧な時には、改革の方向性は危いものになってしまう。確かに、政治の場では、あまり明確に主張を提起すると、敵ばかり作ってしまうという難点がある。曖昧さも戦略の一つであることを認めたとしても、改革の成果をあげるためには、目的や意図が明確である必要がある。「敵をやっつけろ」といった曖昧な指令だけでは、軍隊は動かない。それは、戦略とも戦術ともいえないのである。

しばしば、「改革のジレンマ」として、「総論賛成、各論反対」が例に挙げられることがあるが、それは、一面しか表わしていない。「総論」の意味するところが、誰も反対できないような抽象的な目的であると、当然のことながら、それを具体化すればするほど、異論が出てくることは一般的なことである。あるいは、「日本経済をもっと効率的にすべし」というような例では、それには反対する者が少なくても、その意味することが、「わが社のリストラ」、ひいては「我が身のリストラ」だとすると、具体的な場で反対に回る者がいるのは、ある意味で当然である。一般的に、痛みを被る利益集団が反対し、直接的な利害関係者が文句をつけるのは、きわめて分かりやすいことである。しかし、反対があるからといって、改革の旗を降ろしたのでは、改革は一歩も進まないことになる。

そもそも、九〇％の人が賛成する政策は、改革とはいわないだろう。他方、五％か一〇％の賛成しか得られない改革案は「革命」といってもいいかもしれない。通常の改革には、半分程度の反対が想定されている。本来は改革の恩恵を被る層でも、それに気がつかず潜在的なままにとどまり、積極的に声をあげることは少ないかもしれない。そうすると、賛成派はもっと少なくなる。すなわち、いかに反対派を賛成派にするか、あるいは、賛成はしないまでも、積極的な「反対」を控えてもらうかが、政治の最も重要な課題の一つにある。

おそらくここまでは言い古された改革にまつわる話題である。しかし、二〇〇四年の参議院選挙を見ると、反対の層にも大きく二つのグループがいることに気づかされる。二〇〇一年参院選では、改革を甘受した層で一見賛成派に回ったように見えたが、もとより、本来的に改革の痛みを受ける層なので、改めて反対の意思表示をしたか、あるいは、選挙に行かなかった。そのこと自体は、何ら不思議なことではない。それ以上に、二〇〇四年参院選で目についたのは、改革賛成派だが、改革が不十分ゆえ、あるいは遅いことをもって、小泉政権に異を唱える層が出てきたことである。それは、かけ声だけは大きく、結果は期待はずれに終わった道路公団改革などが、その例に該当する。

それゆえ、政治的には、マニフェストを使って、選挙で有権者の信託を得るという方法が一つにはある。本来なら、そこで支持された政策を実行に移される時に、おおっぴらに反対することは選挙を否定することになり、利益集団でも官僚でも族議員でも抵抗は難しくなる。しかし、マニフェストで改革を明確に表明すると、党内がおさまらないことがある。一方、曖昧な表現が選挙での約束となると、その解釈は多義的にならざるを得ない。

次の文章は、何度も指摘されてきた、二〇〇三年総選挙で、自民党が政権公約(「小泉改革宣言」)に掲げた「郵政改革」についての一文である。

郵政事業を二〇〇七年四月から民営化するとの政府の基本方針を踏まえ、日本郵政公社の経営改革の状況を見つつ、国民的議論を行い、〇四年秋ごろまでに結論を得る。

この文章が、政治的に問題になることが多いので、『東京新聞』(二〇〇五年一月一八日)は言語学者の金田一秀穂教授にその解釈を求めた。金田一教授は、この例で、「(一般常識的な言葉のとらえ方の)語用論的には、民営化を公約したことになり、(文章の厳密な意味としての)文義からは、公約していないことになると思う」と分析した。つまり、どちらにでも解釈できる悪文の例であるという結論になる。

政治とは妥協が不可欠であるといわれることが多いが、妥協とは何を妥協するのだろうか。目的の妥協なのか、手段の妥協なのか、手続の妥協なのか、マニフェストから国際交渉に至るまで、絶えずつきまとう問題である。もし、目的において妥協してしまうと、当然ながら、その改革の評価が低くなることは避けられない。では、目的が曖昧な時はどうなるのか。通常の評価は目的に照らしてなされるので、この場合は評価の基準自体が揺れ動くことになり、改めて、本当の目的とは何かを再定義する必要が出てきてしまう。ここで、再び、改革の目的が明確であるべしという、最初の原則に戻ってしまうのである。

1　改革のスピードは遅いのか

また、改革については、かけ声だけで、少しも進まない現実にいらだっている者も多いだろう。改革のスピードの問題は、これだけ社会変化が早い時代には、当然、避けられない。不良債権の処理については、九〇年代にはその処理が遅れたことを私も何度も指摘してきた。さらに、「先送り」の手法を解明する必要があるが、これについては改めて論ずるべき重要なテーマであろう。

確かに、竹中プランの実施により、不良債権処理は進んだが、それが最適なスピードかどうかは、評価は分かれる。小泉首相は「不良債権処理について、『処理の進め方が早すぎる』というのと、『遅すぎる』という両方の批判が出た。両極端の批判が出るということは、今進めているスピードがちょうど良いんだと私は思う」と述べている(『神奈川新聞』二〇〇五年一月一日)。おそらく、あらゆる改革に批判はつきものであるので、異なる立場からの批判が出てくるのは当然であろう。しかし、そのことが改革のスピードが適正であることを証明したことにはならない。すなわち、改革への賛否(反対派は当然ながら、「早すぎる」とか、「痛い」とか文句をつけるであろう)と、改革のスピードについての判断とは別の事柄で、賛成派が改革のスピードをどう判断しているのかを見ることが最も重要であるだろう。

おそらく、そのスピードの違いについては、日産のゴーン社長が行った改革などと比べて、遅いのではという、政治と企業改革の対比が一つには基準となり、もう一つは、例えば、不良債権処理などでは、過去にその処理を行ったアメリカ、スウェーデン、韓国などと比較して、ある程度、早さを判定することができるのである。

2 改革派内の対立

改革とはやっかいであることが明らかになったのは、道路公団民営化問題である。道路公団民営化推進委員会のメンバーのほとんどは、大きく分ければ「改革派」に属している。しかし、その委員間で激しい意見対立が起きたことは、記憶に残っているだろう。また、その対立状況は、各種の出版物でその背景も確認できる。そうなると、国民の目には、道路公団改革は成果があったのか、それとも、たいした結果とはいえないのか、判断がつかなくなってしまう。ここでの教訓は、改革派対守旧派の単純な対立の構図では見えないところを見る必要があるということである。つまり、改革とは何を変えるために行っているのか、あるいは、どの程度の目標を設定するのかという、改革の中身に踏み込む分析が必要になってくる。そのためには、改革の理念、そもそも論にまで触れざるを得ない。

（注）猪瀬直樹『道路の権力 道路公団民営化の攻防一〇〇〇日』（文藝春秋、二〇〇三年）の主張に対して、田中一昭『偽りの民営化』（ワック、二〇〇四年）、川本裕子『日本を変える』（中央公論社、二〇〇四年）は、異なる立場から異論を唱えた。猪瀬批判に同調する立場には、桜井よしこ『権力の道化』（新潮社、二〇〇四年）、屋山太郎『道路公団民営化の内幕 なぜ改革は失敗したのか』（PHP新書、二〇〇四年）がある。山崎養世『日本列島快走論』（NHK出版、二〇〇三年）は高速道路無料化（本当は、財投からの借金の借り換えが重要であるが）の民主党案の基礎になるものである。

3　改革のコスト

改革が進むべき道としても、なぜ改革が必要なのだろうか。アメリカではよくいわれるIf it ain't broke, don't fix it「壊れていなけりゃ、直すな」（あるいは、動くなら、直すな）という格言がある。もっとも、アメリカでは車など修理に出したら、逆に具合が悪くなることがあるので、その経験からの発言かもしれない。これに対して、ダボス会議の主催者のクラウス・シュワブは逆に「直せ」と述べている。国際機関の故障は作り替えるべきであるという立場から、G8ならぬG22を提唱している。

いずれにしても、改革をするとよほどいいことがあるという確信がないと、現状のままでいいのではないかという人を説得することは難しい。さらに、改革案と現状とを比べるだけでは、改革を進めるには不十分である。分かりやすい言い方をすれば、今住んでいる家と、売りに出ている家を比べて、多少、新しい家の方が良い程度では移り住まないだろう。というのも、引っ越しにかかる費用やら、今までに築いてきた隣近所やコミュニティとのつながりなど、移行コストは相当にのぼるからである。もちろん、隣近所の煩わしさから逃れるために引っ越す人もいるだろうが、子供の学校やら、つきあいのクラブやら家単体の比較だけでは、単純には計れない問題が潜む。しかし、改革を推進するためには、コストを支払っても改革をする意味を示す必要がある。あるいは、改革から発生するコスト以上の利益があるということを説得的に示すことが重要である。それゆえ、改革には、理念やビジョンを示すことが必要である。しかし、ここでも一つのジレンマにぶち当たる。将来発生するコストの計算は、そうたやすくない。現状の費用・

便益計算でも、しばしば、計算通りにならない例が多数出てくる。費用を少なくするというような具体的なコスト削減の話をしているのか、制度の根幹を改革しようとしているのかが、途中見失われると、一体何のための改革をしているのか迷走することになるからである。

それゆえ、目的の明確性のうえに、さらに、理念の正しさを示すことによって、改革にまつわる移行コストを支払っても、改革へ向かう意欲を動員させることが肝腎であるということが、改革の基本構造になるだろう。

4 移行コスト

実は、移行のコストは、年金制度のように、長期の積み立てと、長期の給付から成り立っている制度では、もっと大きく見積もる必要がある。だから、改革をするなといっているのではなく、移行プランを含んだ改革案が必要なのである。例えば、年金制度の一元化はすぐにでもできそうであるが、すでに、異なる体系のもとに、保険料を払い、給付を期待している人に、一元化だから低い方に合わせるから我慢しろといっても、そう簡単にはおさまらないだろう。その点では、異なる銀行口座に移し換えることが可能である銀行預金などと同様に、個人の年金勘定という概念を入れるしかないのではないか。ただし、それをするには、年金番号制の導入と、今までのサラリーマンの配偶者(第三号被保険者)など「家族単位」だった考え方を「個人単位」に大きく変える必要が出てくる。

また、郵貯改革でも、旧勘定と新勘定を置かないと、スムーズな移行はできない。これが、改革に時間がかかる理由でもある。しかし、不良債権問題の時に、私は「争点のバランスシートから不良債権問題を落とす」ことが肝腎であると述べたことがあるが、実際の実務的な処理には何年もかかるだろう。しかし、不良債権処理のスキームが決まり、それに社会が納得すれば、あとは、実務上の問題となる。マスコミも世論も「不良債権問題」が喫緊の争点だと思わなくなるだろう。その点では、移行とはいうものの、政治的決定レベルの話と実務の話は区別すべきではないか。

5　改革と改善

改革には、もう一つ重要な争点がある。それは、改革か改善かという論争である。日常的な業務の改善で問題が処理できるのなら、改善でも十分かもしれない。あるいは、トヨタ自動車のように、乾いた雑巾をさらに絞るような、限界まで「改善」をしている企業では、制度の変更を求める改革は不要かもしれない。しかし、多くの事例では、制度や組織の根本に立ち入らないと、つまり、小手先のことでは、事態の打開は不可能であることが多い。

年金問題の時に、現在の年金制度の再計算で済む問題なのか、現在の年金制度の根幹を問うべきかの二つのアプローチの対立があった。さらには、その両者の対立を意識せず、両者を混同して議論があったことも、さらに議論を錯綜させた。

むしろ、問題は、改革とはいっても制度の根幹に関わる改革の例が多いのが最近の特徴である。三位一体とは、中央－地方政府間の基本的な税源や権限をめぐる問題である。もし郵貯改革が、かつての「財投問題」にまで及ぶとするなら、それは、まさしく、日本の過去の公的金融そのものの制度改革を迫るものとなる。道路公団問題も、特殊法人改革の具体例として、特殊法人の制度そのものにつながる改革なら、制度の根幹に迫る話になる。つまり、長い年月をかけて作り上げられ、それが定着したシステムの綻びを正すことは容易ではない。しかし、だからこそ、改革が必要になるということである。企業経営でも、一〇％コスト削減のような手法で事態に対処できないときには、制度改革に手がつけられる。すなわち、現状の日本の国や自治体でも、一〇％のコスト削減では、とても事態の解決にはならず、一〇％や二〇％の人間で、同じ仕事をこなすにはどうしたらいいのかというような、ドラスティックな改革案が模索されている。すなわち、ある制度の下での継続的な手法では対処できない時に、どのような改革を進めるのかが、実は、現代日本の改革ではないか。

6　企業の改革、政府の改革

その時に、常に例に挙げられるのが、企業の改革と政府の改革の違いである。一番の具体例が先に見た日産のゴーン社長が行った成果に比べ、小泉首相の改革は見劣りがするという意見に代表される。その時にしばしば出る反論として、ゴーン改革は企業だからできて、政府では無理だという意見を検討しておく必要がある。

一つには、企業では解雇ができるが、政府は国民を解雇できないという意見である。確かに、解雇は一つの改革の手法であるが、それだけで改革が成功した例は少ないだろう。目的や戦略を立て、それを、社員や国民と共有するというようなことは、両者に共通することである。また、政治の世界では、野党がいるし、利益集団もいるし、とにかく多様な意見や利益にさらされているという指摘は、ある意味では正しい。経営者が恐れる株主総会も、国会では毎日行っていると見た方がいいだろう。確かに、企業は特定の目的を追求する集団であり、その目的を達成するために組織化されている。ところが、政治の世界は、内閣と行政機構は企業と同様に目的組織と考えることができたとしても、そもそも、野党の存在が前提の政治では、国会があり、世論やマスコミは多様な意見や利害を主張する。改革を進める手だては一筋縄ではいかないが、企業でも多数のライバル、顧客、マスコミや世論にさらされている。最近では、海外からの投資があることから情報開示が問われている。ガバナンスが確保されていないと、国際的な批判を受ける。その意味では、社会の中での存在という点では、企業も政府と似ている点が多い。

おそらく、政治と企業の最も大きな違いは、国民の判断を選挙で問うことだろう。市場の評価は、選挙の評価に似ているが同じではない。政治の場合は、選挙に勝てないと、政策の実行ができない。政権を取ることが条件になるが、市場では、業界二位でも三位でも、商品を売ることができる。もちろん利益が出ているかどうかは別問題であるが、政治における野党とは違う。その意味で、すでに見たようにマニフェストを訴えて政権を取るということは、対世論や対野党だけではなく、利益集団に対しても、官僚機構に対しても、国民の信託を得たということで、大変な武器になる。

日本に長いグレン・フクシマ氏は、日本の組織改革が遅い理由として「組織改革を阻む五つの壁」(『日本経済新聞』二〇〇五年一月三一日)をあげている。

①認知の壁　悪い状況になっていることを否定する「認知の壁」

②判断の壁　状況判断が甘い

③納得の壁　理屈はそうだが実際は無理と納得

④行動の壁　行動計画を作って安心

⑤継続の壁　改革を持続しない

おそらく、この五つのことは、企業組織だけではなく、政治・行政においても妥当する教訓であるだろう。そのような「壁」を乗り越えての改革ということになると、言うは易く行うは難しの代表例になる。

7　危機感と改革

しばしば日本では危機感が足りないと指摘されてきた。しかし、同時に一九九〇年代の日本は、病気ではないかと思われるほど元気がなかった。「危機感がないと改革につながらない」。かといって、「危機を指摘しすぎると元気が出ない」というジレンマがある。そのことは、もう一方で、日本の素晴らしさばかりを指摘すると、何ら変える必要がないという、楽観論を生んでしまう。

そのことは、景気の悪い時に改革をするなという主張にもつながる。確かに、デフレ傾向のある時に、不良債権処理をすれば、さらにデフレ効果を生むだろう。逆に、景気のいいバブルの時期に、改革の実行ができたのであろうか。そうすると、景気の善し悪しではなく、危機を感じた時に、「認知の壁」を乗り越えるために、処方箋を書く、実行に移すことが重要なのではないか。その危機をどのように、意識として共有することができるのかが重要な課題である。

この点について朝日新聞の船橋洋一氏がこう指摘している。「米民間調査機関ピュー・リサーチ・センターが二〇〇二年一二月に発表した世論調査によると、今後五年間の見通しは暗いと答えた日本人は二七％で、韓国九％や中国八％をはるかに上回った。ところが、同調査は現時点での満足度についてもただしている。『特に大きな悩みはない』と答えた日本人は四三％にのぼった。これは大方の国を上回る。悲観論を口にするくせに、現状には結構満足している、そんな日本人の姿がぼんやり映る。」（「日本危機診断：上　頭脳、海外へ『疎開』」『朝日新聞』二〇〇三年五月一日）

悲観論と危機感の喪失というジレンマは、ここ一〇年来、日本が対処すべき重要な課題であった。金融機関も、株と土地の益出しで不良債権処理をしのごうとしてきたが、いよいよその原資もなくなるという、お尻に火がつくまでは、不良債権処理には本気で取り組まなかった。九〇年代の日本は企業も家計も、「含み益」をはき出して、しのぐことができた。その意味では、豊かな国での改革は、切迫感が乏しいのは当然かもしれない。しかし、家計部門の貯蓄率が急激に低下している現状は、ある意味で、危機意識の共有に向かわせるかもしれない。

8 テコの必要性

しかし、改革は独りでにはじまるわけではない。誰かが、どこかで実行しないと、改革のスタートさえ覚束ないが、すべての障碍を「モグラたたき」のように潰すのも、これまた、効率的とはいえない。今までに改革が大きく進んだ例として、外圧や市場や世論があった。外圧の例は、明治維新や、第二次大戦の敗戦など、すでに枚挙にいとまのないほど指摘されてきた。石油ショックという外圧にいち早く対応できたのもこの例にはいるだろう。しかし、バブルや不良債権問題では、外圧の利用は限られていた。それこそ、自らの決意と、努力が問われたのである。

市場や世論は、これまた、改革のテコになりうるが、いつでも成功する保証はない。

ここでの議論は、選挙を中心とする民主主義的枠組みの中で、選挙とその時に政党が訴える「マニフェスト」に注目している。いついかなる時にも、マニフェストが改革のテコになるとは限らないが、政策中心の選挙をすべしと一〇〇回唱えるよりも、マニフェスト型の選挙になれば、自ずから、事態は進むことになる。マニフェストを書かないと選挙に落ちてしまうという恐怖感は、政党や政治家には効く。さらには、マニフェスト同士の比較が問題になれば、いい政策を提起せざるを得ない。さらには、その評価が問われ、検証が進めば、マニフェストの実行では手抜きはできなくなる。もちろん、ことはそんなに簡単ではないが、マニフェストがテコとして動く原理を見るという方法もあることを示したのである。

改革は自動的には進まない。多くのジレンマがある。ただし、改革の方法は一種類だけではないし、テコもここにあげたものだけではないだろう。でも、現実は相当重いということも覚悟しておく必要があるのである。

9　改革の意思決定

改革を唱えても、それが実行される段階で問題があるという指摘は、ずいぶんとなされてきた。その原因が、意思決定のシステム、政策決定過程にあるということも、また、同時に指摘されてきた。となると、改革を進めるためには、政策決定過程の改革が前提になる。そうすると、改革には、改革そのものと改革の意思決定と二つがあり、どちらから手をつけるべきかという、最大のジレンマが出てくる。すなわち、経済の構造改革を進めるためには、政治の構造改革が必要ということは、当然すぎることである。それでは、政治（政策決定過程）の構造改革を待たないと、経済の構造改革はできないという矛盾をどう解決するのかについては、過去の歴史でも、いくつかの方法があった。おそらく、意思決定システムを改廃すること、すなわち革命が最も近道であるという主張も過去にはあった。政治的支配層を革命によって追い払うことで、事態の展開を図るということは、歴史には、多くの事例がある。

しかし、やはり、この政治の構造改革も、現代では、民主主義という政治システムの中で解決せざるを得ない。それが、暴力革命との大きな違いである。やはり、民主主義という制度をいかに使いこなすかであろう。さらに、日本なら、議院内閣制をいかに使いこなすのかが問われる。

それでも、二つのことを念頭におかないと、そのシステムでも、改革は達成できない。一つには、民主主義の基本である有権者が危機を共有し、改革に向かうかである。すなわち、選挙でそのような選択をするのかどうかが、一つめの分岐点である。マニフェストの利用は、こちらの系列に入る議論である。もう一つは、官僚機構を含めた政治の過程で、政策決定の仕組みそのものの機能不全を正すことにある。内閣・与党二元体制を一元化することなどは、こちらの問題である。すなわち、この二つの制度的解決は、民主主義の原理に立ち戻るという、きわめてオーソドックスな処方箋であり、その意味では、奇抜さはない。

制度改革派といっても、人が定めた制度の改革をもって、現状に立ち向かう制度派と、もう一方では、慣行として定着したものを制度としてみるという立場に分けることができる。もちろん、両者は、截然と切り離すことは難しいが、例えば、護送船団方式・メインバンク制・土地担保主義などは、慣行として定着した制度であろう。また、組閣において、派閥のリストに基づく閣僚任命や、内閣提出法案における与党審査なども、この慣行が制度として定着したものと位置づけることができる。そこでの制度改革は、動かない現状(部分均衡)からの脱出をどう計るかが課題となる。

しかし、選挙制度を変えたり、二院制に変更を加えたりする時には、法律改正や憲法改正までのルールの変更を含むことになる。それだけではない、郵政事業民営化にしても、道路公団民営化にしても、法律の改正が前提である。すなわち、改革とは、自動的に組織が自己改革をはじめることではないのである。慣行としての制度も、何らかの外からの力が衝撃となることが多いし、人が定めた制度では、文字通り、制度改革は具体的な政治的な決定過程で問われることになる。

環境の変化や世界の変化を自動的に吸収する制度は今のところない。となると、それを実際に具体化するのは、政策決定過程である。政策決定過程にのせて、改革するか、政策決定過程そのものを改革するのか、二重の改革の課題がそこには存在している。それゆえ、改革とは、単純な構造ではなく、奥の深い問題を含む、一筋縄ではいかない複雑な話にならざるを得なくなるのである。

2 これからのわが国政治の舵取りと課題

1 はじめに

ちょうど今の時刻、国会では首相指名の投票が行われておりまして、政治の話をするには大変ピッタリのタイミングとは思いますが、その反面で誕生したばかりの小泉内閣ということを考えると、何とも話しにくい側面もあります。

本論に入る前に、マスコミはもちろん私共も日頃使っている政治の言葉について、私の感じていることを先ず申し上げますと、これらの言葉の中には、なかなか英語とかの外国語にならない言葉がいくつかあります。例えば「政局」という言葉です。英語にするとpolitical situationということでしょうが、これだけでは何のことか全く分かりません。政治家が、「これは政局にしない」とか、「政局になった」という話し方をしますと、まさしくパワー・ゲームが始まったということですけれども、これもなかなか英語(外国語)になりません。私の語学力が足りないためではなくて、ジャパン・タイムズとかロイターといった、専門の人に聞いても同じようです。

また、必ずしも政治だけで使われているわけではありませんが、「閉塞感」というのがあります。今の日本の状況を一口で言うと、「閉塞感が満ちあふれている」と表現できると思います。日本人はこれで皆分かるわけです。しかしこれを英語の一言で表わすとなると、非常に難しい。あるいは、加藤政局の時に「挫折」という言葉が出てきました。今回の総裁選挙では、小泉さんは「挫折」するというのが、一般的な予測だったわけです。この予測は全く外れたのですが、この「挫折」という言葉も外国語にしにくい言葉です。ただ我々は分かってしまう。

そしてこれらの三つの言葉をつなげると、こういう「政局」で、国民が「閉塞感」を持っていて、加藤派は「挫折」をしたが、小泉さんはそうならなくて、経世会、平成研究会の方が敗れてしまったということになるわけです。

2　日本経済を表わす三つのD

ところで、今の日本の経済はどういう状況かということについて、しばしば三つのDで始まる言葉で表わされます。まず一番目は、日本は過去一〇年間、不良債権の処理に困ってきたということから、**Debt overhang**のDです。**Debt**(借金)、つまり不良債権が、**overhang**(過剰)にあるということです。

二番目は一般的な傾向としてのデフレーションのDです。デフレ傾向があるということですが、その解釈は様々です。一つの解釈は、もちろん物価・価格の低下で、利益が上がらなくても価格を下げざるを得ない状況になっているという考え方です。また、冷戦以降、世界中の市場に、例えば社会主義圏の経済といった新しい競争者が参入したことによって、例えば日本ではいわゆる「中国効果」が価格破壊を起こしています。中国から安いネギ、シイタケが入ってくることで、これらの商品の価格が一挙に下がってきましたし、ユニクロが中国で作った製品が日本製の同一品の半分、あるいはそれ以下で売られています。従って二番目のデフレ解釈としては、冷戦以降のグローバル化の結果ではないかというわけです。

三番目のデフレ解釈というのは、元々高かった日本の価格の調整過程だという説です。土地の値段も、収益還元法で考えれば外国に比べてまだ高いし、株価もPERとかROEで見るとまだ高い。それが調整されて世界標準になっているのだから、この価格の低下傾向はそんなに心配することではないという主張です。こういう解釈の違いはありますが、日銀も、やはりデフレだと言っています。

三番目のDというのはデプレッション、不況感です。これは経済用語というよりも心理的な用語としての鬱病を表わし、不況意識、圧迫感の方が強いように思います。

3　解決への三つのD――デモクラティック・ガバナンス

そこでこれらの三つのDで表わされる経済状況を変え得る答えを出すことが、小泉内閣の政治的な使命になるわけです。では小泉さんにそれができるかどうかということになりますが、その答えもやはり三つのDで表わせます。

日本の政治経済全体で欠けていたものは何かと言いますと、先ずディシプリンのD、即ち規律です。例えば不良債権の処理を先送りにしてしまう、あるいは企業責任、経営責任を問わないといった意味で言う、ディシプリンです。政治家もそうですし、官僚、企業（銀行）も、ディシプリンが欠けていた。財政の規律もなかったのではないでしょうか。これはバブルの時から始まっていた状況ですが、このディシプリンを回復するためにはどうしたらいいかが、一番目の答えだと思います。

二番目のDは、ディスクロージャーです。未だに銀行やその他の金融機関が持っている不良債権の総額がいくらなのかは、諸説があるわけです。例えば三二兆円で、その半分ぐらいは政府資金で手当てをすれば償却可能という説もありますし、正常債権が五〇〇兆円ぐらいあるとされているけれども、その中身は怪しいのではないかという説もあります。これらはディスクロージャー、情報開示がこれまで進んでこなかったために生じたことであり、従って処理するための処方箋もなかなか作りにくかった、ということが言えると思います。

三番目のDは、決定の先送りを止めるという意味での、ディサイシィブネスです。従って、デシジョン（決定）の先送りは困るので、決定するということが答えになるわけです。

この三つのDは、政治も経済も、あるいはマーケットも企業も、皆考えなくてはならない問題で、すべてをひっくるめて「デモクラティック・ガバナンス」（民主的な統治、あるいは民主的なルール）と私は呼んでいます。

4 「小泉改革」を支持した自民党員・国民

それではこの三つの答に関して、小泉さんはどの様なメッセージを出しているのか。小泉さんのそれらのメッセージですが、元々総裁選に勝つつもりはなかったわけですから、目一杯のことを言ってきたと思います。本来は負けた後に国民、あるいは野党に訴えかけるというメッセージだったはずでした。派閥を離れて立候補し、国民には、「痛みを伴う改革をするけれども、断固やる。精神構造改革が必要だ」と訴えたわけです。

構造改革の方が景気対策に優先されるべきである、という考え方は、本来自民党の中では、郵政民営化を含めて、殆ど支持がありませんでした。ところが現実には勝ってしまった。党員、それも地方の党員による予備選で圧倒的に支持されたことが大きな引金になって、総裁に選出されたわけです。

これは実は不思議なことです。と言うのは、自民党がこれまで行ってきた政策というのは、自民党の党員・党友たちが助かるような政策であったからです。例えば、ゼネコンや地方の土木建設業、あるいは中小企業に対する財政手当政策がそうでしたし、特定郵便局向けの政策もそうです。そういう意味では亀井さん型の、公共事業にジャブジャブお金をかけるやり方でした。ところがこれに「ノー」という批判が来たわけです。

小泉さんは、党員ではなく、その外にいる一般国民世論・マスコミに訴えていたわけです。つまり「今までの自民党がやってきた公共事業中心の経済対策では、もう限界に来ている。これを一〇年間繰り返してきたけれども、景気は良くならないし、不良債権も解決しないではないか、もうそろそろ舵を別の方向に切らないと日本は大変になる」という、国民レベルでの危機感を訴えたわけです。そして総裁選の結果は、今まで一番恩恵を受けてきた党員の中にも、同じ危機感があったことを示しています。

小泉さんの言っていたことは自己否定です。自民党の今までの支持基盤に対して、「もう手当てはしませんけれど、それでもいいのですか」という、一種の脅しとも言えるような言葉を発した。それにもかかわらず、圧倒的な支持を得ました。これは不思議です。そういう意味では、大きな番狂わせであり、当選した小泉さん自身がびっくりしたと思います。当然、勝った時の準備は全くしていなかったのではないでしょうか。

これは野党も同じです。野党は、森さんから橋本さんにバトンタッチされるだろうから、当然、参議院選挙では、自民党の今までの政策を攻撃すれば、それだけでもかなりの議席は取れるという読みができたわけです。ところがそのシナリオがすっかり狂ってしまって、野党はどうしていいのか分からず、茫然としている。特に民主党などは非常に困っているというのが現状です。

5　重大な損失は政治リーダーの喪失

過去一〇年間を振り返って、日本経済が置かれている状況と解決すべき課題について、それぞれ三つのDで申しました。小泉さんが、背負い込んだこれらの荷物をどうやって解決していくかが、これから問われるのは当然です。過去一〇年間、日本は経済学の教科書にある財政政策と金融政策はもう殆どやり尽くしてしまった感があります。従って、これ以上の策はもうないところまで来ているというのが、現状だろうと思います。そうすると、何が問題になるかと言うわけです。

よく「日本の失われた一〇年」と言われます。確かにこの一〇年間で多くの時間を失いました。同時に大切なお金も失ってしまいました。そしてもう一つ失ったものがあります。それは政治のリーダーを沢山失ってしまったことで、実はこれが大変重要なのです。

日本の政治リーダーはコロコロ変わる、平成に入って一一人の首相が替わった。アメリカのクリントン大統領が八年の在任中に日本の首相は七人替わって、その都度ワシントンへ行った、というようなことが言われます。確かに、ご本人の問題があるとも言えます。しかし日本の政治システムとして、指導者を使い捨てにしてきたところに問題があると思います。「失われた一〇年」と表現される喪失感の中で、この部分が結構大きいと思うのです。

例えば、あれほど人材にめぐまれていた経世会で、中堅となる人がいません。今回の総裁選でも候補者がいなかった。そこで橋本さんを引っ張り出して来ざるを得なかったわけです。次のリーダー候補であった額賀さんは、KSD問題で失墜しました。小沢さんや羽田さんの世代の後がスッポリ抜けていて、この世代を継ぐ人材が育っていません。そういう点で、この一〇年間は、確かに時間もお金も失ってしまったけれども、同時に政治のリーダーも失ってしまったことが大きな損失と言えます。

このリーダーを失ったのは日本だけかと言うと、私はそうは思いません。アメリカの有名な歴史学者、ポール・ケネディが去年の今頃、BBC放送でこの問題にかかわる一つの番組の編集に携わっております。私も少し協力したのですが、彼はその三〇分の三本の番組（三日間連続の放送）のタイトルとして、『ロスト・リーダーズ』とつけています。内容は、日本、アメリカ、そしてロシアの三国は、いずれもリーダーを失った、必ずしも政治リーダーだけでなく、ビジネス・リーダーも失ってしまったと言っています。

こう言いますと、アメリカのクリントン大統領は、スキャンダルはあったものの、立派なリーダーではないか、アメリカは「失われたリーダー」の国ではないと反論する方があるかもしれません。しかし、アメリカの政治的リーダーの資質において、国際的な視点、戦略に関してはかなり後退しています。これには大統領選挙で外交、あるいは国際関係の戦略にかかわるような問題はあまり争点にならないことも影響していると思います。そういう意味では、リーダーの資質というか、視点がかなり縮んでしまっていることが、IT革命や一〇年に及ぶ経済繁栄、あるいはニュー・エコノミー論で湧いた中に隠された、三つの失われた側面だろうと思うわけです。

6 一九九〇年、日本経済敗戦の年——未だに「戦後」は終わらない

ところで、歴史の目盛りを日本の一九八〇年代、つまりバブル発生以前からバブルの処理までに合わ

せて振り返ってみますと、大体一九八五年のプラザ合意あたりを契機として、バブルが徐々に起こり始めて、八九年にピークになったのではないか。現に八九年一二月末の大納会で日経平均株価は最高値、三万八九一五円を付け、翌九〇年一月以降は、それより高い値を付けておりません。従って戦後の歴史になぞらえますと、九〇年は日本経済敗戦の年と言えると思います。

ところが、それから一〇年経った二〇〇一年の今日、日本の現状はどうかというと、バブル崩壊の負の遺産である不良債権の処理がまだ終わっていません。やっとこれから不良債権を直接償却する、あるいは特別経済対策で二、三年以内に処理すると言っている段階です。森さんがブッシュ大統領に処理を約束し、小泉さんは当然この問題は痛みが出てもやりますと言っているのはご承知の通りです。

では、そもそもの敗戦から一〇年経った一九五六年の日本はどうだったのでしょうか。この一九五六年には『経済白書』で「もはや戦後ではない」と書かれています。ですからこの伝でいきますと、九〇年から一〇年経った二〇〇一年には、同じ記述がなされなければならないわけです。ところが、そういう状況には全くありません。

7　限界に来た先送り手法

そうしますと、何故こんなに時間がかかっているのかということが、問われなければならない疑問になります。確かに第二次大戦後の食料不足といった悲惨な状況が今起こっているわけではありません。この一〇年間は、多少暮しが後退したと言っても、食べるに困る人はまずいません。多額の借金を抱えていたり、住宅ローンを払い切れない人が出ていること、あるいはゴルフの会員権が五分の一に下落し、海外に持っていた別荘の価格が二束三文になってしまって、売るに売れない人が出ているのは事実ですが。

しかもその一方で、日本は依然として世界一の外貨準備を持っています。ですからアジア経済危機が起きた時にも、韓国とかタイのように、IMFに融資を頼まないとドルが底を突いてしまうということにはなりませんでした。そういう意味では、日本は豊かだったと言えますが、その豊かさこそが、今日なお「もはや戦後でない」と言えない状況を作り出していると考えます。つまり、バブル期を通じて国も個人も企業も、含み益を多く抱えていたことによって、その含みを一〇年間徐々に吐き出すことでしのぐことができた。この時間の余裕があったことがかえってアダとなって、バブルの処理に未だに苦しんでいるのだと思います。

バブルというのはどこの国でも起きるわけです。しかし起こったら二、三年で処理をしなければいけない。それなのに日本は、処理を先に伸ばしても何とかなるだろうとか、自分が責任者のポジションにいるので痛いことはしたくないと、あいまいにしたまま放置するということをずっとやってきました。三年前、金融危機国会で再生法と公的資金注入に関しての法律も通しまして、政府の資金、公的資金を入れて、銀行再活性化を図ったはずでした。ところがこれが十分でなかった。その結果、この三月期末にはまた金融危機が起こりそうになってしまったのは記憶に新しいところです。

これは要するに、先送りという手法はもう無理だということです。そういう点で、日本は過去一〇年間やってきたことについて反省をしなくてはいけない。かなり重い荷物を背負い込んでいることになります。ですから、小泉内閣ができて、単純に表紙の顔が変わったというだけで、全部クリアされるかというと、どうも難しいと思います。

8　不良債権問題が何故解決できないのか

当初の金額の算定ミス

それは不良債権の処理がいかに難しいかということに端的に現われていると思います。この問題が表面化してきた時点では景気を刺激して、経済成長していけば企業の業績は回復するだろうから、その中で処理するというシナリオが一般的でした。また大蔵省は当初、不良債権は総額で二〇兆円ということをずっと言い続けてきたわけです。

これに対して、亡くなった衆議院議員の梶山さんが、政治家の中では初めて一〇〇兆円の不良債権があるということを公にしました。一方、橋本さんは最近、「我々は知らなかった」、「それまで大蔵省の説明を聞いていた限りでは、少しもそんな危険な状態にあるとは思わなかった。住専処理によって、もう峠は越えたという報告を受けていたから、不良債権は解決したんだと思っていた」と言っています。

しかし外資系の銀行や証券会社のアナリスト達は、不良債権が一〇〇兆円を超えるということをはじめからずっと指摘していたわけです。しかもこれは全く根拠のない数字ではなかったのです。例えば東京三菱銀行は比較的傷の少ない銀行と見られています。同行は東京とニューヨークの両方に上場していますが、それぞれ上場基準が違っていて、ニューヨークの基準で発表する不良債権の全額は、東京で公表されるそれの約五倍くらいになっています。となると、少なめに見積もっても、大蔵省が言ってきた二〇兆円の五倍、実は一〇〇兆円ではないか？という、目算になるわけです。

債権の劣化が止まらない

もし仮に二〇兆円が正しいとするならば、金利差を付けて、スプレッドを大きくして、銀行が稼ぎ出す利益が年間四兆円くらいになるようにすれば、五年で解決するというシナリオは決して悪くなかったはずです。ところが、それをやっても焼け石に水だし、政府資金をつぎ込んでも、まだ全部処理されていませんこれは元の量が多過ぎたということに加えて、景気も悪くなって、灰色債権が不良債権化していったからです。不良債権は、バブルが弾けた時だけではなくて、バブル以降も増え続けているわけです。ということは、処理過程の最初の段階で大きなミスがあったということになります。そう考えるのは当然です。エコノミストの中には、「無差別に資金をつぎ込め、公共事業をもっと出してもよい」と言う人がいるわけですけれども、一〇回以上の景気対策をやり、一〇〇兆円以上のお金を注いでも解決しないのは、そのためです。

誤診——間違った処方箋

「景気が良くならないと不良債権問題が解決しない」と言う人がいます。しかしこれは「体力がつけばガンは治る」という説です。確かに体力がつけば免疫力は増しますけれども、だからと言ってガンはひとりでには治りません。要は、出発点でこの不良債権がガンだったという診断ができたかどうかです。

ガンには二つの特徴があります。一つは増殖をすること、もう一つは転移をすることです。問題はこの二つの条件が不良債権の場合にあてはまるかどうかですが、私はあてはまると思います。この一〇年間で不良債権額は増え（増殖し）ています。またはじめは住専や銀行だけにあると見られていた不良債権が、他の業種に飛んでいったわけです。不動産、建設業、証券会社に飛び、さらには小売業や商社といった所に、次々と飛んでいきました。つまり転移があったということです。ですから、最初からガンと診断しなければいけなかったにもかかわらず、それを間違えてしまったということになります。

9　金融を緩和してもお金が回らない

ガンであればやっぱり手術をしなくてはいけなかった。しかし、手術は嫌なわけです。そこで何とか経済に体力をつけようとして、お金を注ぎこんだのですが、そのお金はガンを抑えるのではなく、逆に大きくする方向に作用したわけです。つまり政府が金融緩和でジャブジャブ資金を供給しても、それが市場に回っていかないという状況が現実に起こっているわけです。

金融緩和しても、お金が銀行からマーケットにはなかなか出ていかないのは何故かと言いますと、銀行が貸し出し先の不安から、審査を昔よりも厳しくしているからです。まさに羹《あつもの》に懲りて膾《なます》を吹くというような形になっていますが、銀行はその資金で国債を買っているのです。リスクを取らないで郵貯みたいなことをやっているわけです。

郵貯は、今度の行政改革によって、四月から、これまでの資金運用部から財投機関に流すという預託制度をやめて、全額自主運用されることになりました。その資金の運用対象として、財投債か財投機関債が考えられますけれども、それ以外のいい運用先がないために、郵貯も国債を買うわけです。

本来ならば国債が大量に発行されれば、価格が下がるか、あるいは入札の時に全てが入札されずに札割れが起こるのが普通です。しかし今の日本ではどんなに発行されても全部買われているわけです。その結果、長期金利は史上最低という、実に不思議なことが、現実に起きている。つまり日本中が郵貯になってしまったのです。

10　郵貯改革に見る日本の構造問題

小泉さんは郵貯改革をかねてから言ってきました。しかしその改革というのは、日本の金融構造を変えるということになるのかもしれないのです。単に郵貯を民営化して、ワンストップ・サービスか何かでコミュニティの活動をするという話だけではないわけです。郵貯はお金を集める方だけです。貸し出す方がないわけです。だから、政府系金融機関と合体させて運用しなければしょうがないのです。その結果、東京三菱銀行よりはるかに資金量の大きい巨大銀行ができるわけです。

こうした巨大な政府系金融機関が実際にできると、従来の民間金融機関に多大な影響を与えます。そこで地域的、あるいは機能的に分割しなくてはいけなくなるでしょうですから、郵貯改革に本当に手をつければ、やることが山ほどあるわけです。小泉さんは今回の選挙で、そのことには触れませんでした。仮にそれに触れたとしますと、党内が蜂の巣を突いたようになるのは必定です。それは特定郵便局長会というのが自民党の大きな票田の一つになっているからです。そのために、とりあえず三事業一体で公社化を目指す事になったわけです。

もう一つ、郵貯にたくわえられているお金そのものの問題があります。ご承知のように、これまで郵貯から財投機関の方に行っているお金というのは、政府の特殊法人をはじめとして、いろんなところに融資されています。ところがこれらが焦げ付いています。どのくらいの額かは分かりませんが、一〇〇兆円規模で焦げ付いていると思われます。不良債権と言うと、我々は銀行のそれしか頭にないわけですけれども、特殊法人とか財投機関から出ている資金も相当焦げついているのは明らかです。

例えば本四架橋は三本ありますが、これを管理運営する本州四国連絡橋公団の経営は、黒字になる見込みは全くありません。亀井さんは、公共事業は後世に資産を残しているのだから、建設国債の発行は悪いことではないと言っています。しかし橋を三本架けて大赤字、利益よりも借金の方が大きいのは、やはり大いに問題があります。本四架橋を不良債権と言うのはどうかという意見もあるでしょうが、私は、通行料では返せない借金が山ほどある事業というのは不良債権だと思います。しかも、この種のものを山ほど作ってきたのは、国だけではなくて、地方も同じです。例えば東京都が作った東京フォーラムは、人口がこれだけ多い大都市にあっても、黒字になる見通しは全くないわけです。

これは、過去一〇年間にわたって日本が抱えてきた問題の一つの事例でしかありません。これ以外にも多くの点で「決定のミス」、「先送り」、「長期的な読みを見誤る」といった過失を繰り返してきたのは、まず間違いないところです。

11 「小泉改革」の政治的課題

総裁選で小泉さんは、日本が抱える積年の問題に手をつけることを訴えました。しかもその改革は国民に負担を強いることになるかもしれないとも言いました。ところが自民党の中のコアの支持者達がこれを支持したわけです。あれは浮動票、無党派票ではありません。党費を払っている人ですから、選挙で言えば、ほぼ毎回自民党に投票している人達です。その人達がただジャブジャブお金を出す景気対策や、あるいは今までのような不良債権処理のやり方ではだめだ、単なる景気対策では限界があるという小泉さんの考えを支持したわけですから、これはかなり大きい変化と言えます。

リーダーシップの確立と発揮

そこで、小泉さんがクリアしなければならない課題が、大きく分けて二つあると思います。それは、政治的な課題と経済的な課題です。まず政治的な課題ですが、よく政治主導という言葉が使われます。小泉さんも選挙の時に政治主導と言いました。従って、首相を中心として政治指導、リーダーシップを発揮することができるかが、一つの課題です。

今年一月の省庁再編で、内閣主導で政治主導を行えるような行政機構に改められました。例えば内閣主導で内閣府を作り、内閣府の中に経済財政諮問会議を作ったわけです。それから首相が任命できるポジションについても、閣僚の他にも補佐官、官房長官、副官房長官、あるいは五室の長など、二〇人ぐらいは首相が直接任命できるようにしました。

ところが森さんはこのシステムを使おうという意識がなかったのです。だから補佐官は一人しかいませんでした。補佐官は五人任命できるのですから、いろいろ使えばミニ・ホワイトハウスができますよと、我々は何度も繰り返してそう申し上げました。内閣を実質的に動かす仕組みがあります。森さんにはそれを使いこなす気はなかったのですが、小泉さんは使いこなそうとするのか、あるいはその戦略を練っているかどうかに注目しているわけです。

与党対策

もう一つの政治的課題というのは与党対策です。日本の政治は、内閣と霞が関の関係だけで動いているのではありません。それらの後ろにもう一つ、与党があります。与党審査、つまり閣法でも与党の中で政策の原案を練り、決定をしないと内閣に上がってこない案件が山ほどあることです。これは与党が内閣や首相をコントロールしているのと同じことです。従って、ここを解決しないと、内閣はリーダーシップを発揮できません。橋本行革によって確かに内閣と霞が関の役所の関係は整理をつけました。しかし与党との関係にはメスを入れることはできませんでした。

ご承知のように、森さんが選ばれた時は五人組ですし、辞める時も党の方から辞めさせると言ったわけです。本人の意思ではありませんでした。また橋本さんの時も、ご自身が立派な行革プランを作っている時に、中曽根さんから言われて佐藤孝行さんを大臣にしました。要するに首相が自分で選んだ人材を閣僚に指名できないわけですから、内閣がリーダーシップを発揮できるはずはありません。佐藤孝行さんの問題が出た時、ある新聞記者が中曽根さんに、「ゴリ押し」したのではないかといった意味の質問をしました。これに対して中曽根さんは、「私は佐藤孝行氏をご推薦しましたけれども、決定するのは首相の権限です」と答えました。確かに今のシステムでは、首相は閣僚を派閥と関係なしに選ぶことはできます。しかし実際には年齢とか当選回数、派閥の構成などをめぐって党の意向が大きく反映されてきました。その中でいろいろとバランスを取りながらでないと、内閣を作れなかったのです。

官邸のミニ・ホワイトハウス化

こうしたこれまでの与党との関係を断って、本当にやりたいことを内閣・首相がやろうとしたら、イギリスのように政策室（ポリシー・ユニット）を作るか、あるいは官邸の中に複数の重要なスタッフを控えさせなくては、とてもできません。私はミニ・ホワイトハウスを作らないといけないと言っているわけです。

今度の行革で、それだけの人間を集めることは、理屈の上では可能になりました。ただ問題は、それを使いこなせるかどうかということです。それから閣議にしても、今までは省から上がってきたことだけで閣議をやっていたのを改めて、首相が発議をして、閣議で決める、いわば直接指導ができるようにしました(内閣法四条)。これも大きいんですけれども、未だ使われていません。

12　首相公選制について

この政府主導、首相のリーダーシップと関連して、首相公選の問題があります。小泉さんも首相公選を考えたいと言っていますが、小泉さんは首相公選で選ばれたわけではありません。党員選挙、予備選挙で選ばれました。とりわけ予備選挙の地滑り的勝利が効いたわけです。ということは、予備選挙をうまく使えば首相公選にしなくても、党首公選は可能だということです。

それはともかくとして、首相公選制にして議院内閣制を使おうとするのは、非常に難しいのです。大統領制にすれば簡単です。しかし首相のポジションを使って、それを議員に選ばせないで国民に直接選ばせるのはいろいろと問題があります。ですから世界でも殆ど例がありません。

それでも、イスラエルがつい最近まで首相公選制を取っていました。イスラエルは国会の選挙制度は比例代表制、首相は議会が選ぶ議院内閣制を取っていましたが、首相のリーダーシップがなかなか取れない状態になりました。そこで憲法学者などの提言を受けて、一九九六年首相公選制を導入して、首相の権限強化を図ることにしたわけです。ところがその後の状況を見ると、議会は小党が乱立し、また首相の議会の基盤が弱くなって政権が不安定になり、以前よりも、かえってリーダーシップが取れなくなってしまったわけです。三回これで選挙をやりましたが、この三月に廃止しています。

このように、首相公選制というのはなかなか制度設計が難しい制度です。ただ、国民に直接訴え、国民が直接選ぶのだから、自民党員だけで選ぶよりいいではないかという話ではないわけです。

しかも今の議院内閣制の中にあって、議員達が首相公選を言うのは、「私達に首相を選ばせるととんでもないことになりますから、国民の皆さん直接選んで下さい」と言っているのに等しいわけで、いわば自己否定です。また「制度的にできません」と言うのであれば、その前に党の改革をしなくてはいけないわけです。つまり予備選の改革です。これは民主党の場合にも言えることです。それを議論しないで、いきなり首相公選では無理があります。実は首相公選にしなくても政治的なリーダーシップを取ることはできます。例えばイギリスのサッチャーさんが何故あれだけ力を発揮できたかと言うと、議院内閣制だったからです。またアメリカは大統領制だからリーダーシップを発揮できると言うのは、かなり幻想が含まれています。例えば安全保障問題などに関してはそうですけれども、社会保障問題などでは違います。大統領制ではあっても、こういう問題では議会がウンと言わないと駄目です。それはクリントン大統領が医療保険制度を改革しようとしたが、果たせなかったことにも現われています。では議会で多数派になったら大規模制度改革が通るかと言うと、その時も駄目でした。一般には大体において、議会の多数派は大統領与党ではありませんから、殆ど通りません。

13　経済改革――ヒントはＩＴ革命と教育改革

小泉内閣のもう一つの課題は、言うまでもなく経済問題です。これにも二つありまして、一つは後ろ向きのものです。不良債権処理、国債発行額の削減の問題、あるいは金融機関の機能不全の問題といったことにどう対応し、打開を図るかということがこれに当たります。もう一つは前向きのものです。森総理はＩＴ革命を進める政策を打ち出しました。それはよかったのですが、既に息切れしてしまいました。ＩＴというのはやっぱりバブルを生みやすい話だったわけです。言い換えますと、ＩＴという手品で、アッという間に日本経済が成長するという幻想を持ったところに間違いがあったと思います。

ＩＴに手品はなかったわけですから、当たり前のことを当たり前にやっていかざるを得ません。それはどういうことなのか。ヒントは、森内閣が掲げたＩＴ革命と、教育改革にあります。この二つは全く別の方向のことを言っているように見えますが、よく考えてみますと、表裏一体だったのです。

ＩＴ革命が進行していくと、産業構造の転換が起こります。ＩＴ関連の会社はもちろんですけれども、オールド・エコノミー産業でもＩＴ化が進むわけです。そうしますと、リストラが発生しますから、リストラされた人達は雇用市場に出ざるを得ない。市場には、ＩＴ関連あるいはニュー・エコノミー分野で需要がたくさんあります。ところが、オールド・エコノミーにいた人達は、そこへ行くにも行けないわけです。

そこをつなぐのが実は教育です。クリントンだとかブレアが、教育がナンバーワンの経済政策、第一の争点だと言ったのは、それが分かっていたからです。不登校とかいじめの問題だけを取り上げるのが教育改革ではないのです。教育改革は、国全体の仕組みを変えるためにも重要なわけです。中高年の人達の再雇用をどうするかということも、教育とつながっている問題で、そういう意味ではＩＴと教育は一体です。ですから、そういう点に着目すれば、もっと前向きの政策が出てくると思います。

日本はとにかく前に進むポジションを作らなくてはいけません。小泉内閣がそのポジションを作れるかどうかですが、閣僚は従来の内閣では考えられない顔ぶれになりました。政治改革が行える仕組みにも変わりました。小泉さんが総裁選挙中に言ってきた公約を実現していくには、そういう新しい仕組みを使いこなしていかなければなりません。いつ本格的にそこに踏み出すのか。踏み出して討ち死にするかも分かりませんが、突き進めるかどうかに国民の注目が集まっているのは、間違いありません。

（日本工業倶楽部一一五回木曜講演会要旨、二〇〇一年四月）

3 小泉首相のパラドックス

「森首相はデッドマン・ウォーキング」だと、すでに加藤政局の時に、雑誌『タイム』の記者は書いた。一般に使われている日本語としては、「死に体」がそれに近いであろう。その森首相も国会では不信任が二度も否決されたのだが、自民党幹部の意向で、無理やり辞意を表明させられた。つまり、首相を代えて自民党の生き残りをかけようということである。となると、今問うべきことは小泉総裁の選出が、自民党の再生となるのか、それとも、旧来の中核部分のマヒが党全体を崩壊の過程に導くかを読みとることである。

マスコミの報道では、自民党批判が強いが、自民党が政権を失ったわけではない。失うとしても、将来のことである。問題は、そのギャップを埋める説明が必要となる。政局よりも政策、永田町よりも政治構造の変化を扱うことが肝心なのであるが、通常は政局も政策と結びつくし、「永田町の論理」は「マスコミの論理」を通じて世論と結びついているので、これらの厳密な分離は難しい。

例えば、加藤紘一は「加藤政局」の時、国民の支持率が低い森首相は「裸の王様」だと指摘した。いわば、森首相の「デッドマン・ウォーキング」を指摘したわけである。しかし、自民党が「デッドマン・ウォーキング」であるというところまでは考えが及ばなかったようだ。何となれば、国民が期待したのは、内閣不信任案への賛成であり、自民党離党だったのに、「保守本流うんぬん」という議論をはじめ、最後には、派閥の行動をとり、その派閥でさえコントロールできなかった。今回の総裁選で小泉候補は、加藤の乱とは対照的に、勝負を一般党員、世論・マスコミへと土俵を広げて、永田町での劣勢を挽回した。

自民党がデッドマンである証拠としてあげられるのはいくつかあるが、その代表が内閣支持率である。確かに、過去、一〇％を割って内閣を維持できた例は少ないが、内閣が替わるとまた、世論は別の動きをはじめる。その点では、自民党支持率（本当に知りたいのは、投票所で自民党と書く人の比率である）、これは内閣支持率よりもまだ高い。

確かに、これらの支持率は体温計のような側面があるが、体温が高いことだけをもって、病気だとは言い切れないように、たとえ病気ではあるにしても、何の病気かの診断を必要とする。世論からのアプローチは、自民党がどのように国民の目に映っているかを明らかにするが、自民党という組織がどんな役割を果たしているのかということには答えていない。それゆえ、世論に加えて、今まで長期政権を維持してきた強さが今どうなっているのかを、党内問題、内閣との関係などを診断する必要がある。

1　自民党は「包括政党」という立場を失ったのか

いわゆる五五年体制時代、自民党は包括政党といいうる条件を持っていた。ひとことでいえば、戦後、農民や地方に根ざした自民党が、経済成長期にその支持を拡大して、各層から満遍なく支持を獲得することになる。これだけ、地方から都市に、また、第一次産業から二次、三次産業に大きく産業構造が転換したのにもかかわらず、社会党や民社党などの野党が政権をとるだけの支持を獲得できなかったことの方が、歴史的に見ても、比較政治から見ても、不思議な現象であった。逆にいえば、自民党が農民や商店主などの一部の層からの支持を、経営層や専門職にも拡大し、労働組合員の中でも、相対的には一番多い支持を獲得できるようになったのである。

包括政党を表すものとして、八〇年代の政党「支持なし層」がひとつの例であろう。政党「支持なし層」がすべて棄権すれば、分析は簡単であるが、実際には、世論調査で「支持なし」と答えても、投票場に足を運ぶ者は相当いる。その「支持なし層」の投票傾向を見ると、かつては、世論調査に表れた各党への支持ときわめて似ていた。支持なし層でも、相対的には、自民党への投票が一番多かったのである。だから、この時期には、投票率の上昇は自民党にとっては不都合なことではなかったのである。ただし、時には、政治スキャンダルに対して、自民党に「お灸をすえる」という立場の人もいたので、「牽制投票」の概念は妥当していた。つまり、自民党が票を減らし、その分、時には、新自由クラブへ、時には、共産党、公明党、社会党などが票を伸ばした。しかし、自民党は議席において、過半数を維持することができた。だから、五五年体制時代を簡単に、「自民党は過半数以上三分の二以下の議席をもっていた」とまとめてもいいだろう。

しかし、九〇年代に入り、自民党が分裂し、新党さきがけや新生党などが生まれ、さらに、選挙制度が変わると、自民党が過半数の議席を維持することは難しくなった。この時期には、冷戦の終焉やら、経済成長の終わりなど、五五年体制を支えてきた外部的な条件は薄れてきたのも大きい。日本経済がバブルとその処理に失敗し、構造改革が迫られるようになっても従来型の経済運営の手法を基本としてきた時代である。その意味では、選挙においても手馴れた手法を使えば、まだ、勝利できると思って戦略を立ててきたといえる。例えば、前回、九八年の参議院選挙を思い出すとどういう構図かハッキリするだろう。

当時の自民党参議院幹事長青木幹雄氏が立てた戦略は、まず投票率を四五％前後と読んだ。つまり、無党派をはじめとする選挙に行かない有権者ははじめから捨ててかかった。そして投票に行く者の半分を取れば、目標だけの議席を確保できる。そのためには、タテ・ヨコの票の締め付けをすれば、十分に目的は達せられるという考えであった。タテとは、業界団体を通じての締め付けである。ヨコとは、後援会を中心として、市町村などの地域を押さえていくやり方である。その意味では、この参議院選挙は、自民党の票は目標通り出たといえる。しかし、最大の誤算が、投票率が四五％ではなく、五八・八％であったことである。とくに、投票時間の二時間の延長がそのまま、投票率上昇分をもたらしたことから「誰が投票時間の延長を決めたのだ」という八つ当たりまででてきた。

自民党は、投票率が高くなると、水没が起きるということから、固定層を内に固める組織選挙の形態をとる傾向がますます強くなる。そのためには、公共事業を中心とする利益配分を行い、業界団体の締め付けを強化する、あるいは予算の恫喝をするという点では、ある意味で「五五年体制時代の完成型」を見出すことができる。そして、最近では投票日の設定でも投票率が高くならない日が選ばれている。

包括政党ではなくなってきた傾向は次のように見ることができるだろう。中堅の年齢層である四〇代、五〇代の支持が弱く、職業的には専門・技術・事務職、管理職などが自民党離れの傾向があり、また、学歴では高学歴に支持が少ない。また、地域的には、首都圏や中部、近畿圏の大都市とその周辺、さらには政令指定都市では、きわめて弱いという特徴がある。しかしそうはいっても、北陸、山陽、四国、九州などでは、依然として、各県で衆院選の選挙区を独占しているケースも多い。

2　「一区現象」の波

この傾向は、引き続き、二〇〇〇年の総選挙にも現れた。勘のいい自民党の選挙プロたちも何かが変わっていることを直感的に感じ取ってきた。とくに、各選挙区で、県庁所在地の一区においてその傾向が一般化したことから、「一区現象」といわれた。東京はじめ大都市圏とその郊外に見られる傾向が、全国の都市化した地域で見られはじめた。この傾向が、長野県知事選挙、栃木県知事選挙、さらには千葉県知事選挙にも継続したことから、今年（二〇〇一年）の参議院選挙の予測は厳しいものになると、自民党が警戒したのは当然である。

小選挙区における自民党の選挙と同様、比例選挙における、自民党がもつ問題も同時に考えておく必要がある。

今回の参議院比例選挙の制度変更は、自民党のご都合主義によるところが多い。しかしその思惑通りにことが運ぶかどうかは不確かであるが、一つ確実なことは、自民党は比例区において名簿を決めることができなくなったという点である。その名簿を決める力（いわば経世会の力）が急速に低下していると見るものも多い。比例選挙において久世公尭前金融再生委員長が名簿順位を有利にするために「党費肩代わり」の資金提供を受けた問題をきっかけとして、「拘束名簿式」を見直せという議論がでてきたことを思えば、KSD事件において村上正邦前参議院議員の党費立て替え問題がでてきたことは不思議ではない。

しかし、もっとも自民党の政策から恩恵をこうむってきた党員・党友が、「構造改革は景気回復に優先する」と主張する小泉候補を圧勝させたことは、党員の間にも危機感が広がってきたことの証左である。まさしく、自民党的政策が自民党支持者のコアの部分からも支持されなかったという皮肉な現象が見られたのである。

3　野党の教訓、連立の学習

自民党は細川・羽田政権時代に野党に転落して、大きな教訓を得た。それは、大自民党が堂々とあるべき野党の姿を示すことではなく、何が何でも与党になる、政権がなければ自民党は党として持たないということであった。

それまでにも、さまざまな自民党分析があったが、自民党とは政権党であることによって成り立っている政党であるということを明確に示したものは、それ程多くはなかった。しかし、野党の時期に求心力が急速に落ち、とにかく政権に再びつかなければという執念は、政治的活動のエネルギーになった。

また、細川政権や羽田政権での連立運営の失敗の教訓を自民党はいち早く学習した。つまり、社民党から村山首相を引っ張り出して、また、さきがけを緩衝剤に使い、その後の連立では社民、自由党（のちに、自由党と保守党に分裂し、保守党と連立）、現在では公明党が主たるパートナーである。しかし、最後には弱小政党は消滅の危機に瀕するということになる。

「社会党を政権から追いやった小沢流を反面教師に、自民党は終始『弱い党』への気配りを見せた。だが社民党にはもはや党再生力もなく、かえって政権の座が命取りになった。自民党はいわば息も絶え絶えの社民党の生き血を吸って、生命力を取り戻したのだ。」（一九九六年一〇月二一日）と当時の朝日新聞政治部長の若宮啓文に言わしめた。

自民党が過半数の議席をとれなくなったのは事実であり、それが連立政治の根拠になっている。特に参議院における過半数割れが連立の根拠としてもっともらしく語られているが、それをいうなら、八九年の参議院選以来、参議院では過半数確保は難しかったのである。それでも当時は何とか議会運営をしてきた。だから、連立の根拠としては本来不十分なのに、参議院の姿が、連立の形態を決めることになった。今回の参議院選の結果は再び、連立の形態の問題を再燃させるだろうし、次の総選挙の時期を決めるきっかけにもなるだろう。

4　政治主導の勘違い

自民党政治は政権党とは切り離すことができないとなると、それでは、その主たる政治手法は何かということになる。

すなわち、政権党につくことによる行政資源を使った利益配分ということがその特徴である。行政資源とは、予算、役所の人材、情報、許認可などである。中央から地方に、また先端産業から、農業や中小企業などの立ち遅れた部門への再分配が主たる方法であった。

経済成長期にはこの種の手法は、大きな抵抗を受けず行うことができた。しかし、バブル崩壊以降の低成長期では、同じ手法を繰り返すことは、当然ながら、大きな財政赤字を生むことになる。それだけではなく、金融危機などでは、「危機」の名のもとに、巨大な緊急対策を講ずることで急激に国債の発行残高を膨らませた。公的債務の残高が中央地方合わせて、二〇〇一年度末では六六六兆にもなるが、これは過去三六年間の累積額であるが、その四分の一近くはこの三年間で積み上がったものである。また、ひとたび「緊急」の名の下に財政を拡大したら、その水準を維持し続けないと、景気の不安が発生するという悪循環に陥っている。公共事業で増えた土木・建設の雇用も一〇〇万になり、それを維持するためにも、公共事業を継続せざるをえないという後戻りできない構造がここにある。

森首相の資質問題の陰に隠れていたが、自民党の機能不全は、政治主導の考え方と政策の形成能力にも及んでいる。行革において省庁再編を行った趣旨は、内閣機能の強化で政治主導の道筋をつけようとしたものであったが、政治家においても、政治主導とは、「政治家主導」、「与党主導」と理解していたものが多かった。具体的には、政調会長に政策の丸投げを許した首相にも問題があったし、政調会長の「勘」で決められてきた政策も多かった。本来、二〇〇一年の一月六日からの省庁再編で、首相が動かせる人事は約二〇名いたが、森首相にはそれを積極的に使おうという意欲が見られなかった。政治主導の器はできてもそれを積極的に使おうという首相がいない限り、議院内閣制度のもとでの内閣機能の強化も生きてこない。それゆえ、首相の資質問題が「首相公選」へと短絡してしまうことになる。

しかし、なによりも、今回の行革で見落とされていたことは、内閣と与党の関係の整理であった。副大臣も政務官も、本来イギリス型を目指すのなら、内閣を中心とした政策形成の体系の中で位置づけられるべきものが、見切り発車をせざるを得なかったし、依然として、自民党の「与党審査」の伝統が残り、さらに連立与党間の調整という問題が新たに加わったために、事態が複雑になっている。今問われていることが首相のリーダーシップとするなら、その選出過程も問題だが、その辞任を決意させる自民党幹部の意向にも当然問題がある。本来の議院内閣制におけるリーダーシップの根拠である、与党のリーダーが行政府の長である首相の地位をかねるという特徴も、総裁の地位が党幹部の意向でいかようにもなるのだとしたら、この制度が生きないのは当然である。

小泉首相が、党の動きを抑えて、本気で内閣主導の政治的リーダーシップを発揮し、旧来の党からの横やりに対抗すると、国民的人気はますます増大する。そのことは、自民党の中心部分の崩壊を意味するが、当面の自民党再生につながる。その結果、日本全体としては、野党が弱まり、本格的再編にはいたらず、半端な改革に終わる可能性もある。まさしく日本は重大な岐路に立たされているのである。

（『改革者』二〇〇一年五月号）

4 「対抗ストーリー」を伝えるメディアを

半ば予想していたこととはいえ、国会議員の八六・五％がテレビの方が新聞よりも「国民の政治に対する見方や判断に、より影響を与えている」と答えたことは（逆に新聞をあげたものは四・四％にすぎない）、正直いって驚きだった。この数字は、良い悪いは別にして、当面、政治はテレビの与える影響を抜きには語れないことを意味する。

国会議員もそう考えていることをアンケートで確認できたことで、彼らの政治行動のいくつかが理解できる。例えば、なぜ国会議員はテレビ出演にこだわるのか。自民党内で「サンデープロジェクト」などに頻繁に顔を出す若手議員に対して、嫉妬にも似た批判が強いのもよくわかる。

『論座』は二〇〇一年八月号でテレビ政治の特集を組んでいたが、いわゆる有権者の側の小泉人気だけでなく、国会議員の意識も「テレビ重視」に傾いていることがわかったわけで、ますますテレビと政治の関係を考察する必要が出てきたといえる。今回の調査結果を紹介しながら、その糸口を考えたい。

われわれ「新しい日本をつくる国民会議（21世紀臨調）が行った「国民と政治」に関する国会議員アンケート（有効回答者数三四二人、回答率四六・八％）の調査結果を振り返ってみよう。質問は全部で三〇あったが、政治とメディアに関するものは五問。次ページのグラフがその結果である。

これらの回答から、国会議員の意識を大づかみにとらえてみると、次のようなものだろうか。

テレビは信頼性ではインターネットや新聞に比べれば落ちるが、影響力の点では群を抜いている。しかし、テレビCMが「さらに必要だ」と考えるほど、テレビの影響力をこれ以上強めようとまでは考えていない。

留意すべき点が二つある。一つは、テレビ（断るまでもなく、地上波のことである）の圧倒的な存在感であり、メディアの専門家の関心がデジタル放送やCS放送、放送と通信の融合などへ向かっているのと違い、国会議員の間では依然として、伝統的なテレビが有力なメディアの位置を占めていることである。しかし、その一方で、国会議員は国民と政治のコミュニケーションのスタイルは変わるとも見ている。その中身については、一致した方向があるわけではないが、インターネットが一つの方向性として意識されているのである。

質問１■国民の政治に対する見方や判断により影響を与えているのは？

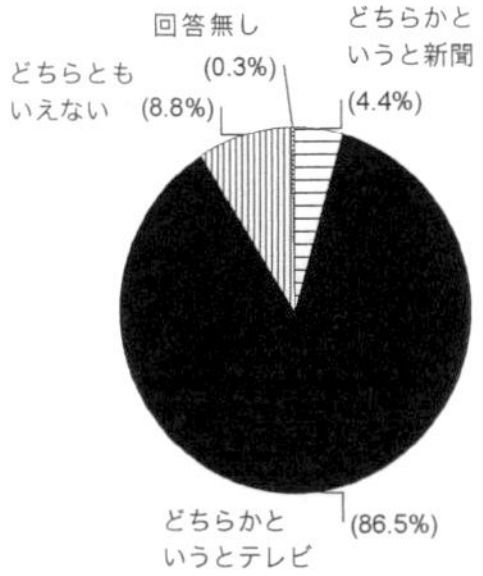

質問２■インターネットは政党や政治家と国民のコミュニケーション方法をどの程度変えるか？

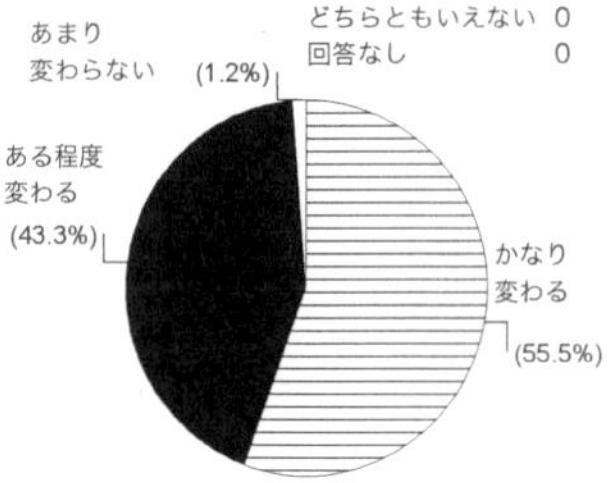

質問３■あなた自身の意見、政策を国民に伝える場合、一番信頼できると思うものは？

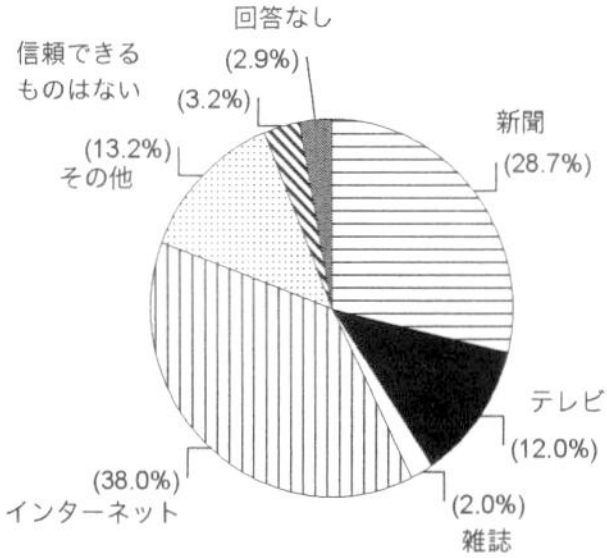

質問４■あなた自身の意見、政策を国民に伝える場合、一番信頼できないと思うものは？

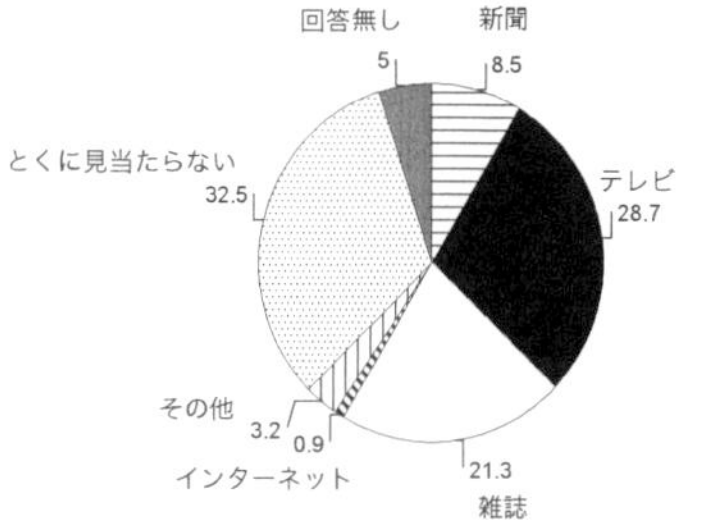

質問５■政党のテレビCMはこれから先、どの程度必要？

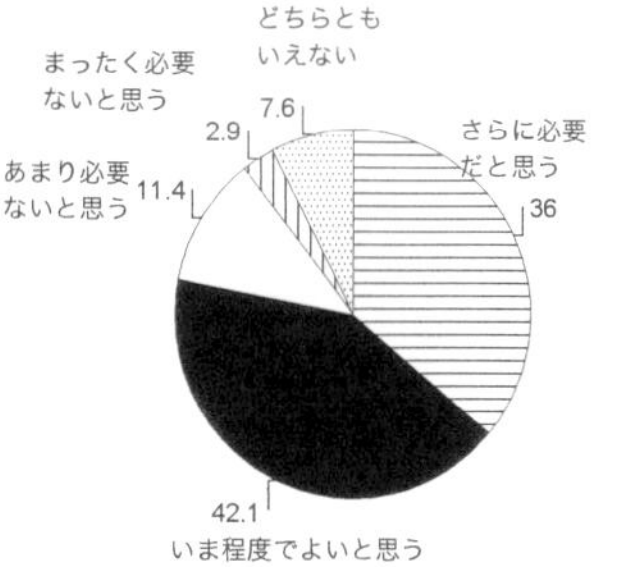

1　「地上戦」「空中戦」「サイバー戦」

こうした国会議員の意識はなぜ生まれるのか。そのことを考えるために、今、国会議員と国民をつなぐコミュニケーションの手段はどうなっているのかをおさらいしてみたい。彼らの政治活動を平時と戦時（選挙時）に分ける必要があるが、政治コミュニケーションの原型を考えるためには、選挙のスタイルで見ると明確なタイプに分けられる。ここでは「地上戦」「空中戦」「サイバー戦」の三種類を基本スタイルとしてあげることにする。

「地上戦」とは、いうまでもなく「戸別訪問型」（公職選挙法で許されてはいないとしても、それに類する方法は多数ある）に代表される手法である。地元回りを足で稼ぐ方法は、いわば「歩兵」の仕事である。

「空中戦」とは、テレビメディアを舞台とした選挙である。アメリカにおける選挙の出費では、ＣＭなどで電波を買うための費用が図抜けて多い。もちろん地上戦に比べると、広範囲をいっぺんに攻撃することができるからである。

そして最近発達してきた手法が、インターネットに代表される「サイバー戦」である。これには、二つの特徴がある。従来のダイレクトメールをインターネットの利便性を使って代替する方法と、ホームページのように有権者からの接触を求めるものとである。

政治家の側から考えると、選挙の当選をめざして自己の支持者を拡大・組織化しようとするとき、これら三つの手段のうちどれが有効なのか、というのが最大の問題である。

「地上戦」で最も効果的なのは、やはり直接的な「対話」である。それを効率的にするために、通常は個人後援会を組織する。その会員には、郵便で活動報告を定期的に送ることになる。しかし、単純計算してもわかるが、その切手代だけでも馬鹿にならない金額になる。一〇万人の会員に送るとして、手紙で送れば一回で八百万円かかる計算だ。

この点だけ考えても、国会議員がインターネットに目を向けるのは当然である。アドレスさえ押さえれば、ほぼ同時に無料で配信が可能になる手段は、まさしく政治家向きである。国会議員がインターネット利用に一つの方向性を見ているのには、こうした実利的なことが片方にあるのは間違いない。もちろん、もう片方には、インターネットなら、自分の主張を加工されずにそのまま有権者に送ることができるし、その双方向性からかなり素早い有権者からのフィードバックを期待できることがある。

しかし、国会議員にとってはやはり、自らの活動が新聞記事に書かれたり、テレビに映し出されたりすること、すなわちマスメディアで報じられることは、特別の意味をもつ。政治家でも党首脳クラスになると、番記者がついて報道される機会が増え、逆に情報も官僚、党幹部、記者たちから入ってくるようになる。いわゆる平議員の情報源は、これまではマスメディアに依存していることが多かった。

何より政治家にとって、テレビを使った「空中戦」に自ら登場することができれば、大量の人に接触が可能になり、知名度を一気に獲得できる。同じことを、テレビCMでやることを考えれば、「サンデープロジェクト」に出演することの方が、費用の点でも効果の点でも、はるかに有効である。「サンデープロジェクト」によく登場している政治家が、ある時期、出演がとぎれたりすると、地元から「この頃は国会や政党で活動していないのか」と問い合わせがくる、という笑えない話もある。こうした有権者の反応が、国民の政治に対する見方や判断に一番影響を与えているのはテレビだと、国会議員に意識させているのである。

2　ＣＭよりも報道を意識

こうした国会議員のテレビに関する見方がおかしいとはいえまい。現状では、国民が政治（家）に接するのは、ほとんどがマスメディアを介してである。現実の政治家を実際に自分の目で確かめて判断している人は、政治家や官僚、記者たちを除いて、きわめて少ない。専門家でさえ、マスメディアの情報に依存している。その点では、テレビと新聞では大きな差がない。

そのマスメディアの中でも、とりわけテレビに抜きんでた影響力があると考えられていることは、広告業界がテレビＣＭにどれだけのお金と人材、才能をつぎ込んでいるのかを見れば、見当がつくことである。ただ、今回の国会議員アンケートでは、アメリカ政治に見られるような、テレビＣＭの激化を予想したり、歓迎したりする向きは多くはなく、穏当な答えが返ってきた。

現実には、日本でも広告のプロが政治に関与し、ネクタイの色から政策の提起の仕方まで、フォーカスグループの反応を見ながら、次の手を打っていくスタイルが一般化するのは時間の問題ではないかと思う。ただ、今回の参院選における政党のテレビＣＭなどを見る限り、「だじゃれ」の域を出ていないものが多く、まだ本格的な才能と資金が投入されているようには思えないのである。

結局、国会議員がいま、テレビと政治の関係で強く意識しているのは、CMというカテゴリーよりも、むしろ一般の放送、報道の方なのだろう。いままでの報道系の番組のほかに、ワイドショー系が「小泉・真紀子」の放送を増加させたことが、そうした意識に拍車をかけていることは想像できる。

3　急速に膨らみ、変えづらいイメージ

ところで国会議員の回答で、テレビの大きな影響力を認めながらも、テレビにいまひとつ信用をおけない傾向が現れたことは、彼ら自身も、テレビが流す政治情報の中身に対して懐疑的であることを裏付けている。その懐疑は正しいのか。

例えば田中真紀子報道における、テレビと活字メディアの評価の違いは興味ある問題であり、そろそろテレビメディアの特性とは何かを考える、いい時期に来ている。ここでは筆者の視点を簡単に紹介しておきたい。

テレビでコメントを求められたことがある人は、それとなく「短く、わかりやすく、極端に」という希望が出されていることに気がつくはずである。それゆえ、新聞では書かれるが、テレビでは省略されることは多い。逆に、言葉でのメッセージは短くとも、表情や着ているもの、背景など、本来のノイズがかなり前面に出て伝わる。政治家の場合、「絵になる」映像として、しばしば顔の表情が大映しにされる。さら

に、テレビはビデオ編集が容易にできることから、同じ情報が繰り返し流される。あるいは使い回しされる。そのために急速にあるイメージが膨らむ特性がある。

問題になるのは、そうした特性を有するテレビがもつ世論形成力である。確かに、小泉内閣の支持率が八〇％を超えるというような現象は、テレビ報道なくしてはあり得なかったであろう。自民党総裁選における連日の報道は、一種の「首相公選」（大統領選挙）における予備選の中継に似たものがあった。昨年までは、「変人」ではあったものの永田町の一政治家にすぎなかった小泉純一郎という政治家が、一気に「非永田町」の代表として登場することになる。また、小泉氏自身、これまでも意識的に「敵」をつくる手法を取り入れてきたが、総裁選でははっきりと自民党内の「抵抗勢力」を頭に置いて発言したし、自民党の党員・党友ではなく、テレビの向こうにいる一般国民を相手にしゃべった。

小泉首相誕生までのストーリーは意外性と同時に、国民が「擬似的」に体験を共有する形で受け入れられた。そのストーリーの共有がなければ、八〇％を超える支持率はなかったのではないか。

当然のことながら、党内基盤が弱い小泉氏は、これからも世論に頼らなければ、政権運営は成り立たない。いま頻繁に操り返される世論調査は、あたかも小泉政権のアイデンティティの確認のようなものである。テレビ政治がもっと高じれば、政策を提起し、その結果を世論調査で確認するというような手法がとられることになりかねない。政治の業績評価は必要で、日本でも有権者の間にその傾向が強まっているのは歓迎すべき現象だが、その評価の期間がどんどん短くなってしまう恐れがある。テレビ政治においては鮮度が問題となるため、一種の生鮮食料品のような様相を呈してきて、話題も政治家も、ますます賞味期限が短くなってしまう欠陥をもっているのである。

マスメディア、とりわけテレビでは、「極端な」イメージを修正することは、やさしそうに見えて実はそんなに簡単ではない。それは、森喜朗前首相が任期中に一番悩んだことである。小泉首相にしても「支持率はいずれは落ちる」と自戒を込めてはいるが、ここまできたらメディアに表れた自己イメージに乗っていくしかない、という心境ではないか。

4　インターネットが秘める可能性

肝心なことは、国民自身が、マスメディアの与える情報をチェックする回路をもっているか、あるいは対抗メディアがそれを提供できているかということにある。マスメディアの横並び的な、同じ「ストーリー」のみの報道ではなく、「対抗ストーリー」の提供が重要な課題である。新聞とテレビの関係も、メディアの特性の違いと同時に、異なるストーリーを組み立てて提供する役割分担が求められるのではないか。

もうひとつの可能性はインターネットである。国会議員にとって、自らのホームページにアクセスしてくるのは、選挙区以外の人が多いという笑えない現状はあるが、確実にその数は増えている。かつては、安上がりでできていた国会議員のホームページも、今はプロのウェブデザイナーの手によるものが多くなった。更新も頻繁に行われないと、「死んだ」ページだと思われ、公開しない方がマシと思われるようになってきた。それだけ、見る目が厳しくなってきているということなのだろう。今回のアンケートに対する国会議員の回答を見る限り、彼らもこうした傾向を感じ取りつつあるように思える。

そうしたインターネットが、テレビの対抗メディアとして利用されるようになる可能性は大きいように思える。特に、将来、ブロードバンド化が進んでインターネットのコンテンツが高度化していけば、テレビ(地上波)の相対的影響力が低下することは避けられない。政治とメディアの関係は、これからも激しく動いていくのである。

(『論座』二〇〇一年九月号)

5 聖域なき構造改革のすすめ

1 小泉は「政治の構造改革」ができるのか?

現在の小泉政権をどう見るかについては、三つの異なる現象が同時並行的に進んでいるので、評価は立場により相当異なってくる。一つには、小泉内閣の人気は相変わらず高く、内閣支持率も七〇%台を維持し続けている。しかし、二つ目として、構造改革は思ったほど進んではいないこともまた認めざるをえない。「骨太の方針」を「改革工程表」に移したものが現在、進行中であるが、これからいくつかの正念場を迎える。三つ目には、いわゆる「抵抗勢力」がじわじわと小泉包囲網を伸ばしていることも、また事実である。

第一と第二の組み合わせだと、構造改革についても比較的に楽観的な観測をすることができる。しかし、第三の要素を重く見ると、構造改革の行く手は暗澹たるものになってくる。構造改革とはいうもののその中身をどう見るかによって行方の予想が違ってくるし、改革の計画だけでは現状の政治は動かない。さらに、一見すると構造改革とは無関係のさまざまな分野での動きが、構造改革の動きを止めるというのも政治の世界の現実である。

2　構造改革の目的・優先順位は明確か

小泉人気は同時多発テロが起きても低下しなかった。むしろ、政治的には、八月末から九月はじめにかけて、人気とそのリーダーシップにかげりが見え始めたときに、このテロ事件とテロ対策特措法で再び回復したという見方の方が一般的であろう。ただし、その支持率の高さには「危うさ」と表裏一体の関係にあるところが小泉政治の特徴ともいえる。たとえば、歴代首相と比べ小泉首相は歯切れのいいことをいってきた。普通なら政治家は言葉を選ぶときに、その実行可能性を読みながら発言するので、歯切れの良さが薄れる言葉しか使えなくなる。ところが、小泉首相が使っている歯切れのいい言葉を実行するとなると、大変な政治力を必要とすることになる。たとえば、「靖国神社参拝八月一五日」、「国債発行三〇兆円以内」、「特殊法人は廃止もしくは民営化」、「不良債権の処理は二、三年以内」、「一内閣、一閣僚」などの言葉は、それぞれもっともな意見であるが、実は実行がきわめて難しい課題である。ちなみに、現状では、いずれも実行できない可能性が高い。「発言してから熟慮するのではなく、熟慮してから発言しろ」という批判は、当然本人は自覚しているであろう。しかし、そうであっても内閣支持率が急降下するというわけでもないのが、小泉首相の強みでもある。

もう一つの小泉政治の特徴は、自分の得意の分野とそうでないところの落差が大きいことである。現代では、首相がすべての分野に精通することは不可能に近いが、少なくとも、ある種の土地勘をもっていないと、とっさの質問に見当はずれの答えをすることが多くなる。その点、「郵政民営化」（「財投問題」を含む）、「特殊法人」、「首相公選」は小泉首相の趣味の分野である。ちなみに、小泉首相は音楽に対しても造詣が深いが、それは間違いなく、彼の趣味の領域だからである。しかし、その趣味の領域が、日本にとっての喫緊の政策課題と一致するかどうかは不確なことといえる。

たとえば、本人の意識からは、特殊法人改革は最優先の課題になるとしても、不良債権処理の方が急を要する課題として最初にこなければならない、というときに判断を誤る可能性が出てくる。同時多発テロで、米国に出向き、ブッシュ大統領に協力を申し出たときに、「不良債権処理を忘れるな」と釘をさされるというようなことが現実には起きる。

不良債権に関していえば、小泉内閣が発足してからすぐに手をつけ、この一〇月までに見通しをつけておくべきであったが、六月に骨太の方針が出てから、七月は参議院選挙で、八月は靖国問題と夏休みで、二カ月を空費し、さらには、九月からの二カ月は同時多発テロとテロ対策特措法で時間を失った。このままでは、金融庁もあまりに準備不足のため、来年四月に「ペイオフの解禁」を行うのは現実的には非常に難しい。かといって、これを再延期したのでは、国際的な信用にも、内閣の命運にも関わる。

小泉内閣の「骨太の方針」から「改革工程表」にいたる手順自体が問題であるとはいえないが、同じく改革工程表を作った橋本内閣の時を反省するとすれば増税による政策の失敗ということよりも、六大改革の政策課題の整合性と優先順位の問題が大きかった。何のために構造改革をやるのか、そしてその優先順位は、という問題を明確にすることが必要な時期に来ている。

3　小泉はカルロス・ゴーンになれるか

優先順位とは、「骨太の方針」に書かれているものの順位付けだけではない。現状の日本の診断がまず、その出発点にあるべきであろう。大きくいって、現在の日本が直面している機能不全は、①市場の故障は金融機関の機能不全と事業会社に資金需要がないことに顕著に見られる、②特殊法人や公益法人など、省庁にぶら下がっている組織の問題、③中央・地方に見る財政赤字の構造的な原因などである。

ＧＤＰに占める影響の大きさからいっても、①の市場の問題と消費の低迷をまず手始めにすべきか、②から行くのか、③からにするのかでは、ストーリーが違ってくる。すなわち、市場の故障をまず直す（現状の市場自体では、その故障を自分では直せないのは明白である）のだとしたら、単純に②や③を民営化して①の市場にぶち込めば、自然治癒がおきるということにはならない。また、同時並行でこれら①、②、③を進めるとしても、どこに重点を置くべきかを意識しないと、戦略がたたない。優先順位の問題とはすぐれて戦略性のことである。いいかえれば、政治が行う目標の明確化である。すなわち、「構造改革」すべきだと、一般論としては同調するとしても、その意味することが明確になればなるほど、利害対立が増加することは分かっている。だとすると、政策としての構造改革を作り上げないと、一般論で終わってしまう。すなわち、構造改革とは「経済を長期的な成長軌道に乗せること」「経済を効率的な筋肉体質にすること」「日本の市場経済を自由、透明、公正なものにつくり変えること」などさまざまな立場があるが、いずれも具体的かつ短期の解決策とは言い難いのである。

構造改革が政策として登場するにはそれだけの背景がある。一般的な、政策手段であった財政政策と金融政策の効き目が大きく落ち、政策的にはほとんど手詰まりとなって出てきたのが、構造改革と位置づけることができる。そうすると、その構造改革とはすぐれて政策的なものであり、依然として存在している循環論をもとにする財政刺激策派や、インフレ・ターゲット論や日銀の量的緩和策などの金融政策派などから出てくる批判に対しても、乗り越えるだけの説得性をもつ必要がある。

財政出動に関しては、三つの立場があるといえる。一つには、バブル崩壊後のバランスシートの落ち込みをかろうじて財政出動で下支えしてきたという議論。次に、対前年度比での「緊縮財政」は大きく景気を落ち込ませるので、引き続き財政出動せよという説。「補正予算三〇兆円」説などの「提言勢力」などは問題外としても、これだけ世界経済が落ち込んだ現状では、循環論をとる者でなくても景気対策を求める声は政治の世界では多い。これに対しては、いくつかの実証研究が指摘しているように、日本の九〇年代の財政効果は、きわめて疑わしいということと、逆に、ヨーロッパの諸国は財政の改善をめざすことで、景気を改善させてきたという指摘は、傾聴に値する。

また、金融については、もっぱら日銀の政策に対する批判が最近顕著であるが、その代表がインフレ・ターゲット論と量的緩和論である。

インフレ・ターゲット論は、ヨーロッパでは最初はインフレ「抑制」のためで「促進」にとられてきた政策ではなかったし、ターゲットとするのが「消費者物価」であるとするなら、それは見当はずれであろう。不動産と株に代表されるバランスシートの落ち込みが不況の原因なら、「消費者物価」(通常、土地や株価は入れない)上昇をめざすインフレ・ターゲットは、目標としたら見当違いになる。さらに、最近の物価下落は、ユニクロに代表されるような「中国効果」が効いているというように「開放市場」の特徴であるなら、閉鎖市場を前提とした中央銀行の貨幣量の増加では解決できないはずである。また、金融機関が貸し出しをためらい、その分、国債を買っている現状では、日銀から銀行への資金の緩和だけでは、マネーサプライの上昇(信用創造の増加を伴う)にはならない。

とはいうものの、構造改革の弱点は、財政政策・金融政策のような短期の効果が出ないことである。ハッキリいってしまえば、小泉構造改革は中長期だけではなく、短期の構造改革のアイディアを出さないと、足下をすくわれるおそれがある。国民は、ある意味で、小泉首相にカルロス・ゴーンのような役割を期待しているともいえる。しかし、それが、なぜ難しいのか理解しないと、期待は失望につながる。

4 政治の構造改革が進まない状況では……

このような、各種エコノミストの議論にうち勝ったとしても、現実の政治を動かすのには、大きなエネルギーが必要となる。内閣と党にこれらの改革を本気になって推進しようとするエンジンがないと失速を始める。

それは、何も経済財政諮問会議だけの話ではない。官僚は抵抗するとしても、大きな方針を政治家が決めれば、それへの抵抗は消極的なものでしかない。戦略の立てようによっては、官僚を巻き込んだ構造改革もできるはずである。問題は、政治家の方である。「自民党を変える」と総裁選で大見得を切った小泉首相も、この領域が一番の弱点である。抵抗勢力が大声を出し、メディアの前でいつも反対論をぶつわけではない。基本的には、粛々と党内手続きを進め、与党協議に持ち込めば、「現状維持」が可能である。構造改革が本物であればあるほど、基本的には、現実の利害関係を断ち切ろうとする政策である。つまり、「構造改革」一般の問題から現実の問題になると、抵抗は激しくなる。しかし、現状の政策決定のシステムに乗っての政策変更だと、通常の手続き、日常的な慣行の中に行き詰まるおそれが高い。この矛盾を解決するためには、政治の構造改革が必要になる。

しかし、経済の構造改革を発表すればそれで済むという楽観主義が一時期あったようであるが、今直面し始めた問題は、政治の構造改革が進んでいない状況下で、構造改革は進めることができるのかということである。例えば、特殊法人改革の中で道路公団の問題を見てみるとハッキリしてくるだろう。自民党の道路調査会が行革断行委員会の案を飲むだろうか。「民営化」は族議員にとってそれほど大きな問題ではない。問題は七〇〇〇キロ部分と九三〇〇キロ計画の差二三〇〇キロの凍結には、断固反対の姿勢が強いことである。一般的には必ずしも「抵抗派」には分類されない橋本大二郎高知県知事なども反対に回る。都市対地方という対立構造に問題を転換されてしまうおそれもある。

今までは、たとえ内閣提出法案や予算でも、自民党の政調部会から積み上げてきて、総務会の決定を経て、内閣にあがってきた。もし本当に、小泉首相が首相主導、内閣主導を実行するなら、このプロセスをどのように経由するのか、一元化するのかを決断する必要がある。「与党審査」は単に慣行に過ぎず、法的には、そこを回避しても何ら問題はないといっても、与党の反対で国会を通らない可能性がある。選挙制度の問題では、「一年延期」の与党三党協議が手枷・足枷になって、衆院選挙区画定審議会の勧告を通常国会には提出できず、結果的には、法的にではなく政治的に「解散権」に制約が加わってくる。となると、首相は「与党審査」「連立与党協議」に対抗するだけの組織を官邸内にもつことと、いつも敵対する必要はないが、いざとなったら、「与党審査」をスキップするだけの決断をしないと、構造改革はどうでもいいものを除き、一歩も進まない可能性がある。

実は、首相公選制を導入したとしても、この「与党審査」の部分が解決しないと、首相のリーダーシップを発揮することができないということである。それにしても、総裁選では、参議院選挙用に小泉首相を選んでおきながら、構造改革のような問題になると、首相の方が党の主張に合わせるべきであるというような本末転倒の議論がまかり通るようでは、この部分を動かすテコこそ、本当の構造改革の一歩ということができる。

5　相も変わらぬ「先送り」は言語道断

経済状況が悪くなっても、小泉首相の「聖域なき構造改革」に対する支持が高いのは、すでに見てきたように、小泉首相に日産のV字回復をめざしたカルロス・ゴーンの役割を期待しているのではないだろうか。おそらく、期待の具体例としては短期のリストラ（「構造改革」）による業績回復があるだろう。ゴーン流の方法は、従来いわれてきたきわめて当たり前のことをやったにしか過ぎないという批判はある。しかし、その当たり前のことができなかったのがこの一〇年の日本ではなかったか。「その場しのぎ」と「先送り」が一般的な状況で、小泉首相に対する期待も、業を煮やした国民のいらだちがその背景にあるだろう。

だが、すでに見てきたように、経済の構造回復は、基本的には中長期の体質改善であり、免疫力の増強であるだろう。当面の不良債権処理などは、むしろ緊急手術に該当する。しかし、それを進めるためには、政治の構造改革がまずもって必要だし、金融機関や企業の決断が前提になる。このような利害関係と既得権の錯綜に、一企業のリストラとは違う難しさがある。また、それは民間にまかせればすべて解決するという問題でもない。

さらに、国民に「痛み」の伴う改革を進めるといっても、問題はその国民の痛みの感じ方である。実は、すでに破綻がいたるところで見られる現状で、日本人が「痛み」の大合唱を発しないのは、日本人の我慢強さと解釈すべきなのか、それとも、「痛み」を感じるセンサーが働いていないのか、判断が難しい。とりわけ、企業経営者やサラリーマン層にその「痛み」を感じ取る力がないと、「痛み」を感じない身体は、医師もきわめて扱いにくく、かつ不幸な結果がもたらされるという例を持ち出すまでもなく、決して、喜ぶべきこととはいえない。

今まで何度も指摘されてきたような、財政の余裕がない、政策手段が手詰っている状況ということもさることながら、決定的に時間がない、ということを小泉首相も国民も感ずるべきである。その時に相も変わらぬ「先送り」手法は言語道断である。変に政治的に物わかりのいいことを言い出すよりも、「死ぬ気になって、改革を実行する」と約束した原点こそが、小泉首相への国民の期待に対する答えであろう。

（『改革者』二〇〇一年一二月）

6

政治の構造改革を進めるために

――小泉構造改革はなぜ進まないのか

小泉政権は依然として、七〇％以上の高い支持率を維持している。九月一一日に起こった同時多発テロに対するテロ対策特措法の立法過程でも、支持率は低下しなかった。むしろ、八月末から九月初めに出かかってきた党内の批判がこのテロ事件で弱まり、小泉支持は持ち直したという見方もある。そうであるにもかかわらず、小泉改革は思ったほど進展していない。道路公団のような特殊法人や医療保険制度の改革では、妥協にしか過ぎないという批判がある。しかし、官邸や自民党の幹部は、このような問題では小泉の勝利と読んでいる。一つには、小泉が提起した与党による事前承認を時には省略する可能性があるという手法は、予算や郵政民営化でも使える方法だからである。また、議論の場を自民党や与党協議から国会の場に引き出せば、小泉には大きなチャンスが生まれてくる。この一カ月で、与党審査が政治的な争点として前面に出てきた。ここで争点が単なる既得権擁護の「抵抗勢力」対「破壊者」の図式から、与党審査を巡る政治的手続きの争いへと転換されれば、党内少数派の小泉首相も勝算があるといえるのである。今までは単に世論の支持と民主党の潜在的小泉支持をブラッフの材料にしてきたが、それに、内閣へ政策決定を一元化する方向を加えれば、抵抗勢力もそう簡単には、立ち向かえなくなる。

景気の減速があり失業率の増加があっても、国民の支持が依然高いということは、政治の世界では特筆に値する現象である。それだけに国民の期待は依然高いということがなければ、小泉改革の行き先は分からない。参院選挙の時には「小泉＝ｙｅｓ、自民＝ｎｏ」という層が四割いたということを理解しておかないと、最近の世論調査の傾向を単なる自民党の支持率の回復と読み誤る危険性がある。

政策的には、小泉内閣が考えていたアイディアはほぼ出そろった。そうすると、この枠組みの中で、今後、構造改革を進めることができるのかが、もう一つの判断材料になる。通常の財政政策と金融政策をこの一〇年間にわたり使い切ってしまった反省の上に出てきたのが、「構造改革」という手法であろう。構造改革の意味するところは、「経済を長期的な成長軌道に乗せること」「経済を効率的な筋肉体質にすること」「日本の市場経済を自由、透明、公正なものにつくり変えること」など、多義的である。

しかし、共通することは、国家の財政も、企業も、単なる小手先の手直しでは、この状況を抜け出すことができないという認識であり、効率的かつ筋肉体質の経済に今こそ転換する必要があるという理解であろう。しかし、一般的な構造改革とは中長期の目的をもつ。ところが、現在の景気の悪化、デフレ傾向に対しては、即効性のある政策を求める声が大きくなってきている。構造改革は一般的にはデフレ要素を含むとなると、財政出動か金融の量的緩和というような政策の主張が中心になる。

この二つの課題にどう対応するのかが、問われているのである。

もちろん、「経済構造が変わり、景気が回復するまで待て」という議論で押し切れなくもない。しかし、戦術的には、これら景気派に対抗するために「短期の構造改革」を忍ばせておく準備も必要だったのではなかろうか。国民がイメージする構造改革も、短期の回復を目指した、日産のカルロス・ゴーンのような姿であるからだ。

1　抵抗の場所

小泉改革が進まない理由は「抵抗勢力」にある、と一般国民には思われている。その抵抗勢力とは、利益集団や既得権に守られた意見を代弁する自民党政治家や官僚であるだろう。しかし、利益集団はどこの国にもあるし、既得権がない政治も考えられない。それでも、世界各国で改革は行われてきた。日本では例外に属するが、小泉改革程度のことは外国ではしばしば行われてきた。それでは、なぜ小泉改革は簡単に実行できないのか、という素朴な疑問が出てくるだろう。

利益集団や既得権があっただけでは、それらの主張が決定され政策になるわけではない。通常の政治の世界では、政策は法律か予算の形をとってあらわれる。立法のためには、国会で通過する必要がある。しかし、その政策決定の過程にこそ、今、問題点が浮き彫りになっているのである。

日本では慣行として、与党の了承が得られないと、内閣提出法案であっても国会に提出できない。こうした与党の了承を「与党審査」と呼び、国会より前の段階の承認なので「事前審査」と呼ばれている。ということは、自民党の「抵抗勢力」が抵抗している場所は、国会ではなく、党内の政調の部会や総務会などで、そこでの「与党審査」にこそ、問題があるといわざるをえない。

なぜそのような慣行が定着したのかといえば、この部会での決定で実質的な審議をするということは、自民党議員にとっても、法案を通したい官僚にも便利な仕組みだったからである。多数派を持つ与党が了承をすれば、国会の通過は、ほぼ保証されるからである。つまり、国会における実質の審議はなくなり、与党はひたすら法案を通すために「国対」を中心に活動することになる。

このような慣行は一般的には「議院内閣制」の特徴といわれているが、わが国での歴史でも、これは一九六〇年代前半から自民党が一党優位を保ってきた時代の現象にすぎない。また、イギリス型の議院内閣制では、「与党審査」という言葉すらない。

それでは、その抵抗勢力の牙城である自民党の部会や調査会を飛ばし、また総務会の了承を得ずに内閣提出法案を国会に出したらどういうことになるのだろうか。もちろん法律的には全く問題がない。しかし、現状でも小泉批判が強いのに、党内手続きを飛ばしたら、恐らく全面戦争になるだろう。通常の理解だと、与党審査を飛ばされた与党議員が国会では反対に回るはずであるから、小泉改革の法案は国会通過しないだろうという予測になる。だが、恐らく、議員心理としても、非公開の部会での発言と、国民の前にする国会での発言は違ってくるだろう。その点では、完全な悲観論のみで終わるとは思えない。しかし、これは国会が主戦場になり、かつ結果はきわめて読みにくくなるということである。

この関係を要約すると、内閣と与党の関係についての「政治の構造改革」の整理がなされていない状況下で、いかに小泉首相が大声で「経済の構造改革」を訴えても、抵抗勢力は粛々と、党内手続きをこなしておけば、多くの改革案は潰れる運命にあるということになる。これらの改革については、われわれが進めている21世紀臨調の「首相主導を支える政治構造改革に関する提言」に詳しいので、そちらを参照していただきたい。この提言は一一月八日に記者発表をし、一一月一九日には、小泉首相にその内容を伝えた。小泉首相もその検討を党に指示したが、それらに対して、党内からさまざまな反発も飛び出している。

しかし、内閣と党との関係を整理して、首相の主導する政策決定体制を構築することは、小泉氏が国民の期待に応えて改革を進めるためにも、必要なのである。そのためにも、私はこの「与党審査による事前承認を廃止する」ところから、議論を始めるべきだと考えている。

2　全面戦争か妥協か

そうすると、小泉首相は大きく決断を迫られる。つまり、与党との全面戦争かそれとも妥協かである。この中間的にいくつかのシナリオがあるが、大きくわけると選択肢はこの二つである。

一般には、妥協説が現実的であるという見方が多い。そこには、議院内閣制の解釈上、小泉首相が逸脱しているという説が背景にあり、その根拠は、妥協すべきは小泉首相の方で、首相こそ党の多数に合わせるべきだという理解にある。しかしである。小泉首相は四月の自民党の総裁選挙で圧勝し、国会で首相に指名されている。また、参議院選挙後の総裁選挙は、対抗馬なしの再選であった。もし、小泉首相が総裁選で掲げていることに反対だったら、当選させるべきではなかった。とりあえず総裁を小泉にして参議院選挙をしのげばそれでよし、後は足を引っ張ろうが、揺さぶろうが何でも許されるというのでは、議院内閣制以前の党内手続きの筋が通っていないことになる。

こうした解釈の背景には、首相には政党の看板としての役割しかもとめていない、という判断がある。しかし、看板としての首相はいかようにも変えられるが、本体の党の方は安泰であるという基本構造は、五五年体制時代の産物にしか過ぎないし、その根拠を理念化することは難しい。

党との全面対決という、小泉首相の一方的な妥協ではない選択肢が可能なのか、が今後を占う一つのポイントであろう。今後の方針としては、党内の有力者を閣内にどう取り込むのかが一つの課題である。政策形成の過程で、党内の意見を内閣にどう吸い上げるのかのメカニズムを作ることも重要である。これは今後目指すべき首相を中心とする「議院内閣制」の姿であるが、現在の内閣と与党の対立の解決に今すぐ転換できるのかどうか、楽観的な立場はとれない。

首相を中心とする内閣主導を本格的に進めるためには現在のシステムでは明らかに欠けているものがある。首相を支えるスタッフは今年の省庁再編で相当程度強化されたが、依然、弱体であるといえる。トップダウンで話を進めるために、小泉首相は秘書官がでていない省からの官僚で「特命チーム」を作ったが、それでも不十分である。おそらく、今後はサッチャーやブレアが使った「ポリシーユニット」を作るくらいのことが必要になるであろうし、首相の人事権をどこまで及ぼすことにするのかも考えなければならない。

3　カルロス・ゴーン氏の教訓に学ぶ

小泉首相の痛みを伴っても「聖域なき構造改革」をするという主張は、細かい点ではいくつかの批判もあろうが、必ずしも的はずれではない。それは、すでに見た日産のV字回復をめざしたカルロス・ゴーンを彷彿とさせるところがある。日産は短期のリストラ(「構造改革」)によって業績回復を達成した。日産は今後、中長期に競争力を維持できるかどうかが重要であるが、小泉首相は、むしろ、なぜ短期の構造改革ができないのか、という問題を考えておく必要がある。ゴーン氏は、難しいリストラを成功させるカギとして次の四つをあげている。

①「目標」「優先順位」「戦略」を社内で共有する。
②再建計画を社員に信じてもらう。
③社内の意見を聞く耳を持つ。
④経営者が社員を信用していることを示す信号をはっきりと出すこと(『日本経済新聞』二〇〇一年一〇月三一日)。

この教訓から小泉首相が学ぶべきことは、まず構造改革の目標を明確にすることである。そして、不良債権処理なのか特殊法人改革なのか、特殊法人でもどの特殊法人なのか優先順位をつけることである。そして、到達すべき目標への戦略を決める必要がある。ただし、企業とは違い、政治には野党も抵抗勢力もつきものである。そして、「構造改革」をしないと日本が立ちゆかないという意識の共有化をどこまで図ることができるのかが次の問題である。今の世論調査での支持率の高さは、「② 国民は再建計画を信じている」という証拠かもしれない。逆に、与党内には信じているものが最も少ないともいえる。もし、そこがゆるむと、官僚は様子見をしてしまう。

企業と違い、政治の世界は多様な組織と利害対立の激しさの下での活動という、当然の制約を乗り越えなければならない。しかし、土光臨調時代の国鉄分割民営化で、旧国鉄内部の松田昌士、葛西敬之、井出正敬の各氏の例を見るまでもなく、改革には、組織内部の協力者が必要であり、彼らの知恵を生かす方法が不可欠である。これは、橋本行革の時に郵政三事業民営化の方針を出す際にも失敗したことであるが、小泉改革にも道路公団などの特殊法人改革には必要な手法である。

また、ゴーン流の③と④については、小泉首相が何を考えているのかもっとも不明な点であろう。そこが不明であるがゆえに、党内の全面対決から、国会での法案の行き詰まり、解散・総選挙、政界再編というシナリオも考えられているわけである。つまり、もし党内での全面対立になり、主戦場が国会になったときには、誰が反対か賛成か明確になる。もし、その時に内閣提出法案が通らないような事態になったときには、小泉首相は解散という手段に訴えることができる。逆に、もし単に党内手続きで詰まったとしたら、その時に、党内の抵抗勢力を理由としての解散総選挙というシナリオは、現実にはあり得ても、大義名分としては弱い。

しかし、国会での対立を理由にしての解散・総選挙はきわめて分かりやすい争点となる。国民の選択も比較的容易になる。「死ぬ気になって、改革を実行する」と約束した原点こそが、小泉期待への基盤であるからだ。そのことは、小泉首相の党との安易な妥協は、現実的ではあり得ても、国民の期待はずれに終わるということになるということでもある。「与党審査」という一般には聞き慣れない言葉が、政治の争点として登場し、ナショナル・イッシューとして国民に認知されるようになった。しかし、それを具現化するためには、一山も二山も越える必要があるが、組閣の時に派閥のリストから大臣を選ぶという「慣行」は、すでに小泉首相は破っている。与党審査による事前承認も「慣行」にしか過ぎない。そこを変えるということは、国会も党も官僚も変わるということでもある。この内閣と与党の関係は、今までの政治改革や行政改革で積み残された最大の課題なのである。その改革なくして首相のリーダーシップの発揮は難しい。

（『言論ＮＰＯ』二〇〇二年一月）

7

21世紀臨調が促す「政治にこそ構造改革」を

1　政治課題として実行される?

ついーカ月前までに「与党審査」とか「内閣・与党一元化」という言葉の意味やその内容をよく理解していた読者は少なかったのではないだろうか。新聞社の政治部長クラスでも、その頃は「与党審査」では見出しにならない、まして「内閣・与党一元化」では読者に何のことか理解してもらえるかと悩んでいたくらいだから、なじみのある問題ではなかった。

それが、この一カ月間で現実政治の重要な争点となり、また、それを報ずる新聞をはじめとするマスコミのおかげで、一般の人の理解も進んだといえる。もちろん、政治のプロの間では、何年も前からこの問題が日本政治の重要な課題であるという認識は広く共有されていたが、いわばナショナル・イッシューとして認知されたのは、今回が最初ではないだろうか。私自身も一週間前までは「ナショナル・イッシュー」としては認知されたが、フォーマルなアジェンダ（公式の議題）として実際の政治過程で議論の対象にのぼる可能性はまだ小さい」と解説してきたが、自民党内や連立与党幹部の反対は依然強いものの、具体的な政治課題として、それが実行に移される可能性が出てきたことの方に注目したい。この問題を提起したわれわれ自身が、事態の進展の速さに驚いている。

例えば、次のような新聞報道が一面に登場するようになった。

〈首相は政策決定の一元化を目指す具体策として（1）与党の政策担当者を首相の補佐役に起用、立案段階で与党の意思を反映させ、与党の事前審査・承認を簡略化する（2）党議拘束を弱めて国会で与野党が実質的な議論ができるようにする（3）仲介やあっせんを目的とする議員と官僚の接触禁止、などを検討する方向だ。〉（『朝日新聞』「内閣主導強化へ政策決定一元化改革推進で小泉首相が方針」二〇〇一年一二月八日朝刊）

また、小泉首相はブリュッセル市内で記者に〈「機械的に、部会、政調会、総務会の了承がないと法案が提出できない、予算編成できないというのは、案件ごとに考えないといけない」と述べ、与党の事前審査なしでも法案を提出する考えを表明した〉（『朝日新聞』二〇〇一年一二月八日夕刊）ということである。

なぜ、この問題が政治的に重要な争点であるのか、その意味することを解説する前に、この問題をナショナル・イッシューとしてマスコミに答えた小泉首相の発言の経緯について触れておく必要があるだろう。

2　与党審査は慣例だった

「新しい日本をつくる国民会議」（略称「21世紀臨調」）（旧民間政治臨調）この組織は学者、ジャーナリスト、経済界、労働界からなる）は、ことあるごとに制度・ルールを中心として、政治改革について発言してきた。今までにも、この組織が原理・原則に基づく発言をしてきたことにうるさいと感じた勢力がいるかもしれない。この21世紀臨調が、「首相主導を支える政治構造改革」という提言書を、一一月八日に記者会見で発表し、一一月一九日の午前中に官邸の小泉首相に届けた。亀井正夫会長と、国際基督教大学西尾勝教授と私が小泉首相に、わずか一五分であるが、この報告書の骨子をお伝えした。

まず、西尾教授からの全体像の説明のあと、私が「まともな政治学・行政学者の議院内閣制の考え方は、皆こっちですよ」と述べ、西尾教授からは、「政治学者はそうですが、憲法学者は違うかもしれません」と補足があった。さらに、「与党審査は、一九六二年に当時の赤城宗徳総務会長が官房長官に、『閣議決定に先だって総務会へのご連絡を願いたい』という申し入れがあったように、自民党の五五年体制時代に確立した『慣行』で、法的なものではない」ということも伝えた。

総理は、このとき、きわめて機嫌が良く、自分が行っている政治手法に自信を持ったのではないか、という印象を持った。また、「小泉を変えよう」という意見が党の中に多いこと、新しいことをやろうというのに、なぜ古い慣行にとらわれるのだということも述べていた。

このやりとりだけでは、一体何が問題で、どこにその話の中心があるのか分かりにくいだろう。まず、「抵抗勢力」とか、小泉包囲網とか呼ばれていることから説明する必要がありそうである。

3　政策決定過程にメスを

小泉改革に反対するものは抵抗勢力、と理解している人は多いだろう。しかし、抵抗勢力はどこで発言するのだろうか。

もっとも効果的な方法は、自民党の政調部会や総務会などで、通常の手続きを踏んでいくことである。そうすれば、改革を頓挫させることはそう難しくはない。部会と総務会では役割が違うが、全員一致を原則とする総務会などでは、反対者がいると次には進まないからだ。道路公団改革の問題では、党の道路調査会がハードルの一つであった。いわゆる、マスコミがいうところの自民党対小泉の図式が具体化される場所である。このような自民党の政調部会、政調、総務会の了承を得ないと、政府提出法案であっても、国会に提出できないというのは、すでに述べたように慣行にしか過ぎない。しかし、この慣行は池田勇人内閣時代から始まったものなので、小泉首相はじめ多くの議員は、議員になった時には、すでにこの慣行が確立し、この過程を「当然のもの」として経験してきたはずである。それゆえ、この過程を経由しないで内閣が法案を提出すると、「議院内閣制に反する」「党内民主主義に反する」という批判が登場することになる。

もし、本当に小泉総理が構造改革を進めたいなら、この政策決定過程にメスを入れないと、ほとんどの改革は潰れるか、大幅な妥協をせざるを得ない運命にある。われわれがこのプロセスを変えることを「政治の構造改革」と名付けた理由でもある。

また、しばしば誤解されることであるが、日本の首相はリーダーシップを発揮できないという批判がある。特に、森喜朗総理の時には「首相の資質」が問題になった。それを克服するには、「首相公選だ」という威勢のいい議論もあり、小泉首相もそれを主張する立場だが、多くの首相公選論者は、自民党のこの政策決定過程と派閥政治打破を首相公選の理由としてあげているが、それは、議院内閣制での首相の問題というより、自民党内の問題、あるいは内閣と与党の関係という問題に由来することが多いのである。

われわれは、首相公選を推進するために、このような提言を行ったのではない。議院内閣制の下で、最大限、首相がリーダーシップを発揮できるようにするためにはどうしたらいいのかが主たる関心であり、中心課題であると見ている。まさしく、首相個人の問題ではなく、首相という「制度」の問題であるのだ。

もう一つの背景には、政府委員の廃止、副大臣・政務官制度、党首討論などの、いわゆる「小沢改革」の流れがあり、もう一方に、「橋本行革」で行われた中央省庁再編の中で、内閣府を中心とする内閣機能の強化があった。

しかし、その両者に欠けていたのは、内閣と与党の関係で、これを整理する必要があると以前からわれわれは理解していた。この関係が整理されると、選挙制度、議会、内閣、首相、そして党の関係が、「内閣主導」による政治のリーダーシップの確立で一本背骨が通り、筋の通ったものになるはずである。その文脈からいえば、首相公選はあり得ないという結論になる。しかし、首相公選への期待が大きいという世論の実態も知った上で、また、最近の政治においてトップリーダーの決断と責任を求める傾向が強まることから、議院内閣制で、どこまで首相のリーダーシップが発揮できるのかを中心課題として、その解決策を考えてきた。それには、イギリスやドイツなどの現実を踏まえて、どう制度設計をすれば、法律を変えずに改革ができるのか、法改正を必要とする部分はどこかも、提言には盛り込んでいる。

4 「日本はイギリスではない」

われわれの提言と、その後の小泉発言に対して、さまざまな批判があった。批判は四種類に分類できる。①一般論に属するもの、②自民党内の問題に関するもの、③議会の問題に触れるもの、④原理原則に関わるもので、特に議院内閣制と三権分立に触れるものなどである。

まず、大きく一般論からいえば、「日本はイギリスではない」「考え方は分かるが現状を変えることは難しい」という批判がある。確かに、日本はイギリスではないし、現実を動かすのは難しいことも多い。だが、そこに重点を置くと、現状の改革は一歩も進まないことになる。イギリスが行っているから採用するのではなく、運営の参考例としてイギリスがあるので、もちろん現実への適応を考えるときには、日本の問題として工夫の必要があることはいうまでもない。

このような一般的感情は、もう少し原則に絡めて発言がなされる。その代表は、「日本は議院内閣制で大統領制（公選首相）ではない」「与党審査を経ないことは、党内民主主義の否定である」「首相のリーダーシップの強化は、国権の最高機関である国会を無視するものではないか」などである。

これらの批判に答えるためにも、議院内閣制と三権分立に基づく大統領制の関係について少し歴史的な変遷を理解しておく方がいいであろう。

成文憲法で一番古いものはアメリカ合衆国憲法であるが、その憲法制定会議の時に参考にしようとしたイギリスは、行政権は立法権から独立していたが、その行政権は君主に属していた。それゆえ、単純化すれば、アメリカはどう憲法を作るのかというとき、君主制は問題外であったので、執行権をどうするか悩み、結局、大統領制を採用したのである。しかし、それ以降、イギリスの憲法システム自体が急速に発達し、執行権は首相と内閣に帰属し、国王には帰属しなくなった。民主主義の専門家のダールが述べるように「仮にもし、その三〇年ほど後に憲法制定会議が開催されるようなことがあったとすれば、代議員が議院内閣制を提案することもありえたかもしれない」（『デモクラシーとは何か』）のである。

さらに、現状のイギリスでは、首相のリーダーシップは、サッチャー以来強化され、ブレア首相も「大統領的すぎる」という批判もあるが、それはあくまでも議院内閣制の下での首相という枠内でのことである。そして、一般論として、議院内閣制が大統領制と比べ、政治的リーダーシップが発揮できにくいという主張は成り立たない。

5　小泉首相と自民党のねじれ

では、小泉首相のケースに当てはめて、この関係を整理すると、まず、小泉首相は自民党総裁選で選ばれ、国会の指名を受けて内閣総理大臣になった。おまけに、参議院選挙でも勝利し、その後の自民党総裁選挙では対抗馬がなく、無投票で再選している。となれば、総選挙の洗礼を受けてはいないが、当然のことながら、れっきとした首相であり、総裁である。しかし、現状の小泉批判の根拠は、自民党の多数の意見と違うのだから、小泉首相が、多数の意見に合わせて考えを変えるのが、「党内民主主義」である、あるいは「国権の最高機関」の議員の所属する自民党多数派に合わせることが、議院内閣制である、ということになる。だが、小泉首相が今いっていることのほとんどは、総裁選以来一貫している。となると、総裁選とは何か、国会の首相指名とは何かが問われる。もし、小泉首相のいうことが気に入らないのであれば、総裁選に当選させるべきではなかった。あるいは、首相指名をすべきではなかった。そうすれば、小泉首相と自民党の多数派との「ねじれ」は存在しないことになる。しかし、旧来の自民党的考え方では、「党を変える」などということはもってのほかで、変わるべきは首相の方であった。自民党本体はそのままにしておいて、小泉総裁を選んだのも参議院選挙のためで、それ以上は認めないということであるとすれば分かりやすいが、それは、議院内閣制を持ちだすまでもなく、一般的な制度やルールの常識を無視した話である。

6　「与党のやることがなくなる」

それゆえ、ここでは議院内閣制一般の問題よりも、もう少し特定化された話題である与党審査による事前の了承という慣行を無視したらどうなるのかという、党内手続きの問題を論ずる必要がある。

派閥のリストに基づき組閣をするという「慣行」を、すでに小泉首相は破っている。それは、法的には何の問題もないこともまた知られていることである。それと同様に、今後、この与党審査の事前承認の慣行を破ったらどうなるかであるが、実際上、困るのは自民党の方であろう。もちろん、内閣提出法案が国会で与党から修正を受けたり、反対票を受けたりする可能性があるが、そのことは別に論ずる。

まず、ハッキリと確認しておくべきことは、われわれは、与党による事前承認の慣行は廃止すべしといってはいるが、党内プロセスを全廃せよとはいっていない。例えば、議員立法の時にはその制度が生きるであろうし、イギリスのように総選挙に向けて党の「マニフェスト」を作るためには必要である。それゆえ、「政策の勉強を、政調の部会でしてなぜ悪い」ということは批判にはなっていないと思う。ただし、政調の部会に、官僚が出向くことを今まで通り無制限に認めるという立場はとっていない。

実体的には、イギリスのように、幹事長や国対委員長などの与党幹部が内閣に入っていない現状では、与党審査を経ないで、内閣提出法案や予算案の提出があったのでは、「与党のやることはなくなってしまう」という批判は当たっている。逆にいえば、今までがやりすぎであったということになる。さらに、政調や総務会へ出席している長老議員や大物議員がやることもなくなってしまうという疑念が提起されているが、その主張の半分は正しい。政調や総務会決定を経なければ内閣提出法案も国会提出ができないとなると、実体的には、この部分に決定権が移行してしまう。つまり、事前承認の廃止は、決定権を半減させるということでもあるので、長老議員達のインセンティブは削がれることになる。ただし、長老議員を含めて、「バックベンチャーはやることがないのか」という質問に対しては、「国会があるではないか」と一般的な答えをすることができる。

しかし、形式論だけでは答えにならないであろう。つまり、党内部の政策決定に関わる問題と、党と内閣をつなぐ関係については、分ける必要があるし、党内部をどう改革するのかという問題に対しては、ここでは、直接介入しない方がいいだろう。

それゆえ、ここでは内閣側から見て、党の幹部を閣内に取り込み、政策決定を一元化するのか、という問題に話を限定しておく方が、理解を得やすいだろう。また、そのこと抜きでは、首相のリーダーシップの問題は未解決ということになる。

7　国会が不安定な状態に

もっとも有力で、もっとも笑ってしまう批判は、与党審査を経ないで内閣が国会に法案を提出したら、「そんなことをしたら議会が活性化してしまう」という意見である。つまり、今までの国会批判は、議員立法が少ないとか、日本の政治家は無能だとか、およそ議院内閣制とは異なるところの議論が多かったが、煎じ詰めれば、与党審査で事前承認をして、総務会決定をして、党議拘束をかけてしまえば、与党議員にとっては、国会は議論の場ではないのである。ひたすら、法案通過をいかに円滑に行うのかという国会対策の場となる。当然のことながら、党議拘束がかかっているのであるから、多数派を持つ与党あるいは連立与党は、「荷崩れなく」法案を通過させるだけの数を持っている。野党がいかに抵抗しても、法案が否決されることはまずないし、修正ですら難しい。

では、われわれのいうように、事前承認をはずし、党議拘束は国会審議の後、採決前にしたらどうなるだろう。予想されることは、与党側から修正が出てくることである。あるいは、否決に回る与党議員がいるかもしれない。国会がダイナミックになるという予想の一つの例であるが、逆に、従来の国対の立場からいえば、国会がきわめて「不安定な状態」になってしまうということだろう。このことは、国対だけではなく、官僚もこんな不安定な国会では、法案を通過させる自信がなくなるだろう。

日本の政治を「政治家対官僚」の対立図式で見る立場が多かったが、実際は、ここに見るように、自民党と官僚は二人三脚で法案を通してきた。つまり、官僚にとっても、与党審査があり、そこでひとたび決まれば、そのあとは与党が法案通過に責任を持つ、という現在のシステムの方が便利である。

しかし、現実の国会を考えれば、単純に与党修正や否決になるわけではない。というのは、例えば抵抗勢力の議員が「非公開」の政調部会でいってきたことを、国会の場で同様に発言することは難しいからである。国民の前で、それまで通りのことを述べることができるのかが、一つの鍵である。また、国民からすれば、誰が賛成で、誰が反対かが明確になるということも、政治家を判断するためにはすぐれた情報となる。小泉的文脈では、誰が賛成者で誰が抵抗勢力かがハッキリするということである。

さらにいえば、党内に抵抗勢力がいるという理由だけでは、解散・総選挙はしにくいだろう。しかし、国会で内閣提出法案が否決されたという事態は、内閣信任案が否決されたことと同様に、それをもって、解散・総選挙に訴えるのに十分な理由になる。もちろん、現在の自民党は、そんなことになったら政界再編につながるので、できるだけ避けるであろうが、最終的には、首相が解散権を利用できるいいチャンスが生まれるということも付け加える必要があろう。

8　民主党にも援軍

ここまで述べてきたことは、何も小泉首相にだけ当てはまるわけではなく、誰が総理大臣になっても直面する問題である。過去の多くの首相は、総理大臣になって、官邸には自分の手足が少ないことに気がつき、秘書官は各省から出ていて、各省に都合の悪い情報をあげてこないことに悩まされてきた。与党審査によって与党側から揺さぶられたこともしばしばあった。この政策決定上の問題は、次代を担う政治家にとっては、少なくとも無関心ではいられない問題である。

この問題にいち早く気がつき、すでに報告書を作成していたのは民主党である。党首討論で、鳩山由紀夫代表が小泉首相に渡した報告書がそれである。民主党政権運営委員会が一九九八年一二月にまとめていた「新しい政府の実現のために―転換期に挑む政治的リーダーシップの確立―」は、内容的には、イギリスを範とする点でわれわれの提言に近いものである。われわれは、首相だけではなく、鳩山代表にも臨調の提言書を手渡したが、民主党の若手はすでに自分たちで研究ずみであるので、与党審査の問題をはじめとする政策決定上の問題は改めて説明の必要もない議員も多数いる。

また、自民党の若手にも、ことの本質をよく理解している者は多い。しかし、原理・原則のところで、違和感を持つ者も少なくない。それは、三権分立と議院内閣制の発想の違いに由来する問題である。特に、三権分立は中学以来繰り返し頭にたたき込まれ、さらに官僚達は公務員試験でこの発想に染まっている。憲法学者には三権分立論者が多いが、霞が関法学も、三権分立論に立脚していることが多い。つまり、内閣は行政の側という発想で、そこと立法の間に厳密に線引きをするという考えである。しかし、議院内閣制の発想は、国民が選挙で議員を選び、その議員が首相を指名し、その首相が内閣を組織し、その内閣が官僚機構をコントロールする。いうならば、国民が内閣を選んでいるという理屈が、このシステムの背景にある。それゆえ、選挙とは政権選択であり、首相選択ということになる。

しかし、三権分立の立場に立って、国会の方からいえば、内閣は立法には手を触れるべきではない、ということになる。イギリス議会と違い、日本では、内閣は内閣提出法案でも、ひとたび国会に提出したら、その行方は与党（幹事長や国対）任せということになる。あるいは、首相は総理であると同時に、自民党の総裁であるが、党の方はもっぱら幹事長任せ、あるいは、森政権時代のように、政策は亀井静香政調会長に「丸投げ」ということが不思議に思われなかった。

もう一つの大きな発想の相違は、首相の権限強化なのか、それとも内閣機能の強化なのかである。われわれは、中央省庁の再編で内閣府ができ、内閣機能の強化はある程度進んだと見ている。しかし、首相が実際にリーダーシップを発揮するためには、もっと手足が必要であると考える。そこをどう強化するかを課題としているが、そもそも首相の権限と内閣の権限とを峻別すべしという立場がある。しかし、現実の法的な根拠としては、「首長たる内閣総理大臣」（憲法六八条）や憲法七二条の「内閣総理大臣は、内閣を代表し」よりも、「行政権は内閣に属する」（六五条）や七三条の「内閣は」「国務を総理」する方を重視する立場がある。それは、さらに、内閣法、国家行政組織法となればなるほど、内閣総理大臣の地位が他の大臣と同列に扱われるようになる。

また、一般的な「強い」首相への批判として、暴走のチェックはできるのかということがある。これは、従来からある、首相はリーダーシップをもっと発揮すべきであるという意見の対極にあり、「独裁」「ファッショ」をくい止めるには与党審査が必要という主張である。しかし、その総裁は自らが選んだ者であり、首相は国会議員が選出したのである。現行制度で、首相や総裁をやめさせる手続きがなく、その職は永遠に占められてしまうのなら別であるが、そうではないので「自らが首相（総裁）を選択すべきではないと告白する国会議員」という矛盾をさらけ出してしまう。

われわれは、与党審査による事前承認と並び、事務次官会議を経なければ、閣議にかからないという現行の「慣習」も廃止すべきであると述べているが、そうすると各省間の調整が未整理のまま閣議にかかるという批判もある。しかし、あくまでも原則を優先させたい。

9　小泉VS抵抗勢力に異変

再び、現実政治の解釈に戻ると、小泉首相は、道路公団、医療保険制度改正で、次々と妥協し、時には、自民党大物と「密室」で会って、旧態依然の政治をしようとしているのではないかという批判がある。確かに、道路公団の件にしても、玉虫色の部分があり、小泉首相の全面的な勝利とは言い難いところがある。しかし、それは小泉政治の手法に由来するところも多い。自分では大枠のみを示し、細部は族議員からの提案を受けて、ある点で決着させるという手法である。もちろん今後このような方向で決着させる可能性もあるが、なぜ、与党審査を省略することを、反対がありながら、依然模索しているのかが重要な鍵になる。

というのも、官邸筋も自民党の幹部も特殊法人の件では小泉の勝利という解釈をしている。一つには、同じ手法を使えば、予算でも郵政民営化でも十分通用するという理解があるであろう。また、今までの世論の支持と民主党の潜在的小泉支持の約五〇人に加え、この問題をめぐる各新聞の社説や解説記事なども大きな援軍となっている。それは、単なるブラッフにしか過ぎないかもしれない。しかし、小泉首相が、勝負の場所を自民党内から国会に移せば、自己の勝利は堅いと信じている限り、この手法は有効なのである。本来、法案の否決・修正は提出者なら誰でも望むものではないが、小泉首相がそれも自分の有力な選択肢として利用できると考える限りは、抵抗勢力は、勝負を国会に持ち込むことを避け、かつ、この問題はできるだけ「蓋をする」という方法を採るしかないだろう。小泉対抵抗勢力の対立が、単なる既得権対破壊者の利害対立ではなく、与党による事前審査という、手続き・ルールを巡る対立になったとき、政治の状況は大きく変わったと見ることができるのである。

（『現代』二〇〇二年二月号）

8 制度としての首相主導
――比較の視点から

日本政治を見るときに、外国人研究者からの指摘が、厳密な比較政治学にのっとってはいないとしても、思わぬところで根本問題を考えるきっかけになることがある。

八〇年代初めにイギリスで日本政治を論じた時に、五五年体制時代の政党別候補者の数と当選者の一覧表をつけておいたことがある。五五年以来の選挙で、最大の野党である社会党の候補者は、五八年を除けば議席の過半数に満たなかったことを指摘し、同時に選挙では連立政権構想がないことを述べたら、「それでは、政権を問わない日本の総選挙の意味とは何なのか」と聞かれた。その時以来、「政権を争わない選挙とは何か、きわめて大きい問題として意識せざるを得なくなった。それが解消されるのは、一九九四年に選挙制度改正がなされた以降である。ちなみに、一九九六年総選挙で最大野党の新進党の候補者が議席の過半数を超え、以来、現在の最大野党の民主党も候補者が議席の過半数を超えている。

また、イギリスの比較政治学者からは、日本とイタリアでは大臣の任期が極端に短いがなぜか、それでリーダーシップを発揮できるのか、ということを聞かれたことがある。実は、日本では大臣の任期は戦前から短いこと、企業でも役職はかなりの頻度で変わるという一般傾向を述べた後、日本では多数の大臣になりたい議員がいるので、短期で回さないと順番がつかえるということを伝えた。しかし、その答えは、大臣がリーダーシップを発揮できないというものに対する答えでないことは明白である。

日本の議員の役職と出世のパターンをつくり、誰が次に総理大臣になるかを読み、それを政治家のリーダーシップ研究としてオーストラリアで発表したら、「それは官僚研究ではいいが、政治家の研究としてはどうか、また、役職の上昇パターンはリーダーシップを直接表すものではない」という厳しい指摘をうけた。

比較政治学者のA・レイプハルトとの共同論文執筆の時に、日本の選挙制度の特徴を、中選挙区制度として、それを、「プルラリティ・ルール」（最多得票制）であると位置づけたら、「プルラリティ・システムと呼ぶならいいが、プルラリティ・ルールではない」といわれ、「プルラリティ・ルールなら、三議席では有権者が一人三票を持ち、四議席では四票が当然である」とされた。それゆえ、日本の特徴は、SNTV（単記非移譲型）であると位置づけ直すことになった。このときは、衆議院中心の分析であったが、考えてみれば、その当時の参議院全国区も、市町村議会選挙も議席は何十議席でも、一人一票（SNTV）の原則は貫かれていて、それは一九〇〇年以来変わっていないということでもあった。

しかし、外国からの目がおかしなことも、また数多くある。たとえば、数年前に、ハーバードにいたときに、日本政治の報告をしたら、中国人（系）の博士課程の学生から、日本の「行政指導」とは、法があっても、それを無視して官僚が何でも実行できることと誤解をしていることが分かり、その誤解を解くのがとても大変であったことがある。おそらく、それまでにアメリカの学者が行政指導をあいまいに教えていたのだと思うのだが、その時同席していた留学中の官僚も必死に反論していたが、一度思いこんだもの（あるいは、中国政治の延長ではそう見えるかもしれないこと）は、なかなか変えるのが難しい。

もう一つの大きな問題は、アメリカ政治では、立法過程は議会に提出された法案を調べることで多くは成り立つが、日本では与党による事前審査のことを考えないと、立法過程の理解はまったく見当はずれになる。アメリカ的な方法論の問題と、事実の把握において多くの間違いがあることを正すのも簡単ではない。もちろん、議会に提出された法案のみを分析しても、なぜ自民党が過半数以上の議席をもっていても、一〇〇％の成立率ではないのかなどの分析は可能であるが、事実上の決定が自民党の部会（たとえば、税調）の議論でなされていることを考えないと、議員立法が少ないとか、国会は機能していないとか、国対政治ばかりだとかの通り一遍の議論に陥ってしまう。

現実の政策決定を考えるためには、「与党審査」という過程を組み込んだモデルが必要になるし、制度改革を行うのなら、この部分に切り込むことが重要な課題である。そうでないと、見当はずれの「政治主導」か「官僚主導」かという論争を繰り返すことになり、実態の把握からは遠ざかることになってしまう。

この問題と並んでもう一つ大きい問題は、アメリカの政治学者から、「アメリカでは大統領制についての研究はこの部屋一杯ぐらいある。しかし、日本では制度としての首相研究はきわめて限られた数しかないのではないか」という指摘があった。たしかに、大統領個人と「制度（office）として」の大統領制は異なる分析対象である。同様に、首相個人（prime minister）と首相という制度（prime minister-ship）は別物である。しかし、わが国の首相をめぐる議論は、伝記を含めて首相個人にもっぱら関心があって、制度として考えることが少ないということは、日本政治の根本問題を考える時に重要である。

それゆえ、首相個人の資質の問題が問われると、現行制度の欠陥の解決に向かうより、一気に「首相公選」の議論へと飛んでしまう危険性がある。ちなみに、「比例代表の選挙制度と首相公選の組み合わせは最悪である」というのは、何年も前からイスラエルの政治学者が警告していることである。

与党による事前審査による承認の問題は、二〇〇一年に21世紀臨調の提言もあり、「ナショナル・イッシュー」になったが、それをさらに具体化するためには、アジェンダ（政策課題）設定の仕方が重要である。すなわち、首相のリーダーシップの問題と捉えるのか、政策決定の一元性の問題かでは、視点が違ってくる。一方では、首相や内閣のリーダーシップを求める声がありながら、他方では、そのリーダーシップを発揮できないような制度化が今まで行われてきた実態を制度的に解消しないと問題の解決にはならない。たとえば、首相が発揮できる人事権をどこまで及ぼすのかが、一つの課題となる。小泉首相の登場により、組閣の時に各派閥からのリストにもとづく手法は慣行に過ぎず、人事は首相の権限であることが再確認されたが、問題は党の方にある。

党の総裁である首相が、自らが進めようとする方針を実行するために党人事を動かすことができれば、一本筋の通った方針が貫かれることになる。そうでなくて、単に与党・内閣一元論の下に党が内閣に乗り込むという理解だと、首相の意思とは関係のない部会の代表が閣内の地位を占めるということになる。すなわち、「首相による政策決定の一元化」の発想と、「党による首相の取り込み」という考え方の違いである。

しばしば、「党内民主主義」や「議院内閣制」の理解が、首相および内閣に主張が一元化されることではなく、個別利害の追認を内閣に求めることであるという欠陥を、制度的に補正しておかなければならない。そのことと多様な意見が表明される機会があるべきだということとは別問題である。さらには、国会の場を利用するということは、もっと考慮されていいことではないか。

このような内閣と与党の関係は、通常の「立法府―執行府関係」の問題と割り切ることができない制度的な難問を抱えているのである。内閣と与党の関係は、イギリス的解決が一つの方法であろう。21世紀臨調の提言もその方向にそっているが、あくまでもイギリスの経験は参考であり、具体的な制度改革は自らの発想で進めるべきであるという議論は当然である。

ただし、一般的にいわれる「大統領制は議院内閣制よりもリーダーシップが発揮できる」という誤解だけは解いておくべきであろう。サッチャー首相の例をあげて反論することが多いが、実際には、もっと前からイギリスの首相のリーダーシップは強かった。しかし、サッチャー、ブレア首相と、確実にイギリスの首相の地位は強化されてきた。具体的には、現実の政治をより効果的に動かすために、ポリシー・ユニット（政策室）はじめ、強化されてきたものも少なくない。

現在、イギリスでブレア首相に対する批判が出ているが、それは「あまりに大統領的である」というものである。これは、首相の制度化の過程でより強化される方向に進んでいることと、現在、各国の首長はより迅速な決定を迫られ、より役割が大きくなっているという一般的な傾向とがその背景にあるだろう。具体的には、各国ともに首相府の強化の方向に向かっているといえる。

すでに見てきたように、首相や内閣の実態が与党審査との関係で明らかになってくるにつれ、その解決すべきイメージもより明確になってくるだろう。そうなると、選挙、政党、国会、内閣、首相の関係が一本筋の通った原理で貫かれることになるはずで、分かりやすさとは、たんなる明瞭な言葉のことではなく、原理が簡素で一貫しているということにほかならないであろう。そこにこそ、政治改革の目指すべき方向性があるのである。

（21世紀臨調編『政治の構造改革』東信堂、二〇〇二年二月）

9 提言「強い政権」づくりのための15カ条

※15カ条の詳細は一四四頁の表参照

1 改革の旗は色あせたか

小泉政権が重大な岐路に直面している。

ほんの一年ほど前、歴代内閣を圧倒する八割近い内閣支持率を引っさげて登場したあの鮮烈な印象は、いまや日を追うごとに薄らいでいる。「改革の旗手」として永田町政治に風穴を開けると期待された小泉純一郎首相に対する現在の評価は、「掛け声倒れ」「リーダーシップの欠如」へと、かつての賛辞とは裏腹に一八〇度、手厳しいものに変わってしまった。

なぜこのような事態に陥ってしまのか。その答えは、逆に、当初なぜあれほどまでに高い支持率を獲得できたのかを考えてみれば明白だ。

国民は「自民党を変える、日本を変える」「改革に反対する自民党ならぶっつぶす」という小泉首相が掲げた変革のスローガンに共鳴し、支持を寄せた。とくに「自民党を壊す」という総裁選でのメッセージは巨大な破壊力をもって国民の胸に響いた。組閣にあたっては派閥順送りを排し、首相自らの意志で人事を行った。日本政治に巣食う大臣病の弊害を指摘し、「一内閣一閣僚」を宣言した。また宙に浮いていた経済財政諮問会議も初めて本格的に活用しようとした。

要するに、首相を中心に果敢に意思決定を行おうとする姿に、多くの国民は今度こそ「課題先送りの政治」と決別できると本気で期待したのである。

にもかかわらず、手をつけられたさまざまな改革は、いずれも中途半端な印象を与えている。それどころか、「抵抗勢力を破壊」するのではなく、それに「取り込まれている」のではないか、という印象も広がっている。高い期待が、失望もまた大きくしている。

ここ最近の支持率の急落も、こうしたことと結びつけて語られている。テレビ、新聞をはじめとするマスコミは、首相の指導力不足を憂い、来るべき内閣改造では抵抗勢力による強力な巻き返しがあり、果ては幹事長ポストの奪還をはじめ、「換骨奪胎の組閣が不可避である」といった観測を早くも振りまいている。

しかし、小泉内閣の画期性を忘れてはなるまい。今後、日本政治は小泉内閣以前に戻ることはありえない。「自民党をぶっ壊す」と宣言した小泉首相を担いだことで、確かに自民党は延命したかもしれない。しかし、逆説的ながら、このことによって自民党的手法の限界はより明確なものとなり、その破綻はむしろ早まったのである。

二〇〇二年三月、小泉首相は、①首相を中心とする内閣主導体制を構築する、②官僚主導を排除する、③族議員政治と決別する、という「小泉三原則」を提示した。まさにそのとおりであり、小泉内閣の脆弱性は、もはや伝統的な自民党的手法に後戻りすることでは克服できない。三原則に基づき、退路を断ってその具体化を急ぐことによってしかなしえないのである。

本章では、発足一年を経た政権の「現状診断」を行ったうえで、この三原則に基づいた政権の強化とはいかにあるべきかという「処方箋」を提示したいと思う。

処方箋には大規模な法改正は含まれていない。首相が決断さえすれば、今すぐにでも実行しうる課題ばかりである。

2　政権一年の評価と教訓

何をやる内閣なのか――不十分なマニフェストづくり

日本政治には、「いったい何をやるための内閣なのか分からない」という問題がつきまとう。欧米諸国では、それぞれ政治制度の違いはあっても、政権ができたときには何をやるのかがすでに明確になっているのが普通である。

英国などでは、マニフェスト（選挙綱領、政権政策）が書店で売られており、国民はそれを読んだうえで投票態度を決める。このマニフェストは、日本の政党の選挙公約にありがちな総花的で抽象的なスローガンではない。任期内に実現すべき明確な政策プログラムであり、数値を含む具体的な目標を設定し、「いつまでに」「どのような順序」と「手段」で実行に移すのかが書き込まれている。そのために必要な政策ごとの大まかな予算も提示されている。だから、保守党が勝とうが労働党が勝利しようが、政権を取った翌日からその内閣のやるべきことははっきりしている。そして議会では、常にこの公約の達成度が問題にされ、次の選挙の争点となっていくのである。

ところが、日本の場合は何を目標にした内閣なのかが、まったく不明確なまま首相が選ばれ、組閣される。小泉首相が掲げたキーワードは「改革」だった。国民全体の信を問う総選挙ではなかったが、総裁予備選挙で党員の圧倒的な支持を得て当選した。さらに昨夏の参院選で勝利した経過を考えると、実質的にこの公約が国民レベルで支持されたといってよい。政権の性格は明確であり、改革を実行するための内閣なのである。

だが、惜しむらくは、この小泉首相の改革理念が選挙綱領に匹敵する政策プログラムにまで具体性をもって練り上げられる前に政権が発足したことである。政権発足後も、改革を実現するための戦略を練り上げる作業は必ずしも十分ではなかった。政権発足時の鮮やかな改革のイメージが翳ってきたのは、政権発足時に明確なマニフェストをつくり得なかったことによるところが大きい。

内閣における政策の不一致

もう一つの問題は、組閣にあたっての方針の不徹底さである。内閣を組織するにあたっては、首相の掲げる公約を実現するために、首相と志を同じくする政治家を選任するのが筋である。閣僚には政策面で首相と一致することはもちろんのこと、その実現能力も要求される。

ところが、これまでの自民党政治では、政策面での一致や能力は二の次で、派閥の論理が優先されてきた。小泉首相はこうした旧弊を打破して、順送りのシステムに風穴を開けた。この点は高く評価すべきであろう。ただし、個々の閣僚について、政策面での一致をとことん追求し、本当に改革の意思と能力のある人材だけを集めたかといえば、疑問も残る。郵政民営化を掲げるのなら、片山総務大臣と事前に徹底的に論議して、小泉首相の方針を理解させるべきだった。また、閣僚のみならず副大臣や政務官についても、内閣が共有すべき改革方針をチームとして支えるための戦略的人事があってしかるべきだった。こうした人事における詰めの甘さが、結果的に、小泉首相のリーダーシップを阻害しているのである。

「一〇〇日間のチャンス」を逸す

三つめに、政権運営における「戦略性」の欠如を指摘しておきたい。この場合の戦略性には、「課題の優先順位」と「時間枠の設定」という二つの側面がある。「課題の優先順位」は、限られた任期内に必ず成し遂げねばならない課題と、できれば実現したい課題とをあらかじめ自覚的に分けて考えておくことである。「時間枠の設定」は、そのうえで、いくら重要な課題でも同時にすべてを処理できない以上、どの課題からとりかかるかを冷静に計算し尽くすことである。

これは政権の体力の問題と深くかかわる。政権はまさに生き物であるから、体力のあるうちに成し遂げねばならない課題というものがある。体力のあるうちに、まずやることを決め、それで勢いをつけたうえで次に向かうという政権戦略上のプライオリティを明確にするべきだった。

政権が誕生して大きな改革を行おうとする時には、「最初の一〇〇日」が決定的な意味を持つ。驚異の支持率をバックに内閣が誕生したのが昨年四月末。新しい首相がどんな政策を打ち出すのかと、国民が期待するなかで、「骨太の方針」が示されたのは六月末であった。問題はこの後だ。参院選をはさんで八月末くらいまでには、本当にどうやって改革を実行に移すのかという綿密な戦略を練り上げるべきだったのである。小泉政権は改革を標榜する内閣である。参院選の最中でも執務室にこもって戦略を練るくらいの気迫と姿勢を見せるべきだった。むしろそのほうが、小泉政権の画期性を国民に強くアピールできたかもしれない。

3　強い政権づくりの処方箋

提言は、①内閣による与党の吸収・統制、②内閣による官僚の統制、③内閣中枢における戦略部門の整備の三点である。

内閣による与党の吸収・統制

①内閣・与党の一元化

まず何をさておいても、実現しなければならないのは、内閣・与党の一元化である。すなわち、内閣による与党の吸収・統制にほかならない。

昨年夏の参院選は実に興味深い結果となった。小泉人気で自民党は圧勝した。自民党候補者は小泉改革の支持を表明し、口々にその実現を国民に訴えて当選した。しかも、その結果をくわしく見ると、自民はノーで小泉はイエスという有権者が四割に達していた。つまり、有権者が選んだのは自民党ではなくて、小泉首相だったのである。日本の政治のなかでクロスプレッシャーが働いた初めてのケースだといえる。この結果は何を意味しているのか。一言で言うならば、自民党は選挙で国民に公約したとおり、小泉首相の掲げる方針のもとに統制され、吸収される以外の理屈は成り立たないということにほかならない。

与党による政府提出法案の事前審査・承認慣行の見直しが求められている。そうした中で、「内閣と与党の一体化」ということが盛んに言われるようになった。しかしこの言葉には誤解も多い。首相を中心とする内閣の方針のもとに与党を統制し、吸収する形で両者の一元化をはかるべきところを、与党の側に内閣を取り込むことが「内閣と与党の一体化」だと逆さまに考えている向きもある。

しかしこれでは、何のために首相候補と政権政策を掲げて選挙を行うのかさえわからなくなる。どのような首相が選ばれ、どのような方針を掲げようとも、それはそれとして与党に従えという体質は、首相を飾り物にし、使い捨てにしてきた悪しき自民党政治の伝統と言わねばならない。小泉首相の下に与党を統制し、吸収するということは、議院内閣制本来の理屈から言っても、選挙の結果からしても、あるべき姿なのである。

そもそも、内閣とは別個に「与党」という存在が並び立つこと自体、議院内閣制の常識から逸脱しているということを強調しておきたい。政党は政権を取るためのものである。政権を獲得したら、内閣と与党は一体となって運営されねばならない。だから、小泉首相が「これをやろう」と言ったら、それを具体化する方向に動く仕組みができていなければおかしい。与党という別の「根城」があって、そこから抵抗勢力が内閣とは別の方針を発信するという現在の二元体制は、きわめて不健全であり、無責任であるとさえ言わねばならない。

②改めて閣僚との契約を

では、内閣による与党の吸収・統制をはかるための具体的な「処方箋」は何か。一つは、今からでも遅くはないので、この際、任期内に実現すべき政策プログラムを改めて整理し、小泉政権のマニフェストとして明確な形で打ち出すことである。そして、小泉首相を支える立場にある大臣、副大臣、政務官に対しマニフェストへの支持、忠誠を改めて求め、一種の「契約」という形でその誠実な履行を求めることである。大臣が首相の意見に反対したり、その履行をサボタージュした場合は、契約違反としてただちに罷免しなければならない。それが国民への責任だからである。

③人事権を行使せよ

二つめは、政権運営にあたる首相の最大の政治的資源が人事権であるということを再確認し、遠慮せずに行使することである。人事権の行使は、首相の改革方針を内閣に徹底させるとともに、内閣の下に与党を吸収・統制するための最大の武器にほかならない。

小泉首相は就任当時、派閥の論理を排して閣僚を自らの意思で人選した。その方針は今後とも堅持すべきだ。また、副大臣、政務官がチームとして活動するためには、副大臣、政務官人事についても首相自身の意思を明確に打ち出す必要がある。さらに、小泉首相は党総裁なのだから、党人事についても自らが行う姿勢を明確にし、党三役のみならず、政調会の部会長などの主要ポストについても内閣の方針を貫徹させる観点からの戦略的な配置を行う必要がある。

その際、とくに重要なことは、内閣の人事がまずもって優先され、党人事はその方針を踏まえ、これに従属するものであり、その逆ではないということを徹底することだ。首相の意向や方針にかかわりなく、あたかも党の生理現象のような格好で閣僚待機組を次々に内閣に送り込んだり、派閥の論理や年功序列で党の役職者を決めるような人事慣行は本末転倒している。これを繰り返していては誰が首相になろうとも、リーダーシップの振るいようがない。

④意欲ある人材を公募せよ

派閥順送りや年功序列による起用を改めるには、それにかわる新しい党人事システムや人材の選抜ルールを確立することが必要だが、当面は小泉首相の方針を改めて党内に示し、若手議員を含め意欲ある志願者を公募し面接することなどから始めてみてはどうか。

首相が閣僚を決め、そして党役員人事でも総裁として自ら任命する。内閣・与党一元化のもとでは、たとえ与党の「大物」であっても政権運営の邪魔になる場合には、閣僚はもとより、党の役職を含めて権力から外れてもらうのが筋というものだ。こうした人事における首相の権限を明確にしてこそ、真に仕事のできる内閣に変貌するのである。

⑤閣僚と党役職との兼務を活用せよ

次に、人事の面で首相を中心とする内閣主導体制を与党や国会運営に貫徹させるための有効な戦略として、閣僚の立場にある者に党の主要ポストを積極的に兼務させる方法を提案しておきたい。

とくに政務調査会の部会長などは、可能なかぎり副大臣や政務官クラスが兼務したほうがよい。副大臣は当然のことながら首相の改革方針をチームの一員として共有している。その副大臣が党の部会を担えば、与党による事前審査のプロセスが内閣の方針と別次元で行われるリスクが少なくなるし、そもそも事前審査そのものの必要性も薄まる。副大臣は内閣の方針を党に伝達する役割を担い、部会長として与党議員からの意見聴取や、反対に議員への説得などを担えばよい。

さらには、与党の運営に大きな権限を持つ幹事長、政務調査会長なども無任所の国務大臣などの形で柔軟に内閣に取り込む方策が真剣に検討される必要がある。こういう構想を提案すると、そんなことをすれば内閣に族議員が入り込んで収拾がつかなくなると懸念する向きもあるが、その心配は無用だ。閣内に入る者にはマニフェストという「踏み絵」を厳しく突きつければよい。繰り返しになるが、与党議員が内閣を取り込むのではなく、与党を掌握するために、首相と方針を共有する閣僚が可能な限り、必要に応じて内閣に与党の機能を取り込むのである。

⑥国会運営にも首相のリーダーシップを

内閣の外側で「与党」という存在がこれほどまで権力機構化しえた原因をたどると国会の仕組みに行き着く。

端的に言って、今日のような過剰な与党審査慣行が成立しえたのも、与党に依存しなければ何事も進まない国会の慣行や仕組みが背景にあったからにほかならない。その事情や改革の方策をここで詳細に述べることは差し控えるが、他の議院内閣制諸国と比較しても、内閣が提出法案の成立にむけて指導力を発揮できない今の仕組みには大きな問題がある。内閣に提出法案や国会運営に関する協議関与権を広く認めること、法案の逐条審議を導入すること、会期制を廃止し通年国会を実現すること、国対政治を排し議長を中心とする新しい議事運営システムを確立することなど課題は山積している。

首相のリーダーシップを確立するうえで今すぐにでも取り組むべきことは、国会運営責任者の任用に関する人事権の行使を明確にすることである。この点、鈴木宗男議員を議運委員長に就任させたことは、残念であった。法案の生殺与奪を握る議運委員長は首相の意向を受け止めることのできる人物を据えるべきだ。国会対策委員長ポストは無任所の閣僚として閣内に取り込んでもよい。また国会委員会の理事は、副大臣クラスに兼務させることも検討する必要がある。

内閣・首相による官僚の統制

①国務大臣としての意識改革（提言〔一四四頁〕①②）

政治主導の名の下に内閣が与党を吸収・統合したとしても、その内閣が官僚主導に陥ったならば意味がない。与党主導、政治家主導を排除したはいいが、その実、官邸は空っぽで、残ったのは官僚主導だけだったというのでは本末転倒である。小泉内閣にはそうした懸念や批判がつきまとって離れない。

まず大臣の意識改革から始めねばならない。日本ではなかなか理解されないが、大臣は各省大臣である以前に内閣というチームを構成する国務大臣の一人であり、首相の方針を共有しこれを支えるメンバーだということをはっきりさせるべきだ。ところが、現実には組閣したとたんに官僚機構に絡めとられ、省益の代弁者になってしまう。そうではなく、内閣の方針を官僚機構に伝え、それに従って官僚に仕事をさせるのが本来の役割だということを徹底する必要がある。

内閣の方針を決めるべき閣議が硬直化しているのも、閣僚が担当省庁の代表であるという意識に凝り固まっているからにほかならない。閣議を実質的な総合調整の場にするには、まず国務大臣として内閣の方針づくりに知恵を絞り、必要であれば他省庁の問題も含めて自由かつ徹底的に論議するように改めねばならない。政策案件ごとに関係閣僚を集めたキャビネット・コミッティを機動的に使ってもよい。事務次官等会議などはこの際、廃止することも提案したい。

②官僚は「内閣の奉仕者」である（提言〔一四四頁〕③④⑤）

次に、官僚に対しては、首相の部下であるということを再認識させねばならない。官僚は「国民全体の奉仕者」であると言われ、法律にもそう書かれている。しかし、国民への奉仕は選挙を経て成立した内閣への従属という形で具体化されねばならない。行政のうち、純然たる行政執行と区別される政策立案に関しては、官僚は首相を中心とする「内閣の奉仕者」なのである。往々にしてまかり通っているように、官僚が勝手に法案をつくって政治家を説得して歩いたり、族議員と結託して首相や内閣の方針に横やりを入れることを許してはならない。

米国やフランスでは、高級官僚は仕えていた政権が野に下れば、即座にクビになる。身分保障されている日本の官僚が教訓とすべきは英国のあり方だろう。英国では、官僚は総選挙の前の晩には与野党の政策綱領を熟読して、いかなる政権であれ政策づくりの手伝いができるように勉強する。小泉内閣のような改革政権が誕生した場合、官僚は「従来の内閣とは方針が違うが、どうしたらよいか」と、新たな政策実現に向けて内閣の考えを聞かなければならない。そして大臣の側もそれを官僚に要求しなければいけない。

官僚が内閣に相談なく違った方針を進めるのは言語道断である。一方、大臣も官僚が方針通りに執行しているかチェックせず、「何とかうまくやってくれよ」と丸投げするようでは、大臣の資格なしと言われても仕方がない。

「政官の接触」についても、明快なルールを確立する必要がある。鈴木宗男議員の逮捕という事態に国民の政官癒着に対する怒りは沸騰点に達している。大きな政策の方向性について、官僚が大臣や副大臣など上司以外の政治家を説得したり、働きかけを受けたりする行為は、厳に慎まなければならない。

また許認可、契約、事業の箇所づけなどの個別の行政決定や執行にかかわる事項については、政治家の要望を官僚が当然のように受け入れる現状を改め、いわゆる「口利き政治」を排除しなければならない。政治家の側と官僚の側の双方で、そのための仕組みを確立する必要がある。

内閣中枢における戦略部門の整備

①「ポリシー・ユニット」の設置を（提言〔一四四頁〕①②）

以上、述べてきたようなことを首相が実行に移す場合、現実には党内外の情報に詳しい人間、たとえば大臣人事をやろうとするときに適切なアドバイスができるスタッフが必要になる。いわゆる腹心の政治家である。内閣官房ないし内閣府にそうした役回りの政治家を配置することはこの際、真剣に検討されてよい。自民党国家戦略本部のような戦略部隊も本来首相直轄組織として官邸に置くべきだ。

また、首相の判断や政策立案を補佐する工夫も必要だ。官僚機構とは独立した情報源やアイディアを厚くし、独自の評価基準を持つためには、民間人などの各分野の専門家を常勤のスタッフ、いわば政策官として官邸内に常駐させる「ポリシー・ユニット」を設置することも検討されてよい。すでにこの種の制度を取り入れている英国では、かつてのサッチャー政権による「英国病の克服」、現在のブレア政権による「第三の道」の模索など、首相主導による成果を挙げている。

また、当該省庁から反発が予想されるような課題には、法案の起草を内閣官房で行う方法も採用するべきだ。たとえば、小泉首相が本当に郵政民営化を実現したいのであれば、総務省まかせにせず、首相の下で法案を作成することも検討されるべきではないか。

②諮問会議の下に政府、党税調の統合を〔提言〔一四四頁〕②③〕

小泉内閣のシンボルの一つに経済財政諮問会議がある。前政権まで「死に体」だったものを、小泉首相が見事に蘇生させた。そこまでは良かったのだが、現状は課題山積である。

最も問題なのは民間メンバーが改革のエンジン役となり政治家のような役回りまでこなしていることだ。有り体に言えば、本来なら政治家側が改革に燃え、民間メンバーの知恵を借りながら進めるべきところを、改革に燃えない政治家に対し、奥田碩氏や牛尾治朗氏、本間正明氏などの民間メンバーが政治家のような根回しまでを引き受けてどうにか進めているのが実情である。民間人の知恵を借りるのはよいが、これでは、民間人にとっても徒労感しか残らないのではないか。

なぜこのような事態を招いたのか。できるだけ速やかに政治家が改革を牽引する本来の姿に戻す必要がある。最も重要なことは、調整を他に委ねるのではなく、小泉首相自身が「このようにまとめてほしい」と明確な方針を打ち出すことだ。

経済財政諮問会議と政府税調、党税調が三つ巴になって事態が動かないといった愚も早急に改める必要がある。そもそも政府税調と党税調という二元体制は無責任体制の象徴として、これまでにもさんざん批判されてきた。経済財政諮問会議を設置した本来の目的からすれば、この三つ巴の関係を清算し、政府税調と党税調を統廃合したうえで諮問会議の下部組織として位置づけ直すのが妥当ではないか。族議員や長老議員の存在を含めて実行には相当のエネルギーを要するが、真に経済再生を謳うのであれば、覚悟を決めて取り組むべき時期に来ている。

政治改革なくして構造改革なし

折しも、この提言が掲載されるころには、内閣改造論議が賑やかに始まっているかもしれない。われわれはそのことに積極的に提言をする立場にはないが、かりに内閣改造があるとすれば、それがどのような形で行われるかが、日本の民主政治にとってきわめて重い意味を持つのは疑いようのないことだと考えている。

この数カ月で小泉内閣の支持率は急落した。この大幅な支持率の低下は政権関係者にとっては確かに衝撃的かもしれないが、われわれはそのこと自体が小泉内閣をただちに危機に陥れるとは考えていない。むしろわれわれが注視するのは、自民党支持者であるか否かを問わず、これまで小泉内閣に何がしかの画期性ないし革命性を感じていた「良質な支持者」が、ここにきて小泉内閣から急速に離れつつあるのではないかという点である。

原点に戻って考えてみたい。小泉内閣があれほどまでに支持されたのは、自民党を破壊すると宣言したからであった。国民も市場もどのような政策を掲げようとも、政策を決める政治の仕組みが変わらなければ何事も変わらないということを嫌というほど経験している。もはや個別の政策話ではすまないのである。

それは、究極的には政権交代へと向かう道程かもしれない。しかし、どのような政権が誕生しようとも、かならず小泉内閣が直面しているのと同種の問題と向き合わねばならない。政権発足当時、小泉首相は戦後日本政治の骨格に触れるこの問題と正面からぶつかる覚悟を示したからこそ、支持されたのではなかったか。

われわれの提言は、首相がリーダーシップを発揮しうる強い政権を確立しないかぎり、いかなる種類の構造改革も成し得ないということを言っている。それは、言葉の正しい意味で「本物の政治改革」を断行することなのである。

（『中央公論』二〇〇二年八月号、飯尾潤との共著）

内閣主導・政権強化のための提言

飯尾潤／曽根泰教／21世紀臨調

●内閣による与党の吸収・統制(内閣・与党の一元化)

①大臣、副大臣、政務官の任命にあたっては、首相は候補者に政権政策(マニフェスト)を提示し、これに対する支持を求め、「契約」を結ぶ。

②首相は最大の政治的資源である人事権を戦略的に行使する。内閣人事に党人事を従属させる。首相は全体的な人事構想の下、党人事を含めて一元的な人事を行う。

③大臣・副大臣・政務官をチームとするため、首相は副大臣、政務官についても各大臣と協議しながら実質的な人事権を行使する。

④幹事長、政調会長など重要な政党役員の入閣を検討する。副大臣・政務官には政務調査会の部会長等を兼務させ、人事面で内閣と与党の一元化をはかる。

⑤人事面での一元化を下に、各大臣チームが与党議員の意見聴取・説得を行う新しい意思形成システムを整備する。これにより、与党による法案の「事前承認制」を廃止する。

⑥内閣が国会の議事運営に関与できる仕組みをつくり、与党依存の国会運営を克服する。国対委員長等は副大臣等とし、実質化された議院運営委員会の理事に就任する。

●内閣・首相による官僚の統制

①大臣は各省庁の代弁者ではなく、首相の方針を共有し首相の代理人たる「国務大臣」であることを徹底する。このことを通じて閣議を実質化する。事務次官等会議は廃止する。

②迅速な意思決定のために、関係大臣によるキャビネット・コミッティ(閣僚委員会)を活用し、閣僚レベルで政策調整を行う仕組みをつくる。

③純然たる政策執行と区別される政策立案に関しては、官僚は「内閣への奉仕者」であることを明確にし、内閣方針への服従を徹底する。

④政官分離の規範を確立し、官僚が大臣・副大臣・政務官などの上司以外の政治家を説得したり、逆に働きかけを受けることは許さない原則を立てる。

⑤政策執行の中立性を確保するために、「口利き政治」を排除する。大臣等以外の政治家と官僚が接触する場合は、その内容を公開することで、国民の監視を実現する。

●内閣中枢における戦略部門の整備

①首相の下に必要な情報収集と調整を行う腹心の政治家をおく仕組みをつくる。

②首相が官僚機構とは独立した情報源やアイデアを厚くし、独自の評価基準を持つため、首相の手元に各界の専門家を常勤スタッフとする「ポリシー・ユニット」を置く。

③経済財政諮問会議等の戦略的な諮問機関については、首相が目標を明示し、そうした政治的方針の下に民間の知恵を生かす運用を行う。政治家がリスクをとることなく、民間人が政治的な役割を果たすような事態は避ける。

④政策の戦略性にかかわる重要な機関は統合を図る。政府税調と党税調は統合・廃止し、経済財政諮問会議の下部機関として首相の下に置く。諮問会議を実質化するため独自の事務局を置き、方針に忠実なスタッフを置く。

10 決定の「場」の移動

——与党「事前審査制」の位置づけ

1 はじめに

二〇〇一年一一月に、相次いで、21世紀臨調が「首相主導を支える政治構造改革のあり方」の提言をし、また衆院議長諮問の「衆議院改革に関する調査会」も「答申」を行った(1)。両者に共通することは、与党の事前審査に触れ、その事前承認の廃止をうたっていることである。これ以来、一般にはあまりなじみのなかった「与党審査」や「内閣与党一元」の問題が意識され、少なくともマスコミを通じて「ナショナル・イッシュー」として認知されるようになり、現実政治の議題の一つになったといえる(2)。この問題は、首相および内閣のリーダーシップを論ずるときには避けて通れないし、族議員の活躍の場を知ることでもあるし、国会があたかも機能不全をおこしているという疑問に対する原因の解明でもある。しかし、本章では、この与党審査の問題を政策決定上の「場」の移動の問題として捉え、なにゆえ、実質決定の「場」が前段階に移動するのか、という具体例として取り上げることにする。

2　問題の所在

政策決定の研究で重要でありかつ難問の一つが、どこが実質的な意思決定の場であるのかを特定することである。そのことは、公式の議決機関や形式的な場が実質的な意思決定の場ではないことを暗に想定している。それゆえ、一般的な組織図に表われた場所をもって実質的決定の場であるとすることは、不十分なことはいうまでもない。また、政治権力の分析手法の一つに「誰が」決定に影響力を行使しているのかを探る「決定分析」があるが、「いつ」「どこで」決まるのかを探ることも重要な研究課題である。すなわち、制度としての民主主義や議会制度が批判されることが多いのは、実質的な決定の場と形式的な場の齟齬に関わる場合が多いからである。

与党審査の他にも、閣議に先だって行われる事務次官会議を経たものしか閣議の議題として取り上げられず(3)、それ以外の話題は閣僚懇談の形で扱われるということに対する批判も、憲法を読んだだけでは、それが実際にどのように機能しているのかは探ることはできないことに由来している。つまり、日本の国会に対する批判は、憲法では、国権の最高の議決機関であるにもかかわらず、国会の過程は、与党側はすでに決まっている政府案をひたすら通過させる努力が中心であり、野党の方は決定を引き延ばすか廃案に持ち込むかの「抵抗」に主眼があることにより成り立っているということに対するものである。そのことは、国会は単なる「儀式」の場であり、実質決定の場ではないという立場からの批判である。この国会に対する問題点は、議院内閣制における議会の役割というテーマを探ることにつながるが、本章では、なぜ実質的決定の過程の場は、与党審査および官僚機構の過程に移っているのか（審議会をはじめ官僚機構内部の過程は本章では触れない）という問題として取り扱う。

与党審査は法的根拠のない慣行である。一九六二年に当時の赤城総務会長が大平正芳官房長官に、「各法案提出の場合は閣議決定に先だって総務会にご連絡を願い度い」という申し入れを行っている(4)。厳密にいえば、それ以前に与党審査がなかったわけでもなく、また、その日を契機として与党審査が始まったとはいえないだろうが、それ以降の自民党長期政権の過程で与党審査は「制度化」してきたと解すべきであろう。もちろんそれは慣行であるから、特に内閣提出法案の場合には、その過程を経ずに国会提出しても、法的には何ら問題はない。しかし、政治的には、内閣が与党を敵に回すことを覚悟したうえでないと現実にはできない話である。

なぜ、実質的な決定が前段階に移動するのかは、さまざまな仮説が今までにも提示されてきた。多数決というルールや手続の持つ特性から切り込むケースもあり、また、「根回し」（「ご説明」）という行動分析をもって説明しようとする例も多かった。「根回し」説も文化特性を探る「政治文化」的な説明に向かう例と、会議の議決にともなう一般的な現象として扱う例とに分かれるが、いずれも「事前」の現象としてみていることは共通している。

なぜ、公式の決定の「場」は儀式化しやすいのかという問題も、国会の決定から株主総会に至るまで共通して重要である。ある決定の場が「儀式化」することは、文化にかかわらず一般的な現象であると見ることができるが、なぜ儀式化するのかの仮説は、必ずしも一致しているわけではない。そして、また、なぜ実質的決定が、「後段階」ではなく、「前段階」に移動するのであろうか。つまり、事前の「根回し」と「事後承諾」の関係は対称的ではない。それゆえ、本章の中心的テーマは、なぜ実質的な決定の場が、前の方に移動するのかということを探ることにある。

3　決定の前段階への移動

根回し仮説

会議の運営を円滑にしようとすることや、議決を確たるものにしておきたいということは、一般に見られることである。株主総会から国会の議決、国連総会の決定に至るまで、各種の会議運営の技術的な方法は開発されてきた。いわゆる「総会屋」が職業として存在し、また株主総会の開催を同一の日にするというのも、いわゆる総会屋対策の一種であろう。議会では院内総務（whip）が議決を円滑にする役割を担ってきた。すなわち、一般に「根回し」という用語で表される現象は、議決を確保するための事前の「説明」「説得」「利益誘導」「ログローリング」など数多くの事前取引の例と広く共通に見られる現象である。一種の説得行動による「納得」を引き出す行動のことである。

確かに根回し仮説では、根回しの成功は会議体が「儀式化」することと裏腹の関係にあり、事前の根回しに会議の正否が依存するということでは、前段階の重要性があることは確かである。しかし、なぜ実質的な決定が前に移動するのかという説明としては妥当するが、どこまで移動するのかということまで解き明かしているわけではない。すなわち、会議体ごとに、会議開催の事前に「説明」「説得」をしておくことの重要性は明らかにするが、実質的決定の場が他の機関へ移行してしまったというところまでの説明には至らないのである。

手続仮説―多段階の多数決

多数決仮説は、政党政治の局面でいくつかの疑問が提起されている例の一つである。通常の政権は、議会において過半数を、単独ないし連立によって獲得している。特に、議院内閣制において下院が重要な位置を占める場合が多いのは、各国の事例が示す通りである。このことは、一般理論としての多くの決定ルールに関する議論が、抽象的な個人の選択を出発点としている点と対照的である。すなわち、ある決定の単位の中であらかじめ相当数の個人が集団を形成し、その集団が一つの選択をなすことにより、元の決定コミュニティの選択を左右することを意味する。すなわち、ある政党が政権をとるということは、過半数を少なくとも下院で占めているということを意味し、また、その政党（会派）の決定が多数決でなされ、その党内で過半数を占める集団（例えば派閥）が存在すれば、議会の決定を容易に左右することをも示すものである。もちろん、この場合、どこまで党議拘束力が強いか、派閥が一つの単位としてどれだけまとまっているかは、いちおう理論的な計算として導き出すことは不可能ではない。実際に凝集性（cohesiveness）がどの程度であるのかは経験的研究から導き出せるが、議論を簡単にするために、ひとたびある集団で決定がなされたら、その集団は一枚岩の行動をするものとする。そうすると、議会の過半数の議席を持つ政党の過半数をある集団が支配しているとすると、過半数の過半数によって、議会を左右できることになる。

すなわち、単純化すれば、二分の一の二分の一である四分の一で、決定がなされることになる。この問題は、一般的には数の問題として扱われるが、同時に、すでに述べてきた文脈では、多段階の多数決の問題として考えることができる。すなわち、議席の過半数を持つある政党が首相指名するときには、実質的な決定はその党の決定ということになる。つまり、その政党の過半数を持つ派閥（派閥連合の場合でも同様）の決定が実質的な決定として重要になる。

この多段階の多数決では、実質的な決定の場が、議会の決定から政党内の決定に移り、過半数を持つ派閥の決定が実質的な意味を持つことを示すものである。すなわち、前段階へと実質的決定が移行することを示すことができる。

ただし、多段階といっても通常は二段階なり三段階の多数決の例を解明することができるのであるが、この仮説にも問題がある。つまり、多数決でなく全員一致の場合には、この仮説だけでは不十分である。すなわち、決定の最低限の数は、全体の四分の一ということにはならないし、また、多段階であるからといっても、決定の場が限りなく前段階に移行することにはならないのである。

4　決定過程の「場」としての理解

意思決定が文字通り個人の意思決定からだけ成り立つとするなら、「場」の問題はそれほど重要なことにはならない。とくに、具体的な決定の場を想定するのかどうかが一つの分岐点であるし、具体的な決定の場を想定しても、多段階の意味することが、いわゆる選挙と議会から成り立つ間接制のような公式の多段階だけではなく、非公式の決定過程をも含むのかにより結論は違ってくる。

すなわち、ここでいわゆる「過程」を含むもの、とするのかどうかが問題になる。ここで過程として問題になることは、時間の流れとステップにそって複数の決定機関があることを意味する。そうすると、今まで議論してきた、儀式化の問題や根回し、あるいは、多数決の問題を整理することができる。

多段階に意思決定の単位が連続している場合、ある単位から次の単位に移るためには、それぞれの単位で決定がなされる必要がある。すなわち、そのときの決定ルールが多数決なのかあるいは全員一致なのかは、それぞれの単位では問題になるが、過程としてみると、次に進むためには、それぞれのルールに基づきクリアする必要がある。そして、時間のステップで次の段階に進むことができるということは、全体の過程で見れば、それぞれの段階が「直列」の関係にあるということである。$D_1 \cap D_2 \cap D_3 \cap D_4 \ldots D_i$

これに対比して、「並列」の例として、例えば二院制の場合、ある院あるいは委員会が議決したら、立法されたものとして扱うような場合は、並列の関係になる。$D_1 \cup D_2 \cup D_3 \cup D_4 \ldots D_i$

直列の関係は、全体の過程で見れば、すべての単位が全員一致で同時に連立していると見ることもできる。だが、時間が関与するため、「同時に」成り立つという一般的条件は、ここでは成り立たない。しかし、時間の順序に従ってステップを踏むということでは、非可逆的な関係にある。つまり、ある段階で否決されたら、次の段階に進むことはできないのである。$D_1 \rightarrow D_2 \rightarrow D_3 \rightarrow D_4 \dots D_i$

この関係では、それぞれの段階が「等しく」重要であり、通常の全員一致のルールと同様に、それぞれの決定の場が拒否権を持つことになる。そのことは、どこの段階に、実質的な決定があるのかということを特定化することはできないが、一般傾向として、時間の順序に従って、前の段階が重要であるということはできる。最終的な決定を導き出したかったら、前の段階の決定をクリアしなければならないからである。それゆえ、決定の場が、前に動く根拠としては、この直列の関係と時間の経過とともに段階を踏むという順序が大きく関与していることがわかる。ただし、この説であると、無限に前段階に移動するということになる。つまり、それだけでは実質的な決定の場がどこまで前に移るかの特定ができるというわけではない。一般的には、最初の段階が意味を持つという予測は可能である。自民党でいえば部会、政務調査会、総務会が与党審査の過程であるといわれるが、その中で「部会」の果たす役割が大きいことがわかる。ただし、そうであっても、最後の段階である総務会の役割が消えてなくなるわけでない。いざとなれば、総務会で否決することが可能だからである。

また、ここでは多くの政策決定上の、議案の原案作成の過程（官庁においては審議会等）と決定の過程の二つを分けることが必要であるが、単純化のために両者をあわせて政策決定過程としておく。また、この過程では、すべて同一の決定ルールで決められていることを前提としているが、もし仮に、あるステップのみが異なるルール(例えば、全員一致)を採用していると、そのステップがきわめて重要な役割を果たすことになる。問題は、政策決定過程は、すべての争点で同一の決定パターンがとられるわけではないということであるが、一般型の抽出は不可能ではない。しかし、個別的な政策ごとの相違については、詳細な経験的な研究が必要である。また、この与党の事前審査を変えることは、それのみにはとどまらず、権力関係の変更を意味する。それゆえ、個人の権力ではなく、党と内閣の関係、あるいは与党審査と国会審議の関係、さらには、政党と選挙など国民との接点にも変化が生ずる問題である。政策決定過程の中で、法的権限はなくとも、慣行が制度化して実質的な決定権を握ることの意味は明らかになったであろう。

5　おわりに

ここで問題にしてきたことは、与党の「事前審査」であり、「与党審査」一般ではなかった。一見すると、両者の区別はつかないが、その両者を分けるのは、本章で見てきたように、時間の経過とともに発生する過程の問題である。単純化していえば、事前審査を廃止すれば、その役割はなくなる。しかし、与党審査があったとしても、直列的な政策決定過程における「事前審査」のもつ役割を変えるには、「事後審査」にするか、直列を並列に変え、「並行審査」にするかということが問題なる。

直列的な過程を前提にした場合、事後審査が可能となるのかということが一つの問題になる。すなわち、内閣提出法案が国会に提出された時を「事後」とするか、国会の審議が終わって、採決前を「事後」とするかで、一つの区別が出てくる。しかし、公式の国会審議過程の中に党の決定を挟むことは難しい。ということは、党と国会が並列的に「並行審査」を行うと解する方が理解しやすいだろう。その過程での「事前」「事後」の関係である。その場合、党としては、どこで党議拘束をかけるのかという問題を切り離しては論ずることはできないだろう。今までは、事前審査であったから、総務会の決定をもって党議拘束がかかるという原則（臓器移植法案における脳死問題のような例外を除き）であったが、並行審査の場合には、国会（委員会）での審査の後、採決前に党の態度を決め、党議拘束をかけるという方法が考えられる。多くの国ではそのような方法をとっていることがむしろ一般的ではあるが、そのことは、国会の役割が大きく変わってくることを意味し、与党からの修正も、否決もあり得ることを示唆するものである。ということは、直列的な政策決定過程における与党の事前審査を変えるということは、国会の役割を変えるということになる。だから、それが「政治の構造改革」たるゆえんなのである。

（『公共選択の研究』三八号、二〇〇二年）

注

（1）これらの提言は21世紀臨調『政治の構造改革』（東信堂、二〇〇二年）に所収されている。また、与党審査の問題については、われわれは以前から指摘してきた。曽根泰教・岩井奉信「政策過程における議会の役割」（『年報政治学』一九八七年）曽根泰教「議会の可能性」（『日本議会史録』一九九〇年一一月）。われわれは「障害物」モデルで説明してきたが、veto point概念を使う研究もある。G.CoX and M.McCubbins, "The Institutional Determinants of Economic Policy Outcomes," in S.Haggard and M.McCubbins eds., *Presidents, Parliaments, and Policy* (Cambridge: Cambridge University Press,2001)；Mari Miura, "The New Politics of Labor: Shifting Veto Points and Representing Un-Organized," Institute of Social Sciences, University of Tokyo, Domestic Politics Project No.3, 2001.

（2）二〇〇二年三月一三日に自民党国家戦略本部・国家ビジョン策定委員会が発表した「政治システム」の提言は、この問題に大きく踏み込んでいる。『朝日新聞』二〇〇二年三月一四日。

（3）このことは省庁間調整がすでに済んでいるということの別の表現でもある。

（4）一九六二年二月二三日付けの文書。また「尚政府提出の各法案については総務会に於いて修正することもあり得るにつき御了承を願い度い」とも述べている。

参考文献

21世紀臨調『政治の構造改革』（東信堂、二〇〇二年）。

新しい日本を考える国民会議「首相主導を支える政治構造改革に関する提言」（二〇〇一年一一月八日）(http://www.jpc-sed.or.jp/teigen/index.html)

「衆議院改革に関する調査会答申」（二〇〇一年一一月一九日）。

自民党国家戦略本部「政治システム」（二〇〇二年三月一三日）。(http://www.jimin.jp/jimin/senryaku/seijisys.html)

曽根泰教「21世紀臨調が促す『政治にこそ構造改革』を」（『現代』二〇〇二年二月号）。

曽根泰教「政治の構造改革を進めるために」（『言論ＮＰＯ』二〇〇二年一月）。

11 迫られる小泉首相の選択
──構造改革における選択は何か

1 課題は何か

小泉内閣の支持率が回復して、再び「支持」の方が「不支持」より多くなった。その原因は、鈴木宗男問題や田中真紀子問題が一段落したからであるという説が一方にあり、他方、猪瀬直樹を「道路関係四公団民営化推進委員会」委員に指名したことだという意見もある。支持率回復の原因は定かではないが、ここ半年、いささか発言にキレがなく、明快さを欠いてきた小泉首相が、再び改革の意欲を明確に示し始めたことによるのではないかと好意的に解釈することもできる。しかし、現在の小泉内閣の課題は、五〇%の支持率をかつてのように八〇%に近づけることではない。とくに、田中真紀子解任時にそげ落ちた支持率を追い求めても意味がない。それよりも、最近になり「良質な支持者」が小泉改革に疑問を持ち始めてきたことの方が重要な問題である。その「良質な支持者」が感じているのは、改革が思ったより進まないことに対するいらだちと、進むべき方向性へのズレに関する疑念である。しかし、「良質な支持者」とは、小泉改革が進まない理由は、所詮は「清和会（森派）の限界である」というような永田町用語で解釈する人のことではない。改革の火は消したくないと思っている人たちのことである。

私自身、昨年の『改革者』二〇〇一年一二月号に「どうなる『聖域なき構造改革』」（本書、八五〜九四頁、「聖域なき構造改革のすすめ」）というタイトルで小泉内閣について書き、小泉首相が使う歯切れのいい言葉は実行されない可能性を指摘した。「たとえば、『靖国神社参拝八月一五日』、『国債発行三〇兆円以内』、『特殊法人は廃止もしくは民営化』、『不良債権の処理は二、三年以内』『一内閣一閣僚』などの言葉は、それぞれもっともな意見であるが、実は実行がきわめて難しい課題である。ちなみに、現状では、いずれも実行できない可能性が高い」と予測した。しかし、これらのことが完全に実行されないからといって、「良質な支持者」は完全にそっぽを向いてしまうわけではない。今年に入ってから、鈴木宗男・田中真紀子問題をはじめとして小泉首相の発言には、疑問を抱かせると同時に白けさせてしまうものがかなりあった。例えば、①「改革は着実に進んでいる、効果が表れるには何年も必要だ」とか、②「抵抗勢力は協力勢力」といい、自民党を壊す必要はないという主張とか、③鈴木宗男議員他の辞職問題で、「出処進退は議員個人の判断」と述べ、政治家が持つべき職業倫理に一切触れないとか、④政と官の関係について、官僚は「良い意見は聞き、悪い意見を聞くな」というにとどまり、鈴木宗男問題の本質が、行政の個別執行に政治家が関与することにあり、それをやめることが「小泉改革」であるとなぜいわないのか、というような疑問である。

このような厳しい採点をすると、政治の世界からすべての政治家を消し去ってしまうことになる危険性も認めた上で、今小泉内閣が立ち向かうべき選択とは何かを示す必要があるだろう。

2　小泉改革の方向性

小泉首相に限らず、自らが行っていることの自己認識と、他人の評価が食い違うことはしばしばある。ここに一つの興味あるインタビュー記事がある。マイク・モチヅキは、アメリカでは小泉首相を経済改革者と誤解していると述べているが（『朝日新聞』二〇〇二年六月二一日）、それは、小泉内閣の自己認識のズレでもある。すなわち、「国債発行三〇兆円」とか「道路公団の民営化」「郵政事業への民間参入」などは、およそ、経済学的にはあまり意味がない。日本が考えるべき政策の優先順位からいっても最優先の問題ではないだろう。しかし、マイク・モチヅキがいうように、それは政治的には大変意味があることである。すなわち、小泉首相が政治改革を進めていると考えれば、それなりにつじつまが合う。

国債発行とか、道路公団などの政治改革とは、利益集団政治の改革のことである。もう一方、小泉首相が進めようとしている「政治改革」には、与党の事前審査の廃止とか、内閣与党一元化などの、首相を中心とする内閣のリーダーシップの確立問題がある。これら二種類の政治改革を小泉構造改革の中心に意識的に据えているとは思えないが、現状で行おうとしていることを解釈すると、「政治改革」の文脈に位置づけることができる。

いささか我田引水になるが、『中央公論』二〇〇二年八月号にわれわれが書いた『『強い政権』づくりのための一五カ条」（本書、一二七〜一四四頁）と、同じ号の小泉総理のインタビューをあわせて読むと、今後、小泉内閣は何をしようとしているのか、この夏から秋にかけて、どのような手はずを整えるのかのおおよその予想がつくはずである。もっとも、「起死回生策」に一五カ条もあるのでは、それだから小泉内閣はダメなのだという見方もできるし、逆に、それを乗り越えれば改革は進むはずだという読み方も可能である。実は「強い政権」をどう作るのかという意味では、小泉政権だけではなく民主党政権でも、あるいは、今後、生まれるであろうすべての政権にも共通する課題なのである。

とはいえ、小泉政権は何をなすべきで、今、何をしようとしているのかを概観すると、二つの大きな枠組みから見ることができる。一つは、マニフェストに相当する「小泉プラン（ビジョン）」を改めてうち立てることである。第二が、それに基づいて内閣改造を行うという方針である。つまり、今までの首相選出過程はいかにも急ごしらえで、首相になってから一年をかけて審議会に諮って、ようやく改革案を作るというようなことが当たり前であった。小泉内閣の誕生もその例外ではなかった。政権発足後の一〇〇日が勝負であるということは、各国の政権が経験してきたことである。特に、内閣支持率が八〇％あった昨年の夏は時間を失った感が強い。一年遅れではあるが、もし本格的な改革を進めたいなら、ここで体制を立て直さないと、方向性すら定まらなくなる可能性がある。

小泉首相が七大臣に制度・政策改革のあり方についての「宿題」をだし、それに基づき「家庭教師」（各省の官僚）が夏休みの宿題をこなしているところだが、このような各省からの積み上げは、よくて「骨太の方針」第三弾程度と受け止められる可能性がある。そのプランは何をするかのメッセージ性とともに、現状の日本の政治、経済、安全保障上の冷徹な認識に基づくものでなくてはならないが、例えば金融機関の破綻やイラク問題など安全保障上の危機管理については、不安が残る課題である。

3　人事権を行使できるか

最大の問題は、「小泉プラン」に基づき、首相が人事権を行使することである。昨年の閣僚人事では、派閥のリストに基づき組閣をするという慣行を小泉首相は無視した。今年は、さらにそれを進めて、「小泉プラン」の踏み絵を踏んだ者のみが内閣に入るということになれば、内閣は強化される。一般には、抵抗勢力は自民党内にいると考えられているが、内閣の中の抵抗勢力は、改革の足を引っ張っている。いうまでもなく、「一内閣一閣僚」とは、定期的な人事異動という悪しき慣行から脱すべきスローガンで、目的は首相を中心とする内閣のリーダーシップの確立であり、それは手段にしかすぎない。とはいうものの、内閣改造に対する不満の糾合は、抵抗勢力が小泉政権を揺さぶる、格好の手段である。問題は、大幅でも小幅でもなく、首相の方針を飲んだ閣僚から成り立つ内閣かどうかである。また、内閣府の中の大臣が、従来の縦割り大臣よりも上位にあることの再確認が必要である。内閣府の大臣はかつての経済企画庁長官や沖縄・北方担当大臣ではなく、そこには、首相とともに枢要な閣僚が入るべきというのが内閣府強化の制度設計の主眼であった。

この方針の下の組閣だけでは、首相のリーダーシップは発揮できない。実は、副大臣・政務官を含む内閣人事をまず行い、次に党人事を行うことが必要なのであり(さらには国会人事まで)、時には、イギリスのように、閣僚が党役員を兼務することも、重要な方向転換である。すなわち、内閣と与党が一体化するためには、経済財政担当大臣が政調会長を兼ねるというようなことが重要なことである。しかし、兼務ということはポストが減ることでもあるので、自民党内では反対論が強い。また、一般論として、内閣改造は必ずしも政権強化にはつながらない。なぜなら、大臣希望者よりポストの方が少なく、かつ、かつてのような順番待ちによる登用がないということは、不満が噴出する可能性があるからである。しかし、今回の人事抗争は、ポストをめぐるよりも、「小泉プラン」をめぐるものになるのではないか。そのくらい毒を含んだ方針でないと、ここで改造をする意味がないし、丸まった案からは改革のエネルギーは出てくることは期待できないからである。

4　小泉プランの内容

問題はその「小泉プラン」の中身である。実際上、すでに「聖域なき構造改革」をぶち上げ、「骨太の方針」も二回出している。その上での、プランとして何があるのかというのが率直な疑問であろう。これ以上、また手を広げても、改革の成果はおぼつかない。実は、「良質の支持者」が期待していいことは、確実な改革の成果であったはずである。田中真紀子政治の特徴である「ワンフレーズポリティックス」や「サウンドバイト」には辟易したが、小泉政治の危うさは、その要素を持っていることにある。しかし、政策作成や党務の経験が少ないといっても小泉首相の政治的経験は長いし、勘所は分かっているはずである。この一年で、どこを動かしどこを押さえればいいのか分かってきたので実行はしやすくなったという自己認識は、生かす方がいいだろう。

構造改革の分かりにくさは、それが目指すものが、旧態依然たる過去の産業を多少なりともまともな産業に変えるのか、それとも、現状の日本の企業を、グローバルな競争に耐えるように体質改善をするのか、二つのことが同時に語られていることにある。これをあえて、かつての労農派対講座派のような表現をすれば、「二段階革命」を目指すのかどうかが不明な点である。公共事業に依存した土木や、補助金づけの農業は、少なくとも、まともなビジネスにしておく必要がまずある。しかし、それだけでは、一億二千万が食べていくには不十分で、国際社会で十分競争ができ、生き残れる企業群が必要である。それが二段階目である。それにしても、金融機関の故障は、市場における企業が痛んでいることの反映でもある。特に、(中小の)非製造業にその傾向が強い。すなわち、現状の出発点をそこにすると、実は、郵政問題も、金融構造全体の中で、郵貯・簡保、政府系金融機関、特殊法人などを含んだ改革がないと、問題の解決にはならない。しかし、郵政事業の民間参入といういささか脇道の問題であれだけの反対があったことは、今後の改革は簡単ではないことを示している。

二段階革命論的な分かりにくさは、民主党が現在一番直面していることである。つまり、自民党がハッキリと市場経済に基づく主張をしていれば、「公平公正」というヨーロッパ社民的な主張にも説得力があるが、自民党の方が市場経済に反する主張をしたり、弱者保護の姿勢を混在させたりするために、明快さが欠けてしまう。それゆえ、今の民主党は、まず一段階目の「市場経済を」と唱え、さらに「公平公正」と、二人分の主張をしているところに、苦しさと分かりにくさがある。

また、構造改革を、現在の日本の経済が陥った「部分均衡」から脱することであると解する榊原英資の主張だとすると、小泉構造改革とは異なる政策課題が登場することになる。しかし、青木昌彦、榊原英資的な課題設定でも、一段階目か二段階目のどちら側の革命であるかを明確にすれば、理解は容易になるはずである。

首相のリーダーシップを確立するには、実は、内閣府の大臣とともに、首相のスタッフの強化が必要である。もしこれが、今回の改造に間に合わないとしたら、制度的問題として、経済財政諮問会議、政府税調、党税調の三者の関係は、最低限すっきりしたものにしておくべきである。それは、税制度の問題として考えられることが多いが、ものが決まらないのは、実は政策決定上の問題であり、そのような政治改革が実は急務なのである。

5　政治状況の読み方

内閣改造は、おそらく民主党代表選の後になるだろう。そうすることで自民党としては、代表選の国民的な関心をうち消そうとしていると思うのだが、それほど、民主党の代表選を重視していないという観測ももう一方にはある。しかし、もし小泉首相が政界再編を念頭に置いているのなら、当然のことながら、民主党の代表選の行方を気にしない方が不思議である。ここで問題となるのは、小泉首相の戦略感のなさよりも、民主党の方における戦略感の欠如と司令塔不在の問題である。

小泉政権の矛盾は、煎じ詰めれば、「疑似」政権交代であることにある。それが自民党を壊すことにも、改革の進展にもつながらないとすれば、矛盾が一気に露呈する。例えば、景気が大幅に改善しなくとも、最低限、不良債権の処理を小泉内閣の間にやっておけば、その次の政権や日本全体にとっては大変意味のあることである。しかし、単に、今まで何度も見てきたように、シャッポを代えることで延命を続けてきた自民党本体が自ら変わることなく生き残るとするならば、小泉政治の矛盾は二段階革命の一段階目もできなかったということになる。ここで自民党本体を抵抗勢力といいかえてもいいが、具体的な野中、古賀、亀井という個々の政治家というよりも、むしろ、顔を見せず、積極的な抵抗の発言もしていない、順応型保守派が一番の抵抗勢力なのである。

笑い話として、小泉新党がもしできたら、真っ先に駆けつけるのが、「ムネムネ会」のメンバーだというのがある。小泉首相が「私の優先課題は改革を実現すること。協力してくれるのなら、ぶっ壊す必要はない」といっているが、実は、すでに見たように、本人が考えている経済改革とは政治改革のことであり、また、その改革を実現するためには、協力勢力を増やすことではなく、方針の明確さとハードルを高くすることにより、自然とふるい落とされる「顔の無い」抵抗勢力を整理していくことが、回り道だが、改革のもっとも効果的な方法なのである。

（『改革者』二〇〇二年九月）

12 日本の不良債権はなぜ早期に解決しないのか

政府の不良債権処理策である「金融再生プログラム」は二〇〇二年一〇月二二日に発表するはずだったが抵抗にあって延期され、一〇月三〇日に「総合デフレ対策」と一緒に発表された。その間の対立と混乱は、日本の金融政策のどこに問題があるのかを見るためにも、政策決定過程の特徴を理解するためにも、大変興味ある一週間であった。

そこでの議論をたとえると、あたかも一〇年間以上重病にかかった患者(銀行)の反応を見るような感がする。これまでの柳沢路線では治療の行きづまりが分かった。しかし、竹中路線の手術は大規模になりどうも痛そうだ。竹中医師からのインフォームド・コンセントもないし、手術も下手らしい。それなら、別の医師に代えて手術を受けるのかというと、そういうわけではない。その二つの路線が嫌なら、放っておけば自然治癒があるのかといえば、その可能性は極めて少ない。こんな状況に日本があると見たら分かりやすいだろう。

小泉首相は、九月三〇日に行った内閣改造で、それまでの柳沢伯夫金融担当大臣を更迭し、経済財政担当大臣の竹中平蔵に、この職を兼務させることにした。ということは、柳沢路線から竹中路線への転換があり、竹中新大臣は、①資産査定の厳格化、②自己資本の充実、③経営のガバナンスの強化を中心課題として、五名のプロジェクトチームのメンバーと原案の検討を行ってきた。

しかし、その検討項目を知った大手銀行の幹部達や与党の自民党などから猛反発を受け、発表は一週間延ばさざるを得なかった。もっとも対立が鮮明になったのは、自己資本に数えられる「税効果会計」を早期に導入することであった。それは、事後的なルール変更で、それをもとに自己資本を計算するのはおかしいし、その計算に基づき資本が過小であるという理由で、公的資金を注入するのは筋が違うという反論が出た。さらに、それを理由に経営責任を問うということには銀行側が強固に反対した。それゆえ、三〇日に発表された案は、税効果会計の改訂は先送りになり、いくつかの妥協が目につく。それゆえ、不良債権問題を抜本的に解決しようとする立場からは、「後退」と受けとめられ、逆に、急激な政策変更を嫌うグループからは、この案では、デフレの進行が進み、倒産と失業が増加すると反発が出てきている。

私は竹中プログラムの骨子を、①貸倒引当金の算出基準を変えること、②税効果会計を変更する、③政府の持っている優先株を普通株に転換する、④資本過小の場合には公的資金の注入、⑤新旧勘定の分離による経営責任の明確化であると理解していた。もちろん、「税効果会計」を米国並みの基準を求めた立場からは「後退」したと見ることもできるが、それがなくても、ハッキリと柳沢路線からの転換があり、他の項目で実行ができれば、効果は大きいと見ている。例えば、大手銀行でも、現状では、貸倒引当金は倍近い引当不足(一五兆円)が発生していると私は計算しているので、新基準が実行されるだけで、銀行経営は大幅な経営方針の転換を求められることになる。

一九九〇年頃には、日本の銀行は世界の上位行の大半を占めていた。それがなぜ現在の地位にあるのかといえば、当然ながら、バブルの崩壊にその原因がある。しかし、それだけではなく、それ以前の八〇年代に日本の銀行は決してアメリカやスイスの銀行がとったような競争力のある体質に改善されてはいなかった。つまり、依然、貸出利ざやは低かったし、その頃には大手企業は株式や社債などの直接金融で資金調達するようになり、銀行の役割は相対的に低下した。そのことが、バブル期に不動産融資を増やした原因でもあった。一九九〇年のバブルの崩壊以降、資産価格(地価と株価)は大幅に低下し、累積すると一一五八兆円のキャピタル・ロス(保有損)が発生した。そのバランスシートの痛みを銀行が被ったのは確かであるが、この時期に不動産、建設、流通、サービス産業などへの貸出の多くが不良債権となった。

不良債権とは「簿価と時価の差から発生する」と私は定義するが、大きく下落した資産を時価評価すると大規模な不良債権が発生した。それでも、今までに不良債権を処理できたのは、銀行の保有株式を売却して益出しを繰り返したり、資産売却を行ったりしてしのいできたからである。しかし、現状では不良債権の処理原資はほぼ枯渇している。銀行保有の株式を日銀が買い取るという「異例」の政策は、それだけ、銀行の保有株式の「含み損」が発生している証拠でもある。

日本の処理がなぜ遅いのかという疑問からは、韓国との比較に向かうのが当然であろう。『フィナンシャル・タイムズ』紙(March 21, 2002)が書いた「かつて日本経済の生徒だった韓国は今や先生」という記事がきっかけとなり、韓国でも日本でも改めて、この問題が問われるようになり、経済財政白書や日銀のペーパーにも分析が登場するようになった。

相違を見ると、まず迅速さが異なり、金大中大統領が大統領就任後四カ月目に主要銀行を公的管理におき、不良債権の一〇一兆ウォンを韓国資産管理公社に市場価格で強制移転させた。さらに、公的資金の投入量も一五五兆ウォン(GDPの約三割)で、金融機関の再編も九七年末の二六行から現在の一二行二グループにしたし、外貨の積極活用も行った。さらに、改革は企業リストラや、労働市場改革等を含む包括的なものであった。

すなわち、韓国でとられた不良債権処理策は、多くの国で採用されたオーソドックスな方法である。要するに、その方法とは「政府の責任で、早い段階で、短期に大量の公的資金を投入して償却を一気に行い、モラルハザードが起きないように経営責任を問うということ」である。それに対して、日本の特徴は、「貸倒引当金の不足、決定の『先送り』、責任回避、不十分な公的資金投入、短期ではなく長期の処理」という方針であった。ひとことでいえば、「ソフトランディング」の方法が採用されてきた。

このような日韓の対比が一般的であるが、韓国政治の専門家の大西裕は「金大中の金融改革が外見的には成功したように見えながら、実際には成果が不十分であったということは、管見の知る限り現在のところ直接的に説明されてはいない」と疑問を呈し、「韓国の経済学者および金融行政関係者は一般に、第一次構造調整について日本に見られるほど好意的な評価を下していないようである」とし、「外国にいる我々が受けた華々しいシグナルと平凡な改革成果」のギャップは「外国人投資家は情報コストを考慮すると、韓国の情報についてよく知りうる立場にないので、シグナルを送ることが重要になる」、それゆえ、金大中政権は迅速性と可視性を重点に置く政策を実行したと解釈している。

確かに、外国へのシグナル不足は日本に見られる傾向であるが、なぜ「一般的な処理策」を日本で取ることができなかったがまず問われるべきだろう。その理由の一つには、不良債権の規模が大きすぎたことにある。つまり、地震と同じでマグニチュードが大きすぎたということである。しかし、絶対額から見ると規模が大きく前例が少ないといえるが、経済規模を考慮して相対額から見れば、スウェーデンや韓国の例は、対GDP比では、大規模な処理をしている。同時に、日本では破綻金融機関の規模が大きかった。スウェーデンにしても、アメリカのS&Lにしても規模は小さかった。日本でも、地方銀行や信用金庫クラスなら、S&Lタイプの処理策でも解決できただろう。九八年に提案されたブリッジバンク程度の破綻処理方式で済んでいた可能性がある。だが、長銀や日債銀の処理には、改めて金融再生法と早期健全化法を立法しなければならなかったのは、その具体例である。

結局のところソフトランディングとは問題を先送りにしたのにすぎないのだが、今回の竹中路線はハードランディングといわれて批判されている。しかし、本当の問題は、その案が実行可能か否かという点が重要である。

不良債権問題をガンにたとえることがあるが、九二〜九四年頃なら、早期ガンの治療法が妥当しただろう。九八年の公的資金を二度注入した時期には、ぎりぎり間に合ったかもしれない。しかし、現時点では、いかに名医といえども手術にはためらいが生ずるだろう。つまり、不良債権問題処理をためらい、問題の先送りをしているうちに、デフレの進行による別の種類の不良債権が増殖しはじめていたのである。現時点での不良債権は、バブル期のものよりもそれ以降のものの方が多いといわれている。

ここで、もう一つの問題であるデフレと不良債権問題の関係を考える必要が出てくる。つまり、デフレ期には「先送り」は先に行くほど価格低下が起きるのでさらに傷が深まるゆえに早期決着が必要である。しかし、不良債権処理はそれ自体がデフレを促進するという矛盾がある。この難問を小泉内閣は解決できるのかということが、今問われるべき問題である。

金融の問題はもう一方の民間企業の活動に停滞があることを意味している。すなわち、企業の資金需要が少ないことと同時に、デフレ下ではむしろ借金の返済が多くなる。だから、日銀がいくら金融緩和をしても、銀行が国債を買っている現状では、金融の仲介機能の不全があり、信用創造が起きにくい。それだけではなく、国民の心理的には、いつまで経っても、事態が解決しない「イライラ感」「閉塞感」がつのっているし、金融機関への不信感は強い。ということは、安定した金融システムの回復には、不良債権の処理を行い、仲介機能と信用創造機能を回復することが必要であることはいうまでもないが、同時に、信頼回復という重い問題を解決しなければならないのである。

（韓国の雑誌『時事ジャーナル』二〇〇二年一一月二八日号）

13 日本再生の方法

1 不良債権処理に見る失敗の本質

「失われたもの」は何か

日本の一九九〇年代を「失われた一〇年」と呼ぶことはかなり一般化したが、失われたものは何だろうか。もちろん、バブルの時期にふくれあがった土地や株などの資産の増加分はピーク時には一三〇〇兆円から一四〇〇兆あったといわれているが、それが、バブル崩壊ともに、「失われた」ことは確かである。しかし、バブル発生以前を基準として見たとすると、それほどの富が失われたわけではないが、資産価格の下落によって、多くの金融機関をはじめとして、一般の企業もバランスシートを傷めてしまったことは確かである。

また、資産の他にもこの時期に、政治でも経済でも多くの「リーダー」を失った。さらには、人間活動の基本となる「信頼」の喪失も大きかったということがいえる。つまり、それまで、日常的に当たり前と思われていたことに対する不信が生まれるようになった。例えば銀行に預けた金は大丈夫だろうかとか、生命保険の保険金はきちんと戻ってくるのかとか、それまでは考えてもみなかった心配をするようになった。しかし、「失ったもの」の中で、最も大きいものは「時間」であろう。一九九〇年代の「失われた一〇年」に加えて八〇年代中ほどから続いて起きた経済運営の失敗を加えれば、「失われた一五年」と呼ぶ人さえいる。この状態がこのまま続けば、悪くすると「失われた二〇年」になりかねない。

しかし、人類の歴史の中で、バブルの発生も、その崩壊から不良債権が生まれることも、何度も経験してきた。

その中で、なぜ日本の例がこれほど長引き、今まで引きずってしまったのだろうか。特に不良債権が「失われた一〇年」の原因と見られてきたのはなぜなのかを知る必要があるだろう。その一〇年がいかに時間として貴重なものか、また異例に長いのかを振り返ってみよう。

おそらく、第二次世界大戦の敗戦は、日本人にとって、負の遺産として今でも記憶に残っているものの代表例だろう。しかし、その敗戦の一九四五年から一一年後の一九五六年の『経済白書』では「もはや戦後ではない」という有名な言葉が書かれている。バブルの崩壊の起点を一九九〇年にしたとすれば、二〇〇一年には、「もはやバブル（不良債権）はない」という報告書が書かれてもいいはずである。第二次大戦は総力戦であり、国家は焦土と化した。それに比べれば、いかにバブル崩壊の規模が大きいといっても、所詮は、経済の一部分が傷んだに過ぎないはずである。だが、一〇年の長期の間、なにゆえ、それが解決してこなかったのかは不思議な出来事である。その間、何もなされなかったわけではないし、それなりに努力をしてきたが、今でもこの問題を引きずってしまっている理由は何かが問われるべきことである。

「ロスト・ディケード」とは元々ラテンアメリカでの出来事のことを指していたのだが、最近では、日本の過去一〇年間のことを指すようになった。確かに日本経済はこの一〇年間、停滞してきた。それにひきかえ、アジア諸国の成長も九七年のアジア金融危機まではめざましかった。また、その危機や破綻からの回復は日本よりも早い国が多い。また、アメリカは、九〇年代に経済が回復し、金融およびＩＴでずいぶん伸びたし、かつて「イギリス病」といわれたイギリスの景気もよくなった。そのなかで、日本だけ置いてきぼりになった、あるいは、それ以上に、世界経済の足を引っ張っているという指摘すら多い。すなわち、「世界第二の経済大国がどうして？」と世界中から不思議に思われるようになってきた。

何が失われたのか、なぜ「失われた一〇年」なのかの、最大の原因は、バブル崩壊後に、それまで資産価値が高騰したものが急落し、そこで発生した不良債権の処理に手間取ったことにある。その理由には諸説あるが、まず千何百兆円が失われたことが端緒であった。

なぜオーソドックスな方法がとられなかったのか

過去において、バブル崩壊による不良債権処理を行った国は、少なくない。そこには、ある種の一般的な共通する方法がある。本来は、その方法を採用するのが普通であるが、日本はその不良債権処理の一般的なやり方をとらなかった。その方法とは、スウェーデンでもアメリカでも韓国でも共通しているやり方で、政府の責任で、早い段階で、短期に大量の公的資金を一気に投入して直接償却を行い、モラルハザードが起きないように経営責任を問うということである。

日本は、この方法を知らなかったわけではないだろう。むしろ、知っていて採用しなかったと考える方が自然である。総じて、「ソフトランディング」という言葉でまとめることができるが、結果的には「長期の解決を選択し、政府の責任は曖昧にして、基本的には先送りをし、また経営責任を厳しく問わない（モラルハザードの発生は重視せず）という処理策」がとられた。それは、当事者が意識していたということではなく、後から振り返ってまとめてみると、そういわざるをえないということである。

もちろん、「一般的な処理策」をとらない理由はいくつかある。その理由の一つは、日本の不良債権の規模が大きすぎたことにある。つまり、地震と同じでマグニチュードが大きすぎたということがある。しかし、絶対額からみると規模が大きく前例が少ないといえるが、経済規模の相対額から見れば、スウェーデンや韓国の例は、対GDP比では大規模であったといえる。また、絶対額が大きいということは、日本の処理しなければならない金融機関の預金規模が大きかったことをあげることができる。たとえば、信用金庫や地方銀行クラスなら、S&Lタイプの処理策でも解決してきただろう。ブリッジバンク程度の破綻処理方式で済んでいたかもしれない。長銀や日債銀の処理には、改めて金融再生法と早期健全化法を立法しなければならなくなった。

このように一気に公的資金を大量につぎ込んで、短期間に処理をするというやりかたは、日本ではハードランディングの路線で、政治家では梶山静六の主張に代表される。ところが、宮沢蔵相は、「そういうことを素人の方はおっしゃるけれども、ハードランディングなんてできるわけがない」といってきた。つまり、軟着陸路線とは結局のところ問題を先送りにしたのにすぎないが、ハードランディング路線は実行可能であったか否かも、考えてみる必要がある。

不良債権問題をガンにたとえることがあるが、単なる比喩以上の意味を持たせるとするなら、自己増殖と転移があることがガンの特徴であるので、不良債権にその特徴があるかを確認すべきである。実際、不良債権は増殖したし、思わぬところへと転移もした。しかし、そのたとえをもう少し使うなら、九二～九四年頃なら、すでに見てきた多くの国が使ってきた共通の手法は、妥当であっただろう。しかし、九八年の時期には、ぎりぎり間に合ったかもしれない。ということは、その一般的な手法とは、早期処理の方法なのである。早期発見の胃ガンには、手術は有効ということと似ている。しかし、時期をこれだけ引きずってしまった二〇〇二年は第四ステージともいえ、いかに名医といえども、大手術をすることは迷うのではないか。つまり、不良債権問題を一気に解決するのをためらい、先送りをしているうちに、別の種類の不良債権が増殖しはじめていたのである。現時点での不良債権は、バブル期のものよりも、それ以降のものの方が多いといわれている。

しかし、問題は、なぜ「先送り」が主たる手法だったのかということである。

「先送り」の理由

先送りがなぜ起きたのかは、いくつかの理由がある。その理由の候補を探ってみると、次のようなことがいえそうである。まず、第一に、地価の下落は一時的なものだ、いずれは回復すると信じたことにある。第二には、そのような資産価格の下落ということに対して、それを経済の循環的な問題として扱い、通常の循環的手法で対処したことにも現れている。別の言葉で言えば、政府の財政金融政策で、今まで通りのことを繰り返してきた。とくに公共事業を中心とする財政政策は、建設業や不動産業の延命効果に働いた。第三には、先送りによる責任回避は、債務者側にモラルハザードを起こした。責任回避は、実は貸し手の銀行や大蔵省にも見られる共通の現象である。第四には、実務上の問題になるが、それまでの土地担保主義から貸し出しにおける新システムへ移行する空白期間があった。第五には、もう少し間接的であるが、企業や金融機関などが先送りを可能にする会計基準などの制度的条件がそうさせた。検査基準がもっと厳しければ、事態の把握ももっと早くなっただろうし、また、先送りが得策ではないということも気がついたはずである(小林慶一郎・加藤創太『日本経済の罠』日本経済新聞社、二〇〇一年)。

この点を、アジア金融危機の時の韓国やタイと比べると、切迫感・危機感がハッキリするだろう。流入した国際資本があっという間に流出した韓国やタイは外貨不足に直面することになり、IMFへ緊急の資金援助を頼まなければならなかった。一方、日本はこの時期一貫して世界一の外貨準備国であった。また、企業や銀行には、「含み益」が十分あった。ある意味で、個人も資産を十分もっていて、一種の「含み」があった。つまり、バッファが大きく、小出しに吐き出せば、一〇年もったということもできる。

しかし、そのバッファも「含み」も一〇年でほぼ使い切ってしまったということができる。ある意味で、豊かさが問題解決を遅くしたという「逆説」が成り立つということである。この時期、来日した外国人が日本を見て危機感と切迫感が感じ取れないと言ったのはある意味で正しい。

また、経済問題で、一番やっかいなことは、ミクロの問題とマクロの問題とをどうつなぐかということであるが、一つには、各企業、各個人が自己防衛のために、財布の紐を締め、借金の返済を優先する、というミクロの行動は、マクロ的には、需要を減らし、景気を悪化させるという結果を生む。「合成の誤謬」という経済学の教科書にでてくる定番の説明がしばしば繰り返された。しかし、別の説明としては、ミクロレベルで信頼システムが崩れると、取引関係がとぎれ、経済活動が停滞して、マクロとしては、本来進むべき水準に比べてかなり低いラインで推移し、それで成長につながらなかったという解釈がある。例えば、短期のコール市場でデフォルトが起きてしまうと、一気に、金融市場は収縮してしまう。また、別の説明としては、マクロ政策での議論は、一般的傾向としてミクロの問題を無視しても議論が成り立つので、ミクロの不良債権処理などの問題に触れないか、あるいは結果としては、問題の先送りになってしまう。

一通り、なぜ問題が先送りされてきたのか、経済的な理由を見てきたが、それでも、十分納得いく説明をつくしているとはいえないかもしれない。ここでは、さらに、経済的理由から離れ、組織論的な問題に触れてみることにする。

マネジメントの組織論的な原因

戸部良一・野中郁次郎らが書いた『失敗の本質』という本があるが、それは、太平洋戦争のときの日本軍における失敗の問題を、出版当時の防衛大学校グループが組織論、経営学の専門家を集めて、研究をしたものである。

日本軍が持っていた構造的な問題として、組織論的な欠陥は何かというのが中心的テーマであった。結論として現代の日本の組織に及ぶような話もしているが、当然ながら、その本が書かれた時期はバブルの崩壊時期よりもっと早く、バブルおよびバブル崩壊以降の日本の企業は対象外だった。しかし、同様な問題意識で今の日本を見てみるとどうなるのかという関心は重要である。

旧日本軍は、政治的な決定あるいは戦略、いいかえれば、政略だとかストラテジーよりも戦闘ということを重視していた。戦闘は強くても、戦術、戦略というところは欠いていた。あるいはプロセス重視の評価で、結果重視ではなかった。辻政信の例がその代表であろう。彼は、失敗をしても、そのまま組織の中で出世していった。そのような例は何も旧陸軍だけではなく、外務省にもあった。よく指摘される例として、開戦時に、ワシントンの日本大使館は、前日のパーティもあり、宣戦布告の電文の暗号解読とタイプに時間がかかり、アメリカ政府に宣戦布告を持って行ったときには真珠湾攻撃はもう始まっていた。しかし、そのときの大使館員はその後、それまで通り出世する。また、旧日本軍では、人間関係に基づく組織の仲間内の関係を重視し、総じて学習能力が弱かったということも指摘されている。

現在の組織との共通点と相違をいくつか見てみよう。たとえば、『失敗の本質』の中では、共通性が明確には指摘されていないが、旧日本軍と現在の日本の金融界の中心的な層は、ある意味でベスト・アンド・ブライテストではないかという問題である。アメリカにも『ベスト・アンド・ブライテスト』という本があり、アメリカのエリートがなぜベトナム戦争で失敗したのか、ということをジャーナリストのハルバースタムが書いている。旧日本軍も陸軍にしろ海軍にしろ、ある意味では、学校の成績がいいという意味で一番優秀な人間であった。その点では、今の金融業界、大蔵省、日銀などは、日本の中のベスト・アンド・ブライテストを採用してきたセクターであった。

これが、日本における最も能力の低い最悪のセクターが失敗したのならまだ救いがある。不良債権問題はベスト・アンド・ブライテストが関わったという点で、旧日本軍と共通性がある。

だが、当時の総力戦と現在の企業活動とは、基本的な性格が違うことも認めなければならない。すなわち、バブルの発生も、バブルの処理も個別企業が自分たちの判断で行ったことである。何も誰かに無理強いされたわけでもないし、国の法律によって縛られてバブルに参加したわけでもない。処理も自分たちの判断でやったはずである。だから当然ながら出来不出来はあるが、総じて個別判断であり、その責任は各企業の負うべきものである。それにもかかわらず軒並み銀行が不良債権を抱えてしまったのはなぜであろうか。当然、経済環境一般にその原因を訴える経営者も、住専問題の時をはじめとして多数いたことも事実である。バブル崩壊と資産デフレだけではなく、その後の経済環境の悪化により事態が悪くなったと、責任を政府の政策に転嫁する声も多い。

違いの中で重要なことは、日本軍が戦った敵は外にいたということである。アメリカや中国、あるいは東南アジアなどではオランダやイギリスなどを相手にした。いわば、連合国を相手に戦ったのである。ところが、バブルの発生とその崩壊は、外圧ではなく、日本の自己決定に由来する。たしかにプラザ合意、あるいはそれ以前の円ドル委員会などの対外的な影響はあるが、基本的には後に不良債権となるものを貸し出したのは、自己判断であった。

また、不良債権の数字自体が「大本営発表」かどうかも大きな問題である。過去の不良債権額は、相当怪しいものがあった。もちろん、不良債権額は、時間とともに変化し、デフレ傾向の時、また検査基準が厳しくなれば、増加する傾向にあるのは確かである。しかし、一貫して、甘めの数字は、大本営発表ではないのか、という疑問が絶えずつきまとった。それは、二〇〇二年三月末の特別検査の結果にまで持ち越されている。そこでは、大手銀行の自己資本比率はすべて一〇%を越えているが、その中から、政府から出ている資本部分を除き、税効果部分を除く「修正自己資本比率」で計算すると、一%前後になってしまうという指摘がある。これは会計処理上の計算方式の問題であるが、それよりも、この一〇年来、正確な数字が発表されたことは少ないことの方が問題である。

すでに、重要な概念として「先送り」というものが一〇年間つづいてきたことを考えてきた。その「先送り」と組織論との結びつきを考える必要がある。「先送り」はある意味で当事者にとりとっても便利な、あるいは別の言葉で言えば「合理的な」決定である。つまり、決定には責任が伴い、状況判断、選択肢や優先順位の判断をする必要があるが、その判断を回避することができる。少なくとも自分の役員任期の間は「先送り」をして、次の役員に送れば、目の前からは問題は消えたように見える。責任を問うことは、組織の中では難しい。特に、先輩達の経営判断の誤りを認めることになることはできるだけ回避したがる。

司馬遼太郎的な「坂の上の雲」の時代では、日本は西欧に追いつけ追い越せと上を見ながら走り続けたが、日本はいつの間にか「逃げる」社会になってしまった。この時間との戦いでは、個人的には逃げ切ることができるかもしれないが、問題の先送りは、ツケを後の世代に回すことになる。それも、インフレ期であれば、先送りによる「自然治癒」も可能であるが、デフレ期では、負債の負担は将来的には重くなり、事態をますます悪化させる。

また、なぜ十分な資金を金融機関につぎ込んで、問題を後に残さないようにできなかったのかということは、九八年〜九九年の公的資金を注入した時を思い出すと明らかになる。「兵力の逐次投入」が事態を悪化させた例として旧日本軍と共通点を見いだすことができる。特に、資本強化すべき銀行は「健全」であるのだからという架空の前提に立って、経営責任を問うことも、要請以上に強制的に資金注入をすることもなかった。虚構の上にスキームが成り立っていたので、「健全な」長銀や日債銀に資金注入し、その後に破綻がやってくるというのもある意味で当然であった。

解決策としては、これら企業内の問題を経営学や組織論でいうところのコーポレート・ガバナンスの問題として扱い、その確立こそが重要であるという意見がある。特にアメリカ型の社外取締役あるいは外部監査によるモニタリング機能を高めればいいという主張があるが、それのみがコーポレート・ガバナンスの解決策であるとは思えない。

たとえば、審査部門と営業部門は今でも対立がある。厳密な審査と、他行との貸出における金利競争をしている営業との対立である。本来は、金融機関はリスクに見合った金利をとることが収益改善の第一歩であり、金融システム全体の改革ではまずすべきことであるが、そのことの実行可能性は現実には難しく、一部緒についたばかりである。

つまり、コーポレート・ガバナンスの基本は、それぞれの企業の中での日常的な意思決定の問題を解決しないと、単に外部取締役を置くというようなアメリカ的なコーポレート・ガバナンスだけでは、本格的な問題解決にはいたらないだろう。バブルの時に、その投資や貸し出しの危険性に気がついた人や異を唱えた者が内部にもいたはずである。でも、その人達は、やめさせられたり、飛ばされたりした可能性が高い。つまり、ことが起こってから事後的にチェックするのではなく、日常的な意思決定プロセスそのものに、モニタリングやチェックの機能をどのように持たすことができるのかが、根本の解決なのであると思う。つまり、私の意味するコーポレート・ガバナンスの概念は、モニタリングと意思決定をワンセットで考える立場である。

この過程で「土地担保主義」が崩れたが、リスクをとるための新しい貸し出し方法が確立したわけではない。また、個々の金融機関を超える問題として、企業と銀行の関係である「メインバンク制」、銀行と監督官庁との関係である「護送船団方式」も有効ではなくなった。つまり、金融問題とは、単に、銀行の中や事業会社の中の話だけでは解決しない。マーケット全体の問題でもあるし、マーケットと政府、マーケットと政治の関係も大きく左右する。市場は本来的には、自律的に調整機能が働くが、その市場のルールを決める、あるいは市場におけるレフェリーは誰が行うのかという問題は、どこかで誰かが決めなければばならない。

マーケット内部の競争については経済学の原理が妥当するが、自由化をどう行うか、競争の基盤をどのように設定するのかは、優れて政治の問題、あるいは政府の決定の問題である。つまり、そこには内閣あるいは国会の役割が当然出てくる。

政治の反応はなぜ鈍かったのか

一般的に不良債権問題に対して政治家の反応が鈍かった。例外は、宮沢喜一首相が九二年の八月に軽井沢の談話で、公的資金注入の話を出すが、金融機関や産業界からの反対ですぐに引っ込めてしまった。この時の宮沢以外、総じて金融問題に詳しい政治家は少なかった。梶山静六や橋本龍太郎などが、「俺たちは大蔵省の役人から、住専が終われば問題は解決する」と聞いていたと語っていたが、それも一面的な政治家達の言い訳の部分がある。後藤田正晴は、官房長官時代、毎月の月例報告を聞きながら、M2の伸びが一年以上続いていることに対して、「これはおかしい」と質問している。その気になれば、政府は日銀に問いただすことはできるのである。

もし本当に実際の不良債権の実態を調べようと思えば、役所の情報を用いずに公開情報を使ったとしても、それほど難しいことではなかったはずである。外資系のエコノミストやアナリストだけではなく、日銀も相当早い段階から、事態の深刻さは指摘していた。いうまでもなく、一般の雑誌にも、一〇〇兆や一五〇兆の不良債権額の数字は、九〇年代前半にはすでに何度も出ていた。

もう一つが、政治改革を行ったから不良債権処理がおくれたという堺屋太一などの立場がある。不良債権処理の問題の背景とその詳細を、よく政治家が知らなかったということはいえるが、政治改革の問題で処理が遅れたのではない。堺屋太一はバブル崩壊後、比較的早く不良債権の問題に気がついていたが、しかし問題を政治改革やその結果起きた細川政権の方に向けてしまうのは誤りである。

むしろ、なぜ宮沢首相の主張が実行できなかったのかという問題をもう一度考えてみる必要がある。その時に、産業界の指導者達からの反発だけではなく、大銀行の頭取達も、公的資金を入れることには反対していた。反対する一つの大きな理由としては、天下りのポストを一つ二つよこせといわれる可能性を危惧し、あるいは、公的資金が入ったら、個々の銀行の支店が、担保に取った土地や建物にどれだけ貸したか明らかになり、その実態をすべてさらけ出してしまうことを嫌った。だから、銀行は五年かけ、一〇年かけ、土地が値上がりするまで、不良債権は自分で解決しようとしたのである。

また、おおざっぱにいうと、大蔵省の主張によれば、不良債権額は、最初は八兆円、その後は二〇兆円程度であり続けた。当時の日本の銀行が生み出す業務利益は約四兆円であるから、毎年四兆円ずつ不良債権処理につぎ込めば、八兆円の不良債権なら二年で、二〇兆円なら五年で処理できるという計算が成り立つ。どこの国でも貸出金利と預入金利の間に差をつけて、それで銀行を儲けさせて、不良債権を返すという手法は、しごく当たり前の手法である。しかし、規模が予測とは大きく違った。すでに見たように、マグニチュードが違ったのである。さらには、デフレ傾向は、資産価格の下落が最初に、そのうち一般物価のデフレも進行することになった。それが、不良債権を増加させる原因にもなった。つまり、予想外のことが二重に起きたわけである。

また、住専処理のときに、六八五〇億円をつぎ込むということで、国中で大反対が起こり、二度と公的資金注入の話はできなくなったという後遺症はある。ただ、なぜ国民が怒ったのかを正確に理解しないと、そこから得られる教訓にはならない。このとき一番正確に議論をしたのは香西泰で、国民は正義を求めていると読んだ。「金は借りたら返す」「不正をしたら罰せられる」というようなルールに反する、あるいは正義が実現されていないことが重要なのであった。その後の、公的資金の注入の時には六〇兆円枠を用意したが、国民は強く反対しなかった。実は「額」自体はそれほど大きな問題ではなかったかもしれない。つまり、額よりも正義の方が問題であったと見れば、理屈が通れば、国民は納得すると読むこともできるのである。

バブル時の政府の失敗やバブルの破綻の原因となった総量規制だとか監視区域だとかの問題も重要であるが、ここでは、バブル後の処理に話を限定してみる。

九七年秋には政府はもう一つ大きな失敗をしている。それは三洋証券破綻の時に、大蔵省は短期のコール市場でのインターバンク取引を保護しなかった。それまでは、政府は個人の預金もインターバンクの取引も全額保障を約束していた。銀行間の取引でデフォルトを起こしたことにより、これ以降、短期のコール市場に資金を出すところが極端に減る。北海道拓殖銀行、山一証券の破綻とは事情が違うが、三洋証券問題の市場への影響はきわめて大きかった。

それが、再び政治での議論、国会での議論になるのは、九八年の参議院選挙をはさんで、長期信用銀行が破綻する姿を見て、世界金融恐慌の引き金になるのではないかという時期である。金融再生法、金融健全化法案が決定される過程で、政策新人類が登場し、また、自自公連立ができあがる。まさしく「政局にしない」といった菅直人の主張が、そのまま政局に利用された。

政治的な政策課題として、不良債権問題は、今でも依然として、その舞台から消え去っていない。解決の道は、遠いといわざるをえない。早期手術の時期を先送りで見逃したので、今では、大規模手術か、あるいはガンとの共存という奇妙な安定を目指す作戦しかないのかもしれないという悲観的な結論になってしまう。

2　経世済民の原点

グローバルな世界の実態

日本悲観論の源泉には、いくつかの流れがあるが、「グローバリズム」にその原因を求める声は、「失われた一〇年」論とともに多い。その「失われた一〇年」論の原因をグローバリズムに求めることがしばしばある。ただし、そのグローバリズム批判は日本だけではなく、世界中に出てきたのがこの一〇年の変化であるので、必ずしも日本だけの停滞の原因ではないだろう。さらにいえば、グローバリズムはアメリカニズムだという批判も数多い。しかし、そのアメリカでさえ、グローバリズム批判がある。私自身も九八年の秋に、アメリカの西海岸の会議（西海岸版の「外交評議会」）に出たら、アメリカ人の間でさえ、「いいグローバリズム」「悪いグローバリズム」ということを議論していたのである。

確かに、九〇年代に急速に発達したグローバリズムの動きを代表するのが、ウォール街やシリコンバレーと見るのは一般的である。その中でも、ヘッジファンドやＩＭＦなどの「ワシントンコンセンサス」といわれるものが、批判の対象となる。しかし、アジア金融危機ではマハティール・マレーシア首相にやり玉に挙げられたジョージ・ソロスでさえ、彼自身の著書の中では「市場原理主義」を批判している。また、アメリカを代表して世界銀行で活躍し、ノーベル経済学賞を受賞したスティグリッツは、ＩＭＦ批判とともにグローバリズム批判を展開する。となると、何がグローバリズムで、何を論ずるべきなのかをハッキリさせる必要がある。

さらには、グローバリズムに対する反応には、日本が急激な情報化に乗り遅れたという意見が根強くある、とくに、金融工学を駆使して行うデリバティブの扱いは、そもそも日本人のＤＮＡに備わっていないからだという極論まである。しかし、非西欧の中で、資本主義と民主主義を採用した最初の国である日本には、そのような適応力がないとはとうてい考えられない。また、八〇年代には、日本は情報科学とバイオなどの分野で、世界との競争では十分伍していた。むしろそれが、なぜ、九〇年代に停滞したのかを考えることの方が意味はあるだろう。

とくに、技術的にも、世界に先駆けて、江戸時代に大阪において、米の先物取引を発達させてきた日本にデリバティブのＤＮＡがないとは思えない。なぜ、そのような歴史と伝統を生かすことができないのかという方が問題であろう。

外資系金融機関にも経験が長い倉都康行によれば、日本人はビジネスセンス、ディーリングの「冴え」

は諸外国に劣るものではないし、為替市場での日本の金融マンのプレゼンスは高い。また、数理処理能力も世界有数であるという。さてそうした優秀さの一方で、日本人の不得手な部分はある一点に集約されているという。「それは、日本人金融マンを経営者、リーダーとして見たときの姿である」(倉都康行『VOICE』二〇〇二年二月号)。「失われた一〇年」でも問題になった、論ずべきことは別のところ、すなわちマネジメントやガバナンスにあるようである。

経世済民の原点

山片蟠桃は先物取引の先駆的な堂ヶ島で、それこそ、庄屋の番頭をしながら、独自に経済を考えた。大阪の米取引は、古くは豊臣秀吉が大阪城を築き、家臣大名を城下に住まわせたときから始まっている。つまり、諸侯は大阪に蔵屋敷を置いて、国元から米を直送し、これを売りさばいて諸経費に充てていた。その売買が組織化されてくるのが寛永年間で、元禄末には堂ヶ島に場所を移して行われるようになった。そこでは、先渡取引、先物取引が行われるようになった。先渡取引とは、相対で将来の一定期日に約定価格で受け渡しをすることを取り決めするもので当時は「建物米」商内と呼ばれていた。また、先物取引とは、売買単位や決済期日を標準化して、専門の清算組織で差金決済を行うもので、当時は「帳合米」商内と呼ばれていた。

その先物市場は、シカゴの穀物市場よりもはやく、世界最古のものである。また、経済学をアダム・スミスから学んだのでも、サミュエルソンの教科書からでもない。儒学などで基本的素養があったとしても、基本的には自分の頭で考え出したのである。「天下ノ知ヲアツメ、血液ヲカヨハシ、大成スルモノハ、大阪ノ米相場ナリ。大舜ハ心ヲ用ヒテ天下ノ知ヲアツム。コノ相場ハ自然天然トアツマリ、大成シテ、天下ノ血液コレヨリ通ジ、知ノ達セザルナク、仁ノ及バザルナシ。」(山片蟠桃『夢の代』)つまり、その血液とは、江戸で少なければ、大阪より多く送って、また江戸が多ければ、少なく送って、「江戸・大阪ヨク通ジヒヾキヾコタフルコトナリ」とマーケットの特徴をよく理解していた。また、彼の考える根本は、「経済は民をして信ぜしむるにあり。民信ぜずして何をかなさん」とした。それこそが、まさしく「経世済民」の原点である。

同時期、太宰春台は『経済録』で「凡ソ天下国家ヲ治メルヲ経済ト云。世ヲ経シテ民ヲ済フト云義也。」つまり、経済とは「経世済民」から出た言葉で、今の言葉で言えば、政治経済にあたるであろう。それは、いいかえれば、国家経営や民の生活を考えることになる。また、彼は「凡経済を論ずる者、知るべきこと四つ有り。一つには時を知るべし。二つには理を知るべし。三つには勢いを知るべし。四つには人情を知るべし」(太宰春台『経済録』)と述べ、今でいうエコノミストの基本は、(一)、歴史に学び、(二)、自然の理に則り、(三)、勢いを考え、(四)、人情を理解することであるとする。すなわち、近代経済学が伝わる遥か以前の儒学や国学が盛んな時期に、自らの頭で、経済現象を深いところで考えていたのである。すなわち、GDPのわずかな上下や、株価の変動などの解説よりも、もっと「骨太な」国家の経営、国民のことを考えることにその主眼があり、その思考の背景には、生身の人間の観察があり、生身の人間から構成されている社会を読むことであった(船橋晴雄『あらためて経済の原点を考える』かんき出版、二〇〇一年、参照)。

日本の歴史の中から、「経世済民」の原点を探ることと同時に、グローバリズムに対する知恵も同時に見いだせないかがここでの問題である。

現代のグローバリゼーション

恐らく、一九九〇年当時のグローバリズムは、これから起きるだろう将来の話である点が多かった。しかし、それから一〇年たって日本で論じられているグローバリズムの議論は、この一〇年間の経験に基づくものだといえる。

特に、そのマイナスの面の具体的な実例としてアジアの通貨危機を経験し、また、通信技術の発達が今までの商取引を単に時間と空間の上で短縮しただけではなく、個人がインターネットを利用することにより組織や取引の形態が変化しはじめ、大幅に便利な社会をもたらすようになったが、同時にそのことがコミュニティを変化させ、崩壊させる原因として意識されるようになった。それゆえ、プラスと同時にマイナスの影響が個人にまで及ぶという認識が広まってきた。

さらには、過去一〇年間は日本経済の「失われた一〇年」と重なるために、グローバリゼーションとは単なるバラ色の未来を語ることとはいえないという印象が日本では一般化した。特に、九〇年代に入るまでは、日本は情報通信技術や金融機関は優位性があったと思われてきたのだが、バブル崩壊以降の不良債権処理という後ろ向きの処理にこの一〇年間明け暮れたために、これらの分野の発達に立ち後れたという焦燥感がある。それゆえ、現在は、世界で進行中のグローバリゼーションやIT革命に「追いつけ追い越せ」というのが一つの目標として掲げられている。フリー・フェア・グローバルというかけ声で金融ビッグバンはすでに始まっているし、また首相の諮問機関であるＩＴ戦略会議が求める目標も、重点政策分野として超高速ネットワークインフラ整備、電子商取引、電子政府、人材育成の四分野をあげ、五年以内に世界最先端のＩＴ国家になることを目標に掲げている。特に超高速ネットワークインフラでは「五年後にアメリカを追い越す」と述べている。

ここにおいて、グローバリゼーションの推進者として念頭に置かれているのはアメリカである。さらに、九〇年代にはアメリカの好景気が持続してきたことがあったゆえに、グローバリズムとはアメリカニズムという見方が一般には受け止められてきた。最近はグローバル・スタンダードとはいうものの、それはアメリカン・スタンダードではないかという見方が広がった。

グローバリゼーションへの批判は、いくつかに集約できるだろう。それは、必ずしも、日本だけで見られる現象ではなく、現在、世界に共通して現れていることである。例えば、①グローバリゼーションの進行は、個別的な文化や伝統を破壊するのではないか、②グローバルキャピタリズムの競争は「勝者独り占め」(winner takes all) で熾烈をきわめ、所詮強者の論理ではないか、③市場原理主義の主張が妥当する領域はきわめて狭いのではないか、④技術的なデファクト・スタンダードはアメリカ主導で決まっているのではないか、というような疑問である。

つまり、グローバリゼーションに対する批判には、従来からあるナショナリズム的な反発にとどまらないものがでてきている。文化、伝統を守ろうという保守主義は、一般的にグローバリゼーションに反発する傾向がある。政府の規制に守られている中小企業はグローバルな競争に立ちゆかない。また、グローバル・スタンダードを決めるときにアメリカの横暴を許していることに対する反発は、ナショナリズムを刺激する。またＩＭＦとか世界銀行とはいっても、アメリカの影響下にある組織構造になっていることを指摘する議論もある。一般的な「グローバリゼーションとナショナル・アイデンティティ」の問題はそれ自身、論ずべき大きなテーマである。例えば、マクドナルドが世界中に広まったことは、アメリカ支配の象徴ということが指摘されるが、グローバル化とはそれだけではない。逆の現象も当然現れる。例えば、一〇年前と比べれば、他のエスニックフードと同様に日本食は世界中で食べられるようになったということも、同時に見いだすことができる。また、pizza hut で買うピザはアメリカのものかイタリアのものか問うことは、あまり意味がなくなっている。

現在の日本で、グローバリゼーションへの漠然とした批判や反発が、政治家、経営者、知識人に広がっている点の方に注目すべきであろう。それは、従来のナショナリストや右翼からの批判ではなく、別のソースからの批判を検討するべきであろう。しかし、グローバリゼーションの推進者として数えられるべきジョージ・ソロスでさえ、「市場原理主義」批判を行っているので、日本にもさまざまな批判があるのは当然であろう。

例えば、トヨタ自動車の奥田碩会長は、一九九八年夏、米系格付け会社、ムーディーズ・インベスターズ・サービスがトヨタの長期債の格付けをトリプルAからダブルAに引き下げた時の判断基準の一つが、終身雇用制の維持だったことに反発して、「グローバル・スタンダードなどという和製英語に振り回されて、すべてを他国と同じにしてしまったのでは国際競争に勝てるわけがない」と発言した。長期雇用を今後も維持すべき理由として、「不景気だからといって簡単に解雇に踏み切るような企業は働く人の信頼を失い、労働力不足の時代には優れた人材を確保できず、競争力を失っていく」（『日本経済新聞』一九九九年八月五日夕刊）と述べている。

もう一つの攻防が標準を巡る競争である。九〇年代に入り、日本は二つの世界標準戦争で敗北を続けたという反省である。一つはマイクロソフトやインテルに代表されるパソコンやインターネットでの米国発のデファクト・スタンダード（事実上の世界標準）攻勢、もう一つはＩＴＵや国際標準化機構（ＩＳＯ）など欧州発のデジュール・スタンダード（公的規格の標準）の攻勢に対して。その背景には、技術力は優れているのに、なぜ日本企業が世界標準の競争に敗れたのかという疑義がある。ハイビジョン（High Definition）の基準を決める過程や、一〇年前の携帯電話がディジタルに変わるときなどをその例に挙げることができる。たしかに、現在進行している携帯電話の標準をどの方式にするのかで、今後、世界の競争の行方は変わってくる。例えば、日本が現在採用している〝ｉモード〟という方式は、今後の携帯電話の姿なのか、単なる次の方式への「つなぎ」なのかでは、理解が大きく変わってくる。

『反グローバリズム』という著書がある経済学者の金子勝氏が述べる金融におけるアメリカの覇権主義的傾向は、次のように要約できるであろう。アメリカはレーガン、クリントン政権時代に貿易赤字を膨らませて、対外債務を一兆四〇〇〇億ドルにまで累積させてきた。このことは基軸通貨としてのドルの信認を危うくする。その赤字をファイナンスするために、海外からの巨額の資金流入に依存する必要がある。しかし、それだけでは、対外債務が膨らむので、この流入資金の再投資先を確保して、投資収益をあげる必要が生じる。かくして、新興工業国や発展途上国を含め、グローバルな規模で金融自由化を推進することがアメリカの覇権維持のために不可欠だ、という意見である。具体的には、証券投資への資金シフトを行い、そのリスク回避として「金融デリバティブ」を発達させた。「つまり、金融自由化政策によって、絶えずドルを世界中で流通させ、かつアメリカに還流する仕組みを作り上げなければならなくなる。それを正当化するのが、今日、世界を覆っている市場原理主義である。」(『日本公共政策学会』二〇〇〇年六月)もちろん、この議論は、アメリカを標的にしている部分もあるが、市場主義に追随してグローバリゼーションの政策を実施しようとしている日本の経済学者や政府に対する批判である。

日本はアジア最初のグローバライザーか

グローバリゼーション批判は当たっているところがあるとしても、日本がその批判を強調することは、重要な点が欠落している。そこには、一方的にグローバリゼーションの波に押し流される小国のイメージしか出てこないが、世界第二位の経済大国として日本の活動が世界に及ぼす影響も無視できないのである。実際のところ、グローバリゼーションの波に乗って活動する企業は日本には数多いし、その恩恵を受けている者も少なくないのである。つまり、グローバリゼーションの当事者という観点が必要なのではないか。そこで、次に、「日本はアジアの最初のグローバライザーか」という大きな問いに答える必要があるだろう。

日本は「アジア最初のグローバライザー」という論文は、ジョセフ・ナイが書いている(Joseph Nye, "Asia's First Globalizer," *Washington Quarterly*, Autumn 2000)。彼の述べるグローバリゼーションの起源は、時代をいささか遡りすぎている。しかし、冷戦後と情報革命が進展したこの一〇年強の時期を対象に、日本がアジア最初のグローバライザーかという問題提起として、私なりに再解釈し直してみることにする。

グローバリゼーションを五〇〇年前の大航海時代に遡る意見もあるので、明治維新にまで遡るナイの議論が成り立たないわけではない。ナイは、明治維新において黒船をはじめとして外からの文明開化の波に抗しながら、自己の文化やアイデンティティを確保した日本の歴史は、再評価すべきであるという議論である。その問題は、確かに多くの論者が指摘している、グローバリゼーションとアイデンティティ問題に対する一つの答えのようにみえる。日本が一五〇〇年前のグローバリゼーションから、依然として、文化的な独自性をもっていることは、グローバリゼーションによる均質化（homogenization）の恐怖心をもつ者に対する例証だとする。

文化的伝統を維持しながら、非西欧圏で最初に民主主義と市場経済を発達させたという意味では、日本はアジア最初のグローバライザーということはできるだろう。しかし、ここで問うべきことは、冷戦の終焉と情報技術革命で起きているグローバリゼーションの波との関係で、この質問に答えることである。

すでに、アメリカがグローバライザーであることは明白なことであるが、アメリカがもつ特徴のいくつかを日本がもっているのかどうかが、判断基準となるだろう。例えば、マクドナルドとハリウッド映画が文化的象徴であるが、日本がかつてのようなお茶、お花ではなく、マスカルチャーの分野において、「ポケモン」や「もののけ姫」などが代表的であるが、世界に進出していることは、事実である。プレイステーションなどのゲーム、アニメーション、漫画などは、日本の特異な独自文化である。台湾の『中国時報』

紙は日本に特派員を常駐させ、毎日、日本のポップカルチャーの報道をしている。漫画に限らず、テレビドラマやポピュラーミュージックなどは、東アジアや東南アジアに広がっている。これは、かつて、日本製の電気製品と自動車が世界に普及したことに比べれば、額からいったらそれほど大きなものにはならないだろう。しかし、このポップカルチャーを含めて、文化的魅力という概念は、ナイのいう「ソフトパワー」に含まれるものである。

しかし、日本ではなぜグローバライザーという当事者の意識が少ないのであろうか。その一つの理由が、従来からいわれてきた、経済では大国だが、軍事、政治などではスーパーパワーではないということがあげられる。さらに、最近では、日本の経済や技術に対しても自信がなくなってきたということも関係しているだろう。しかし、それにもまして重要なことは、グローバルな時代に日本が相対的な影響力をむしろ失っているのではないかという意識である。例えば、インターネットの基本となるグローバルな情報化を支えるOSとネットワーク、さらに多くのアプリケーションソフトなどは、日本製のものではない。それだけではなく、インターネットでは英語が一般的に使われているし、通貨も依然としてドルが中心である(円の使用は五%程度)。また、アジアでもアジア間の国際取引に英米法、特に米法が使われるような例が増えてきた。

すなわち、現在の覇権は軍事力や、資源といった古典的な経済力だけに依存しているわけではない。コミュニケーションと情報の共通言語を持ったものが優位に立つ。それは、言語であり、通貨であり、法律である。付け加えればネットワーク間のコミュニケーションを左右するOSである。それを日本が欠いているのではないか、という疑問である。確かに、多くの家電や、コンピュータの周辺機器では日本製のものが多いが、日本はコミュニケーションのインフラストラクチャーを作り上げえなかったという意識である。つまり、グローバリゼーションの主たる推進者として位置づけることは難しく、グローバリゼーションの「周辺機器」というような自己意識であろう。

もちろん、競争が激しいこの分野で、いつまでもインテルとマイクロソフトが勝ち続けるかどうかは、疑わしい。しかし、日本がもっている一種の焦りと、アメリカへの反発は、一九八〇年代にMITのグループが『Made in America』（一九八九年）に、日本の技術と日本的経営から学ぶべきであると書いた時とは、状況が大きく異なっているからではないか。

しかし、この競争が、国家間で行われているのか、企業間のものなのかで問いの立て方が異なってくる。グローバリゼーションに乗り遅れたくないという決定は、企業や個人が行うときには、それはインセンティブに基づくものであるので市場で解決できる。人は便利だから、他人が使っているからという理由で、アプリケーションを選択する。

しかし、依然として、日本はとか、アメリカはという国家単位の戦略の議論がなされている。グローバリゼーションということは、国境の壁が低くなり、国家が旧来のように主権を全うすることを主張できなくなるということである。しかし、国家が一つの単位として、グローバリゼーションに対して何らかの戦略をもつべきであるという主張は、矛盾することではあるが、受け入れられやすい。つまり、グローバリゼーションと国家のアイデンティティという新しいナショナリズムの問題は、国家の競争力という、個別文化の強調とは異なる方向に向かわせる。もちろん、個別文化の強調が国家の競争力を増強するという証明がなされれば別であるが、結局はグローバリゼーションの流れの中で、個別文化の保持という解決策を探らざるを得ないだろう。

おそらく、この議論を制度的に解決するためには、国家を超えたグローバルガバナンスのシステムを構築する方向と、グローバリゼーションの結果起きるだろう社会的な変化を受け入れることの二つの柔軟な姿勢が求められることになる。明治期にはアジア最初のグローバライザーとしてナイの主張が妥当するとしても、現時点で、日本がグローバライザーとして位置づけられるためには、簡単なことではないが、コミュニケーションと情報のインフラに影響力を持つようになることと、さらに進んで、グローバルシステムを構築するときにどれだけ影響力を発揮できるのかということが、重要な点であるだろう。

3　産業構造の変化と政治の役割

国際競争力低下の現状

スイスの国際経営開発研究所（ＩＭＤ）は毎年、世界競争力ランキングを発表しているが、二〇〇二年の日本は、調査対象四九カ国・地域の中で三〇位となった。その調査は毎年行われ、日本は九〇年代初めまで首位だったが、九〇年代に低下傾向が続いて昨年は二六位になり、二〇〇二年はさらに低下したことになる（**図1**参照）。

調査の方法は、「経済の状況」「政府の効率性」「ビジネスの効率性」「インフラ」の四分野で、計三一四項目について各国に順位をつけ、総合点をはじき出している。つまり、一般に競争力というと、産業の競争力だけに目がいくが、この調査では、政府の効率性などの項目が入っている。

●日本の評価が低い項目

〈政府の効率性〉

◇大学教育は競争主導の経済のニーズにマッチしている(調査)四九位

◇教育システムは競争主導の経済のニーズにマッチしている(調査)四七位

◇公共部門の契約は外国人入札者にも十分に開かれている(調査)四八位

◇移民法は外国人労働者を雇う際の障害となっている(調査)四九位

◇外国企業は国内法によって差別されている(調査)

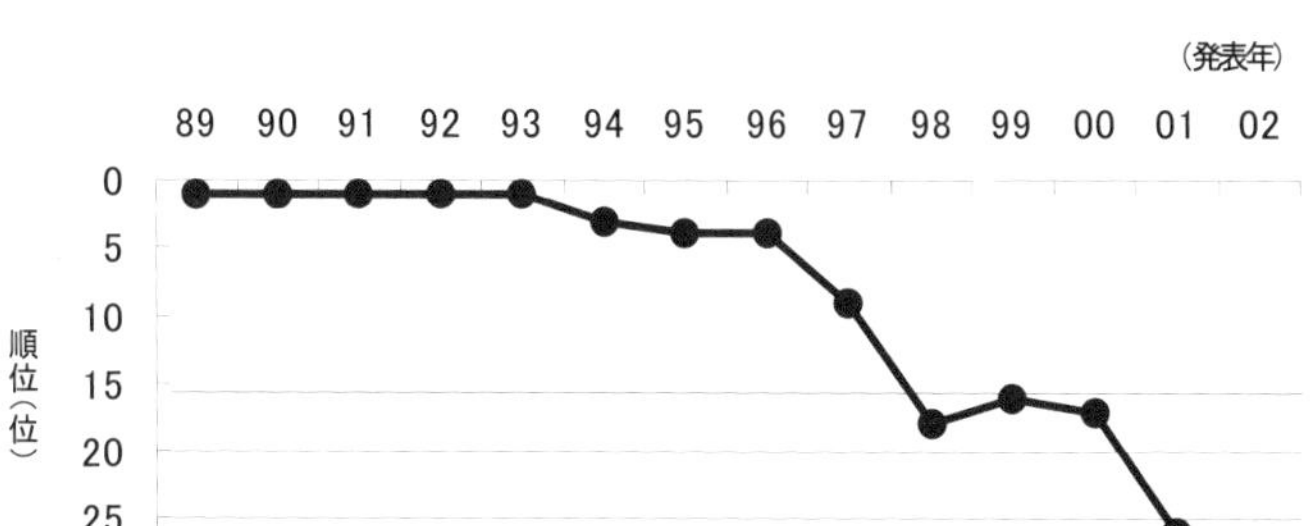

※94年、96年、2001年にデータの継続性に断絶があります。
94年：途上国と先進国のランキングを統合、96年：世界経済フォーラムと別々に発表。IMD独自の計算方式へ、01年：IMD内での計算方法の大幅な変更。

図1 日本の総合ランキングの順位の推移

四七位

〈産業効率〉

◇起業家精神は自国では普通にみられる（調査）四九位

◇新しい企業の立ち上げは珍しいことではない（調査）四八位

◇株主の権利と責任は十分に定義されている（調査）四九位

◇株主価値は十分に管理されている（調査）四九位

◇金融機関の透明性は十分に確保されている（調査）四七位

〈インフラ〉

◇国の文化は国外のアイデアに閉鎖的である（調査）四九位

◇産業部門に対する電力コスト（一時間当りのキロワット）四八位

日本に対する評価が低い項目には、教育やコーポレート・ガバナンス、ベンチャー、外国人への排他性などが入っている。ただし、昨年の調査から改善された項目として、「政府内の政策の方向性に関するコンセンサスは高い（調査）」が四九↓四〇位、「政党は今日の経済的課題を理解している（調査）」四八↓四一位は、森内閣から小泉内閣への転換が評価されたからであろう。

これらの項目は、ほとんどが意見聴取によるサーベー調査の数値化であり、日本人回答者は辛くつける傾向があるので低い点が出やすい。そのようなことを割り引いても、一九九〇年から九三年まではトップだったのに、このところの低下傾向は明瞭である。もちろん、ここでの目的は、そのランキングに一喜一憂したり、調査の厳密性に文句を付けたりすることではない。むしろ、今の日本のどこに問題があるのか、何を直すべきなのかのチェック項目、健康診断として利用することの方に意味があるだろう。

疑問の第一は、競争力の低下するままに、これらチェック項目に表れたような改革を日本ではしてこなかったのだろうか。第二の疑問は、改革をやったとしても、それは、効果がなかったのか。だとすると、その根本原因は何かということになる。さらには、第三の疑問として、このような環境の変化に対して政治は答えてきたのかが問われる。第四に、制度を変えるということは、いわばルールの変更である。しかし、現実には、ルールはできてもゲーム自体がまずいのだという批判があり、それはなぜなのかを問う必要がある。

改革の一〇年

「不良債権処理に見る失敗の本質」で、さまざまな症状は論じてきたが、それに対して、日本が処方箋も書かずに、単に指をくわえてのんびり構えていたわけではない。そこで、いかなる改革がなされてきたのかということの確認と、政治や行政が、九〇年代の変動に対していかに対応してきたのかの二つのことを論じてみたい。

「失われた一〇年」だけを見ると、その一〇年の停滞しか目に付かないが、実に数多くの改革が唱えられ、実行にも移された一〇年間でもある。例えば、政治改革は八〇年代後半から本格化し、選挙制度も変わった。橋本内閣は六大改革（①行政改革、②経済構造改革、③金融システム改革、④財政構造改革、⑤社会保障構造改革、⑥教育改革）を唱え、成否はともかくとして、幅広い改革に手をつけた。また、小泉政権は、「聖域なき構造改革」を旗印に、改革が主要な政治目標である。つまり、改革という観点で眺めれば、この一〇年は、「失われた一〇年」ではなく、「改革の一〇年」である。法制化された改革の主なものとしては、次のようなものがある。

小選挙区比例代表並立制（平成六年成立）
政党助成法（平成七年施行）
中央省庁等改革基本法（平成一〇年施行）
政府委員の廃止と副大臣・政務官制度の導入（平成一一年、平成一三年）
地方分権推進法（平成七年施行）
行政手続法（平成六年施行）
情報公開法（平成一三年施行）

さらに、現在進行中のものとして、司法改革、公務員制度改革などがあり、また、衆参両院での「憲法調査会」による、憲法の検討が始まっている。

このような改革は単純に改革のために改革をしたのではないだろう。今まで通用してきた政治や行政の手法では、環境の変化には適応できないから、改革がなされたというのが通常の解釈である。しかし、それでは、「失われた一〇年」と「改革の一〇年」が同居している矛盾をどう説明するのか、という問題が残る。

すぐに思いつくのは、「改革はしたが不十分だったゆえに、まだ効果が薄い」という解釈だろう。現在の小泉構造改革も効果が表れるまでには至っていないという主張が繰り返されている。

しかし、「改革のかけ声はあったが、見当違いであった」という立場もありうる。つまり、日本にとって優先順位の低い改革を追い求めたために、本来必要な改革には手が回らなかったという理解である。IMDが調査している項目と日本の改革にはズレがあるのではないかという主張もこの立場であろう。

さらには、逆に「改革が事態をさらに悪くした」という見方も可能である。つまり、診断および処方箋が間違いだったという立場である。

「失われた一〇年」の中で最も評価が厳しいのが、金融問題であっただろう。例えば、九六年から始まった橋本行政改革には、不良債権を中心とする金融問題はほとんど念頭にはなかったといえる。しかし、もう一方で、「フリー・フェア・グローバル」のかけ声の下に「金融ビッグバン」も行われ、外為法の改正、会計基準の改正などが引き続きなされた。九六年一一月に指示した金融システム改革「日本版ビッグバン」は、銀行、証券、保険の相互参入や、株式売買手数料の自由化などの金融分野全般にわたる規制緩和を主な内容として、二〇〇一年を目標とした。しかし、この金融ビッグバンは逆に、「肺炎の患者(日本の金融機関)に寒中水泳をさせるようなものであり、しかもそれは国際競技をせよということか」という批判も当初からあった。つまり、この解釈に立てば、改革にもかかわらず「失われた一〇年」ではなく、改革ゆえの「失われた一〇年」という立場になる。

日本が克服すべき構造的な問題は、野口悠紀雄氏などがいうように「一九四〇年体制」なのか、「成長時代」

なのかでは、解決すべき対応方法に相違が生まれる。しかし、いずれにしても、長期にわたって作用してきた「システム」が機能不全するようになったということでは共通点がある。この点では、かつて米英に対して日本の成長率がなぜ高いのかが論じられたが、時代が経ってみると、逆に日本も同じような局面に直面しているということがいえる。

政治改革と行革改革

政治改革とは、ある意味では、ゲームのルールを変える改革であるということができる。それゆえ、仮に改革ができたとしても、そのルールを使いこなすことができるか否かが重要なポイントになる。使いこなすアクターは政治家であり、政党であるだけではなく、有権者、すなわち国民でもある。ところが、ルールが変わっても、旧態依然の発想でゲームをプレーする場合も多い。例えば、中選挙区が小選挙区に変わったら、主たる候補者が二人になるということは、忘れられてしまうことがある。本来は、与党候補者対野党候補者の対立の構図ができるはずであるが、野党が複数の候補者を立てて同士討ちで与党候補に漁夫の利で議席を奪われる例がその代表である。それは、中選挙区時代の発想がそのまま残ってしまった結果起きた例である。

一方、与党側にも候補者問題が発生する。いわゆる「五五年体制」時代の特徴である自民党の一党優位制時代と異なり、一九九三年以降は、連立政権が基本形となった。問題点は、同一選挙区から政権党の側から複数の候補者が出てくると、有権者が選ぶべき対象が不明になり、焦点を結ばなくなる。

また、有権者の方からも、依然として「人柄で選ぶ」とか、「候補者が少ない」などと、不満の声が聞こえてくるが、それは、別の言葉で言えば、小選挙区の仕組みを使いこなせていないことに他ならない。

小選挙区の特徴は、まずもって政権選択が基本である。それゆえ、政権党は野党に比して、過去の実績が厳しく問われる。有権者が政権党の業績に反応する「業績投票」の傾向が強くなるというのは、その意味である。有権者が、政権党の失敗に厳しく「罰則」を加えるという選挙制度でもある。しかし、現実には現状の政策に不満を持っているのに、野党に入れないという行動の不思議さがある。それは、政権党対野党というふうに選択を単純化したのがこの制度であるにもかかわらず、この仕組みを使いこなさないという不思議さでもある。

一方の野党の方は、政権党に比べて、実績批判は逃れられるとしても、政策は実行されていないので、将来の夢(政権構想)を訴えるしかない。これに有権者が反応するとすれば、「期待投票」という傾向が顕著になる。ところが、マスコミも過去の報道に引きずられ、選挙の時には、各党、各候補の公約を横並びで掲載する。本来は、厳しく政権党の政策を問うことから始めなければならないのに(そのことは与党にはきわめて不利なのであるが)、過去のことは棚上げして、与野党ともにすべて将来のことを問題にする「期待投票」の報道の形になりやすい。それでは、依然、有権者から「候補者の区別がつかない」「誰がやっても変わらないだろう」などという意見が出てきても不思議ではない。つまり、現状の政治や経済や社会に対する不満が高くとも与党が政権を維持できるのは、その不満を吸収する選挙制度に変わったのに、依然として、選挙と政権選択が結びつかないという不思議が継続するからでもある。

実は、このイギリス型の小選挙区制の特徴は、最近ますます、政権選択・首相選択・政策選択がパッケージになる傾向にある。すなわち、従来からの政権選択だけではなく、それに、事実上の首相選択が加わった総選挙になってきた。もちろん、今までも、イギリスでは政策のパッケージは「マニフェスト」の形で、国民には提示されてきたが、それは、選挙限りのものではなく、当選後も、どれだけ実施されるのかが絶えずチェックされるという、政策実行プランでもある。

しかし、選挙制度が変わっても、なかなか変わりにくい部分が日本の政治にはある。それは、後援会中心の個人選挙の特徴が、制度を変えても存続していることにある。政党の役割が公認などで今まで以上に強くなったといっても、政党支部は基本的には個人後援会と一体である実態は、なかなか変わりにくい部分である。ただし、もともと、小選挙区制でもアメリカの選挙は、個人の色彩が強く、同じ党から同一選挙区に複数の候補者が立候補しようとしたら、予備選挙で解決するということが一般的であった。イギリスの政党中心の選挙は有名であったが、最近では、党員数が激減している現実も理解する必要がある。

しかし、日本の選挙がいかに個人選挙であったとしても、訴えるべきブランドや売るべき商品は、同じ党のものでなければならない。しばしば、個人後援会は、酒屋や米屋などの地元密着型の小売業にたとえられるが、その酒屋や米屋が業態転換をしてコンビニになっている。それは、都市や都市周辺だけでなく、地方でもその傾向が強い。まずは、政治の世界も、個人後援会型から業態転換をはかり、コンビニ型になる必要があるだろう。「セブン・イレブン」「ローソン」はブランドであり（政治では政党名がそれに当たるだろう）、経営ノウハウを売り、一方、フランチャイズが個別の商店主（政治家）ではないか。そうすると、そのブランド（政党名）の維持やマネージメントのノウハウとそこで売るべき商品の開発こそが政党の重要な役割であるだろう。地域差により、あるいは個々の商店の才覚により商品の並べ方などは違うとしても、商品（政策）のR&D（研究開発）にお金とエネルギーをつぎ込んでこなかったツケは大きいのではないか。つまり、商品開発とマーケティングはそっちのけで、販売力（選挙）だけで勝負をしてきた態度が変わらないと、政治は変わらない。そのことは、消費者（有権者）の方にも問われることで、単につきあいやしがらみでの投票から、政権選択へと変わらないと、政治の展望は暗いものになる。つまり、二〇世紀型政治の遺産が、橋を架けたり、道路を造ってくれたりすることへの対価としての投票であるとするなら、二一世紀型の投票は、政策や理念などの選択肢（具体的にはマニフェスト）に対するものに転換することであるだろう。

実は、先ほどのＩＭＤのチェック項目と、橋本行革が行ったこととは、あまり一致していない。橋本行革の特徴はさまざまにあるが、その中心が内閣機能の強化と中央省庁再編であることはおおかたの一致した見方であろう。ただし、その行革は財政と切り離されたものであった。つまり、橋本首相は「生首一つ切らない」と最初から約束してしまった。また、ＩＭＤ調査などが求める行政の効率性の問題よりも、省庁の数にこだわった行革であった。二〇〇一年一月六日から一府一二省庁体制ができたが、中央省庁再編とはいうものの、「羊羹の輪切り」と批判が出てきたのも、数の問題が関わる。羊羹論とは、羊羹の総量は変わらなくて、それぞれの一切れが大きくなったことを意味する。縄張りを廃して「大くくり」にするということがその中心的な概念であったが、逆に、そのことは、国土交通省や総務省のような巨大省庁ができたことを意味する。

煎じ詰めれば、手法としては、再編とはいうが、本当に機能の統廃合を行ったのではなく、「合併」という手法がとられた。この合併という手法は、市町村合併から、みずほファイナンシャルグループに至るまで、しばしばとられる手法であるが、それが、効率性や本当のリストラにならない例は多い。「たすき掛け」人事に始まり、メンツ重視、意思決定の遅さなど、組織論、経営論としても問題が多く、実はこの手法を生かすためには地方分権でも企業経営でも行革でも再検討が必要なのである。

構造変化と政界再編

政治改革や行政改革がルールや器の変更であるとするなら、ゲームの内容の問題が、政界再編という大きなテーマである。その問題は、現状の政党がどこまで、産業の変化や社会変動に対応できているのかということでもある。すなわち、日本を取り巻く環境の変化と、有権者の意識変化を含めた国内的な変化に対する反応である。

通常の「政界再編」の意味というのは、大きく言って二つあって、一つは、議会の議席を基礎にいかに政権を作るのかの連立ゲームのことを指している。もう一つは、争点をめぐる有権者の支持構造そのものの変化である。

一般的にマスコミは、前者の「政党間の駆け引きゲーム」の意味で政界再編という用語を通常使っている。しかし、政界再編には、有権者側の支持構造の変化という意味がもう一方ではある。すなわち、政党の支持の基盤は何であり、その基盤がどのように変化するのか、あるいはさせるのかという点の展望を必要とする。アメリカ政治の代表的な政界再編の例は一八六〇年南北戦争、一八九六年、一九三〇年代のニューディール期などである。イギリスは一九二〇年代に保守党対自由党の対立に、労働党が割り込んで登場した例が代表的な政界再編である。一般的には社会に存在する亀裂（Cleavage）に沿って、各党に対して忠誠心があったのが、それが薄れるか、異なる亀裂が登場することによって新たな政党が登場したり、組み合わせが変わったりするという意味で政界再編を考える必要がある。

世論調査あるいは選挙の結果などから、有権者の中のどこに新しい亀裂が生まれ、その亀裂に沿ってどのようなグループ分けができるのかということを探るのが通常の方法である。

「政党間のゲームの政界再編」という意味で現実を理解すれば、むしろ、政党間の駆け引きへの注目は、有権者の支持構造を変えて組織化するということは結びつかないできた。有権者の構造化の方が日本では遅れているといえる。政党と有権者の関係はニワトリと卵の関係といわれるが、日本の政治では、その間に無党派層が存在して、事態の把握を難しくしている。つまり、政党間の政界再編過程では、むしろ、政党離れや無党派層を増大させてきた傾向があるのである。

しかしながら、無党派層が五割を越えることを「困ったこと」と見るのか、五割も新しいマーケットが存在すると見るのかで、今後の政党の行動は変わってくる。つまり、そうなると、積極的に無党派層を組織化するための努力をいかに行うかの戦略がきわめて重要なのである。

日本政治の不思議なことの一つが、経済成長期にあれだけの社会変動があったにもかかわらず、自民党が政権をとり続けてきたことである。次ページの**表1**のように、経済成長期には、第一次産業から第二次、第三次産業へ、農村から都市へと大量の人口移動が起きた。教育水準も所得も上がった。このような大規模な社会的変化があるなら、イギリスやドイツに見られたように、本来は、五五年体制時代に政権交代があってしかるべきであっただろう。

確かに自民党はオイルショックまでの経済成長期に若干議席も得票も減らしてきたが、第二次オイルショック以降立ち直った。むしろ、包括政党（キャッチオールパーティ）の性格を強めたといえる。その当時の最大野党の社会党は、五五年当時には、一・五党制といわれる片割れの二分の一の勢力はあったが、一貫して、議席は低減し九三年には七分の一程度にまで少なくなった。また、五八年の選挙を最後に、候補者でさえ、過半数に達しなかったのである。その分、野党は多党化し、連立構想も一部の選挙区での協力を除いて、政権選択を問うような明確なものはなかった。

五五年体制時代を支えてきた条件が九〇年代には大きく変わった。例えば、国際環境における「冷戦の終焉」、経済基盤であった「成長時代」が終わり、成長時代に顕著であったインフレ傾向とは逆に、資産デフレを経験し、さらに物価のデフレの状況である。さらには失業率が増大している。海外生産に転換した企業も多い。いわゆる「中国効果」も台頭している。

また、政治的には選挙制度が中選挙区から小選挙区比例代表並立制に代わり、社会構造は人口減少が顕著になり、コミュニティの崩壊や家族の弱体化を経験している。そして、ますます情報化やグローバル化を迎えている状況で、なにゆえ、政権交代が起きないのかという疑問は当然のことながら出てくるだろう。

表１　経済社会の構造変化

項目	シャウプ勧告(1950)当時	1965年	1988年	1990年	2000年
経済成長 ＧＤＰ(名目)	3兆9467億円	22兆8660億円	373兆9732億円	440兆1248億円	513兆540億
経済構造の変化 ＧＤＰの産業別構成比	第1次産業 26.0% 第2次産業 31.8% 第3次産業 42.2%	9.5% 40.1% 50.3%	2.6% 36.1% 61.3%	2.4% 35.7% 61.8%	1.3 27.9 70.7
就業構造の変化	就業者数3572万人 (42.9%)	就業者数4730万人 (48.1%)	就業者数6011万人 (49.0%)	就業者数6249万人 (50.6%)	就業者数6462万 (50.8%)
産業別構成比	第1次産業　50.7% 第2次産業　22.2% 第3次産業　26.6%	23.5% 31.9% 44.6%	7.9% 33.6% 58.0%	7.2% 33.6% 58.7%	5.1 30.7 63.7
(人口の高齢化) 総人口の年齢構成	0-14歳　35.4% 15-64歳　59.6% 65歳-　4.9%	25.7% 68.0% 6.3%	19.5% 69.2% 11.2%	18.2% 69.7% 12.1%	14.6 68.1 17.4
(経済の国際化) 貿易額(通関実績)	輸出2980億円 輸入3482億円	輸出　3兆426億円 輸入2兆9408億円	輸出33兆9392億円 輸入24兆0063億円	輸出41兆4569億円 輸入33兆8552億円	輸出51兆6542億 輸入40兆9384億
(情報化) パソコン普及率 携帯電話普及率			パソコン 9.7% 携帯電話　―	パソコン 10.6% 携帯電話　2.6%	パソコン 50.1% 携帯電話　75.4
(経済のストック化) 金融資産／名目ＧＤＰ 土地／名目ＧＤＰ		3.7 1.8	8.6 4.9	10.1 5.6	1 3
(ライフスタイル多様化) 雇用者総数に占める女性の割合 パートタイムの労働者比率		31.8% ―	36.8%	37.9% 13.0%	40.4 20.2

出典：大武健一郎『データで示す日本の大転換』(かんき出版、2005年)など。

社会が安定的な時期には、支持構造を変えることはなかなか難しい。とりわけ、比例代表制であると、支持はほぼ固定されたものになりやすい。しかし、これだけ、社会変動が起き、選挙制度が中選挙区から小選挙区を中心とする制度に変わった。環境やルールが変わった条件の下では、ゲームの戦略が重要になるだろう。もちろん、政治では、党首をはじめとするリーダーの顔が重要である。特に、テレビ時代はその傾向が加速する。しかし、社会構造や産業構造の変化を前に、どの層をターゲットとするのか、あるいは、何を訴え、何を控えるべきかは、重要な政党の戦略である。

すなわち、このような大規模な社会・産業構造の変化を前に、政党の方に有権者を巻き込んだ再編の準備が不足していることを考えると、かつての五五年体制時代の時のように、社会変動という大きなチャンスをみすみす逃すのではないかという危惧が出てくるのである。

4　ガバナンスの確立のために

診断と処方箋

経済現象も政治現象も、病気と同様に、診断と処方箋が正しくなくてはならない。慢性的な成人病かもしれないし、急いで手術をする必要があるかもしれない。いくら手術の上手な外科医がいたとしても、その前提となる診断が正しくなければ、手術は成功しない。あるいは、成功しても病人は助からない可能性がある。ところが、世の中には、自称、他称「名医」と呼ばれる人が多数いる。とりわけ、現状の経済現象が深刻であればあるほど、さまざまな診断が出てきて、そのいくつは相互に矛盾している。また、診断も症状を読みとるものと、その症状の原因を探ろうとするものでは、本来、処方箋は異なるはずであるが、両者が混在することは多い。

今の日本経済の症状は、三つの症状があるという点では多くのエコノミストの意見は一致するだろう。一つには、デフレという症状がある。ただし、通常のマクロ経済学的デフレは、物価の下落のことを指すが、「失われた一〇年」で示したように、資産デフレが先行して、景気の悪化の原因となった。しかし、最近の不良債権の議論では、逆に、デフレが不良債権を増加させるという意見がかなりある。それゆえ、デフレ対策が不良債権処理に先行すべきであるということになる。もともと、不良債権処理はデフレ効果があるから、その意見は、不良債権処理を先送りせよという意見に等しい。また、デフレこそ問題であるから、貨幣的にインフレを起こせば問題が解決するという立場がある。そうではなく、デフレは実体経済に由来し、その原因を労働分配率の高さとその硬直性に求めるものや、ダンピングに等しい過当競争から発生しているという見方もある。

第二の症状は不良債権の山をどうするのかという課題である。この不良債権処理にも、直接償却と間接償却があり、また即時という立場と長期で考えろという立場とでは発想が違う。それは、一方は、いずれ景気が回復すれば解決するという立場で、もう一方は、このままデフレは続くので、資産価格はさらに下落して将来は事態がさらに悪くなるという見方である。

第三の症状が、需要不足という症状である。需要が足りないから、政府が公共事業のような需要を作れという主張があり、別の立場は、需要不足は個人消費の落ち込みが原因であり、それだから、減税やインセンティブを高める政策をとるべきだという意見がある。

実に、多種多様な意見がそれぞれもっともらしく語られている。しかし、九〇年代の反省に立てば、構造改革の議論が出てくるのも、もっともである。すなわち、マクロ経済学の常備薬である財政政策と金融政策を使い切っても景気が回復しないとすると、その原因は、何らかの構造にあると考えても不思議ではない。

小泉首相は元来が構造改革論者だったかどうかは定かではないが、「構造改革なくして景気回復なし」というポジションであることは明白である。しかし、小泉構造改革といわれるものが、明確であるというわけではない。そうはいっても、構造改革一般は、ミクロの供給サイドの政策であると位置づけることができるだろう。ただし、構造改革とは何かについては人によって様々な使われ方をしている。産業構造の転換のことを指している人もいるし、マーケットにおける効率性の問題を念頭に置いている人もいるし、国際競争に対応できるような体質改善という意味で構造改革を言っている人もいる。あるいはもう少し心理的なものを指している人もいる。

小泉構造改革で当初はっきり明言したことは、国債の発行を三〇兆以内に抑えるとか、不良債権は二、三年以内に処理をするとかの財政構造の改革か不良債権処理が具体的な政策である。また、ミクロの供給サイドの体質改善とは、日本の企業の競争力を高めて、世界の中で競争できるようにする、あるいは生産性の上昇を考えようという立場であり、規制緩和や民営化が具体的な政策である。

だが、構造改革は基本的には短期の政策ではなく、中・長期の課題であり、もっといえば、成人病や生活習慣病の治療のようなものである。あるいは不良債権がガンだとしても、そのガンを切ったら明日からぴんぴんと歩きはじめることができるという話ではない。そういう意味でいうと、構造改革というのは、金融政策とか財政政策の短期の効果に比べたら、政策としては即効性において弱点を持っている。また、その優先順位については、現状の日本の診断がまず、その出発点にあるべきであろう。現在の機能不全は、①市場に問題があり、片方で金融機関の機能不全とそれに対する事業会社に資金需要がないこととする立場、②財投を財源とする特殊法人や公益法人など、省庁にぶら下がっている組織の問題と見る立場、③中央・地方に見る財政赤字の構造的な原因と見る立場などがある。これらに対してどこから手をつけるかはすぐれて戦略的な問題である。すなわち、構造改革といっても、①市場の故障と消費の低迷をターゲットとするのか、②特殊法人の改革からにするのか、③財政構造改革からにするのかでは、政策の組み立て方が違ってくる。すなわち、原則論からいえば、「民営化」も「分権」も正しいが、もし、市場が故障しているなら、単純に特殊法人を民営化することや「民間でできることは民間に」といって市場に任せれば、問題が解決するとはいえない。さらには、市場の故障に対する処方箋は市場に任せて自然治癒を期待するのか、政治あるいは行政が責任をもってその処方箋を書くというのでは、対応は大きく違ってくる。

部分均衡からの脱出

それゆえ、政策としての構造改革の問題を二つの観点から検討してみることにする。一つは、対象とする範囲の問題であり、もう一つは、構造についての考え方の問題である。

すなわち、経済の構造改革の他にも、考えるべき構造改革はあるという立場が本章の主張である。政治の構造改革も、精神の構造改革も実は重要であり、もし、本格的な経済の構造改革を推進しようとするなら、政治の構造にも、精神の構造改革にも切り込まざるを得ない。小泉首相が唱えた「米百俵」は精神の構造改革であるという反論もあるだろうが、小泉改革の主張はほとんどが「気合い」であることが多い。また、国民が期待したことは、政治の構造改革、すなわち「自民党を壊す」という約束だったはずである。

迂回的な方法であるが、構造改革の範囲は政治の構造改革や精神の構造改革まで含まないと、経済の構造改革は遅々として進まない現実が見えてくるだろう。例えば、仮に特殊法人改革や郵政事業法改正を最優先としたとしても、自民党の与党審査で詰まり、それが素早い改革の足かせになっていることは目に見えている。

もう一つの重要な点は、構造改革の意味である。恐らく、日本が過去に陥ってしまい動きのとれなくなった部分から脱するには、どうしたらいいのか、という問いかけであるなら、それなりに意味がある。それを、経済学的な用語で「部分均衡」からの脱出といってもいいだろう。例えば、銀行の貸し出しにおける「土地担保主義」、企業と銀行の関係の「メインバンク制」、大蔵省と銀行の関係の「護送船団方式」というシステムは相互に絡み合って、制度の補完性が働いていた。それは、具体的な組織でいえば、企業―銀行―メインバンク―金融当局の関係である。例えば、土地担保主義をやめて、リスクに見合った金利を取るべきだという正論があっても、すぐには転換することが難しい。結局のところは貸し出しが慎重になるのが落ちである。預入金利と貸出金利の差額が銀行の利ざやになり、そのスプレッドが小さいことが、日本の金融機関の問題であるといわれてきた。特にそれがないと、「根雪」となってしまった不良債権を公的資金で償却しても、「新雪」がまた不良債権として積もってしまう。ましてや、業務利益で、根雪の不良債権を償却しながら、新規の不良債権を処理するのは至難の業となる。

リスクに見合った金利を取ることができない理由としては諸説あり、①政府系金融機関と競合し、低い金利をつけざるを得ない。②依然銀行同士の競争が激しいので、営業は審査部門がいう金利では、借り手を他行にとられてしまう。③公的資金の入った銀行は、政府から中小企業へ貸し出しを強制され、リスクに見合った金利をつけることはできない。④消費者金融や商工ローンのような金利と銀行貸し出しの金利の間に大きな隙間があり、銀行がそんなに高い金利をつけると非難される、などの理由があげられている。いずれもやっかいな問題であり、部分均衡から脱しようとするとさまざまな既存の構造にぶち当たる。しかし、それであるからこそ、構造改革をやるということは、本当の改革をやるということに等しい。かけ声だけではすまされないことを宣言しているのである。

すでに見たように、かつては、それぞれが恩恵をこうむって「金融ファミリー」という内輪の世界であったのが、今では世界の競争にさらされ、また、不良債権問題で日本経済の足を引っ張っている張本人と批判されると、この均衡から脱することが急務となる。しかし、組織の惰性だけではなく、相互の補完性があるので、一つ変えると、次々に波及することを覚悟する必要がある。しかし、経済の構造改革とは、この金融だけではなく、本当は財政も税制も、過去において陥った「部分均衡」からの脱出が必要なのである。

それは、マーケット機能をテコにするとしても、実は政治の力でしかなしえないことであろう。実際上、マーケットは制度を作らない。制度を作るのは、民主主義の下では政治が行うことである。そして、ひとたび制度ができれば、マーケットは制度の中で機能するのである。そうなれば、その機能しているマーケットのゲームの中に政府が介入する必要は逆になくてもいいのである。

もう一つの部分均衡の代表例が、政治の世界における「与党審査」であるだろう。

日本での立法過程では提出される法案の八～九割は内閣提出法案であるが、その内閣提出法案でも、与党（自民党）の事前承認がないと、国会に提出ができないという慣行が確立している。一九六二年に当時の赤城宗徳自民党総務会長が内閣官房長官に申し入れをした文書がある。この慣行がいわゆる五五年体制の中で制度化した。ということは、与党審査部分が拒否権を持つことになり、首相や内閣がリーダーシップを発揮しようとしても、それを妨げる力を持つことになる。自民党の部会、政務調査会、総務会という与党審査部分での事前承認があり、さらに、総務会の決定をもって党議拘束がかかれば、提出された法案は国会ではほぼ通過することになる。この制度は、政治と官僚の関係では、自民党が一人有利であるように見えるが、実は官僚にとっても便利なものである。ひとたび与党の諒解をとれば、法案や予算の国会通過はほぼ予測できる。野党や国会や国民にとってそれが最適ではないことは明らかであるが、そこを脱するには大変な力仕事を必要とする。

つまり、あまりリーダーシップを発揮したくない内閣、実質的な影響力を保持したい与党、実際に法案を通過させたい官僚にとっては、この制度は便利に機能してきたという意味で、「部分的な均衡」に陥っていたといえる。では、この制度を廃止したら何が起きるかを考えると、このシステムで維持されているものは何かが明確になる。

もし事前承認をはずし、党議拘束は国会審議の後、採決前にしたらどうなるだろうか。当然ながら、国会での修正、特に与党側から修正がありうる。あるいは、否決されることがあるかもしれない。そのことは、従来の国対の立場からいえば、国会がきわめて「不安定な状態」(別の言葉でいえば、「活性化した国会」)になってしまうということだろう。また、官僚も今までのように与党議員への「ご説明」の他に、野党議員に対しても法案を通過させるためには、「ご説明」「説得」をせざるを得なくなるだろう。そのようなロビイング自体が本来は官僚のやるべきことではないが、影響力行使の変更は一カ所だけにとどまらない。すなわち、制度の補完性から、この与党審査を変えると、国会、政党政治、首相を中心とする内閣の主導力、選挙にも影響を及ぼす。ということは、「首相を中心とする内閣主導」を確保するために政治改革をするなら、この部分に対する構造改革をせざるを得ないだろう。

つまり、本当に構造改革を目指すのなら、これらの「部分均衡」からの脱出ということに目標を定めるということこそが意味のあることである。

政府と市場のガバナンス

制度の関係は、実は市場なら市場だけでは完結しない。当然ながら、制度と制度の関係、例えば、政府と市場の関係を問題にせざるを得ない。その時に、何種類かの改革の方法がある。すでに、経済学的な方法についてはミクロとマクロの手法があることは触れてきた。ミクロのマーケットに任せるやり方の代表が、「新自由主義」であり、民営化、自由化、規制緩和の三点セット（あるいは、途上国に対しては、緊縮財政、民営化、市場の自由化であることが多い）が使われる。

日本の場合、議論が錯綜する理由は、「弱者保護」の理由で既得権益を守ろうという勢力が片方にいて、それが、構造改革を目指すグループと同一政党に同居していることがあげられる。もう一方の野党の側も、まず市場経済にした上で公正な社会を目指せと二段階の議論をしているために、「市場経済」にせよという声と、「公正な社会」を目指せという声の強弱が時には変わり、時には相殺するために、さらにわかりにくくなる。つまり、絵に描いたような「自由主義者」対「社民主義者」の対立図式は、なかなか求めても難しい。その間に、第三の道があり、また、「新自由主義」でありながら政府の役割を重視する立場などは、議論が簡単に割り切りにくいので、その関係を見るにも一筋縄ではいかないのである。

では、ここでの議論の道筋を簡単に要約しておくと、経済を越えた構造改革は中長期には、是非とも必要である。しかし、短期の政策としては不十分なことはいうまでもない。しかし、もし構造改革の議論に依拠するのなら、制度やルールの設計を、政治のプロセスで十分に行う必要がある。すなわち、市場にすべて任せると解決するという立場はここではとらないのである。社会保障から金融システムの危機管理まで、実は政府の役割は、以前よりも増加しているのである。以前なら、ＢＳＥ（狂牛病）もＨＩＶ（ヒト免疫不全ウイルス）もＤＶ（ドメスティック・バイオレンス）も政府の仕事ではなかったが、今では、国民は政府の仕事と思っている。

しかし、ひとたび制度設計が十分になされたなら、市場のプレーヤーとして、政府が介入すべきではない。それでも、レフリー役だけに限定したとしても、やるべきことは多いのである。また、経済学でいうように政府が公共財の提供をすることは当然としても、政府がひとたびシステム維持をその役割として、国民に約束したら、それが、年金であれ、介護保険であれ、ペイオフであれ、そのシステム維持には膨大な人材とコストがかかる覚悟を必要とする。とりわけ悩ましい問題は、地方分権が進んだとしても、福祉水準を政府が責任を持つと引き受ける限り、地方格差を見過ごすわけにはいかなくなり、国民がその格差を甘受するとは思えないのである。地方間の財政調整は永遠の問題として残ることになる。

ここで、もう一つ考えておくべきことは、政府と市場の関係では、コーポラティズムがヨーロッパでは使われてきた。とくに、労働団体と経営団体のトップと政府（特に社民系）が協議して、政策決定を行うという方法が模索されてきた。世界的な経済の競争が厳しい状況で、ヨーロッパの小国ではその競争圧力の緩和をコーポラティズムで行うということは、かなり一般的であった。ただし、社会保障費の増大と財政赤字をどうするのかという時代を乗り越える必要があったし、また、フィンランドのように、コーポラティズムよりも情報技術での世界競争に打って出る国も出てきたということも考慮する必要があるだろう。

特に、日本は、コーポラティズムが行われてはこなかった。これだけ規模の大きな経済の国でコーポラティズムが可能かどうかについても議論が過去にもあった。あえていえば、日本では企業内で経営と労働が協議して行う（資本はそれほど強くなく）「ミクロ・コーポラティズム」が主流であったといえるが、その「ミクロ・コーポラティズム」がグローバリズムの激化の中で、終身雇用だけではなく雇用自身が維持できなくなってきたことが現状の問題である。もちろん、企業内での社会保障が維持できなくなれば、社会がそれを引き受けざるを得ないというのが一般的な理解であろう。しかし、ヨーロッパも経験してきたようにそれは大幅な財政出動を余儀なくされ、それを克服することがヨーロッパ・コーポラティズムの最近の歴史でもあった。

つまり、社会保障のシステム転換は実際には厳しい現実があるが、制度設計をし直す必要がある。ただし、産業の方の競争力が維持できない状況で、政府がすべて引き受けるとなると、財政的には破綻のみが待っている。

そうすると、実際の改革には、政府も企業も組織改革をまずはじめる必要があるのではないか。つまり、その組織改革も政府と市場の関係のガバナンスをどう確立するのかという課題と共存させなければならないのである。

「使われざるもの」を使う戦略

しばしば例に挙がるものとして、日産の改革を行ったカルロス・ゴーンの改革がある。経営の立場からいえば、ゴーンは当たり前のことをやっているにしか過ぎないという意見がある。しかし、日本ではその当たり前のことが実行できないことが多いのである。ゴーンは、難しいリストラを成功させるカギとして次の四つを挙げている。①「目標」「優先順位」「戦略」を社内で共有する、②再建計画を社員に信じてもらう、③社内の意見を聞く耳を持つ、④経営者が社員を信用していることを示す信号をはっきりと出すこと（『日本経済新聞』二〇〇一年一〇月三一日)。

実は、このアイディアも通常のリーダーが行うべきこと、①ビジョンを明確に、②戦略をしっかりと作り、②組織内部を固めて、③外部との友好的な関係を保持する、というような定石を踏んでいる。一つハッキリしていることは、そのメッセージがマスコミを通じてしばしば取り上げられているということである。現在では、政治でも企業でもメッセージをどう発するのかがきわめて重要である。マイカルの時に発したメッセージとダイエーの時に発したメッセージの差が、小泉内閣の信頼を著しく低下させることになる。

小泉総理とゴーンを比べることに対して、竹中平蔵経済財政担当大臣は「改革のスピードが遅いという批判があります。しかし、そもそも政府と企業を横並びに比較すること自体が間違っていると思います。政府というのは、国会という企業における株主総会が毎日開かれているような組織なわけです」といっているが、それ以上に、政治は与党だけではなく強力な野党が制度として存在している。マスコミや国民の監視は企業より厳しい。さらにいえば、企業では、従業員を解雇できるが、政府は国民を解雇するわけにはいかない。

とはいうものの、成功する改革には、基本的な方程式がある。すなわち、政府も企業も、前提となるルールの下で、限られた資源である財源・人材・情報を使って、意思決定をしていかなければならないということでは共通性があるからである。

例えば、日本人の教育水準は高く、勤勉で優秀な人も多い。個人も資産をたくさんもっている。問題は、どうしてそれを使いこなせないかである。すなわち、今の日本は使われざるものが多すぎる。ある意味で、人や設備などで使われざるもの（unemployment）が多い。問題は失業だけではなく、使われていない設備、使われていない情報、使われていないノウハウ、使われないお金が日本には山ほどあることだ。お金が動かず死んでいる。情報が生かされていないということを出発点にすべきであろう。

経済学的なケインズ主義に立たなくとも、行政的に政治的に、使われていないものをどう使うかが課題となる。それは、単に財政支出を増加させれば、需要が発生するという発想ではない。システムの機能不全から、お金が回らず、いい人材が腐り、情報が停滞している。それは、政府や企業を問わず、なにゆえそのような現象になってしまったのか。「失われた一〇年」の反省も、ＩＭＤ調査も、その原因究明に対して重要な素材なのである。グローバリズムも情報化もすべて逆風とのみ考える必要はないだろう。しかし同時に、それを逆風と考える者が多い現状も認めた上での戦略が必要になる。

例えば、ＩＭＦと世界銀行の間には、考え方には亀裂がある。米国の経済学者の間にもグローバリズムの考え方に差がある。その亀裂を突く戦略を日本は必要とされているのである。環境問題を論ずると、アメリカの中に多くの反発を生むことを考えて、あえて、戦略的に環境問題をぶつけることが重要なのである。金融にしろＩＴにしろ、グローバルなシステムの設計には、日本が一枚噛む余地は大いにあるのである。軍事力がないから何もいえないというような敗北主義からは、早く脱するべきである。それができないのなら、すぐにでも、そのようなことをこなせる人材を配置し直すべきである。今いなければすぐに育てる必要があるだろう。グローバルな競争を前に指をくわえて待っていても、誰も同情しないし、誰も助けてはくれないだろう。日本は規模の大きな、すでに成長してしまった国なのである。

この一〇年で、トップの判断で失敗した企業も国も沢山ある。その意味では、誰が総理大臣になっても誰が大臣になっても誰が企業のトップになっても、共通の問題なのである。つまり、どこに優先的に資源を配分するのか、優先順位をどうつけるのかの戦略は誰がどこで作るのか。実は、最近の政治でも企業でもトップリーダーが決断しなければならない問題は増加しているのである。小さな政府論とは裏腹に、政治が決めなければならないことも増加の一途にあり、そこを前提にして、いかに国民的な合意形成をするのかを考えないと、市場にぶち込めば何でも答えが出るような錯覚に陥ってしまうのである。

そして、対外的な生き残りの戦略を立てることと、対内的には「使われざるもの」をいかに使えるようにするのかということは、今すぐにやらなければならない政治的課題なのである。

（『日本再生』（富士社会教育センター）二〇〇二年七月）

14 政策決定における首相のリーダーシップ

ただいまご紹介いただきました、慶應義塾大学の曽根でございます。レジュメをご覧になっていただければ分かるように、今日は成田憲彦さんがメインのお話をして、私は前座を務めますので、日本の政治における概略、アウトラインのお話をします。その後で、実際の経験に基づいたお話を成田さんからお聞きいただけると思います。こういう機会にお話をできるということを大変感謝しております。少し時間をいただきまして、お聞きいただきたいと思います。

私が、最近いろいろなところで申し上げていることは、今の日本は、特に経済なのですが、「罠」から脱出する必要があるということです。もう一つは、日本を「漫画」にしてはいけないということをいっているわけです。罠とは何かといいますと、実は今の日本の経済状況は三すくみの状況でして、デフレがある、これが一つ目です。それから、需要が足りない。別の言葉で言い替えれば、景気が悪い。三番目には不良債権の山があると。この三つをいっぺんに解決するためのなかなか便利な経済政策、あるいは政策手腕がない状況です。私もいろいろ考えているのですが、なかなか見つかりません。あっても賛成を得られないということがあります。

今日は経済のお話ではなくて政治の話ですので、日本を漫画にしてはいけないということを申し上げたいと思います。漫画というのはどういう状況かと申し上げると、まず今の日本の銀行は着々と国有化の道を歩んでいるわけです。他方、郵貯は民営化の道を歩んでいます。銀行が国有化の道を歩み、郵貯が民営化の道を歩むというのは、これは漫画的状況です。私は郵貯民営化反対論者ではないのですが、構図として漫画です。

それから、日本中で現在、株式会社は赤字で税金も払っていないところが多いのです。別の言葉でいうと「日本中NPOができちゃった」ということです。Non-profit Organization、つまり「非営利団体ばかりになっちゃった」。これは漫画です。それから政治状況でいいますと、小泉内閣に対する一番の野党は自民党です。では野党の民主党はというと画面から消えてしまったという漫画的状況が起きています。

こんなことをお話しましたら、「いや、漫画ってもっとあるでしょう」といわれたので、いくつか考えますと、日本の大学もここ何年か金もうけに走っているわけですが、そのうち町工場のおっさんがノーベル化学賞をとってしまいました。町工場のおっさんというのは田中耕一さんに対して大変失礼なのですが、今までの日本の理科系大学における権威の序列からいったら、町工場と評されるようなところだと思います。

それだけではなくて、さらに今日のお話に続くようなことを申し上げると、例えば今までは漫画的状況が続いたのですが、小泉内閣になりましたらなくなったことがあります。実は組閣をするときに「総裁枠」というのがあったのをご存じだと思います。これはよくよく考えてみると、首相が選べる閣僚は全員総裁枠です、首相枠です。それなのに、各派閥からの推薦を受けてそのリストに基づいてかなり精緻化されていて、各派の議席に従ってドント式でポストを配分したりして、かなり制度化が進んで、たまたま残ったポストの一つ、二つを総裁が選べることになった。また、それが多くなると、総裁枠を増やすことができたと自慢した時期があったのです。こういう漫画的状況が行われていたのです。それは小泉内閣になりまして、変わりました。

ある時、私の知り合いの新聞記者と一緒に、中曽根さんの講演を聞きました。その新聞記者は勇気を持って「橋本内閣の組閣のときに佐藤孝行さんを大臣として押し付けちゃったのじゃないですか」という質問をしたのです。そうしましたら、中曽根さんは「いや、私は佐藤孝行君をご推薦申し上げたけれども、決定なさったのは首相です」とはっきり答えたのです。よくそんなことをいえるなと思いましたけれども、制度の建前からいえばその通りです。しかし、そのときに現実に日本で行われていたのは、行政改革だったのです。行政改革の中でも、「首相および内閣の機能強化」というのがテーマだったのです。だけど片方でこういうことが起きていた。「派閥からの推薦をされた人を大臣にせざるをえない首相のリーダーシップっていったい何だ。もう漫画じゃないか」と、私はその頃、書いた記憶があります。その問題は、最近になって、いちおう漫画ではなくなったといえます。

ここまでお話すれば、これで今日の講演はおしまいですが、ここでおしまいにしたのではレジュメの一ページ目まで進んでおりませんので、少し背景からお話を進めていきたいと思います。

この一〇年間というのは、世界的にも日本でも大変な変化をした一〇年間だったと思います。その変化をした一〇年間を振り返ってみると、ここにきて姿がかなりはっきりしてきたところがあります。どんな姿がはっきりしてきたのかということを考えますと、例えば国際政治、国際社会の方では冷戦が終わって一〇年間たって、その間に例えば湾岸戦争がありました。あるいは去年の九月一一日のテロがあったのですが、それだけではその行方は分かりません。

例えば国連は、湾岸戦争のときには多国籍軍を使うことによって、一応は関与したわけですが、昨年九月一一日のテロのときには国連は基本的には関係なかった。アメリカ側が単独で自衛権の発動としてアフガニスタン攻撃を行いました。

では、今のイラクに対する問題はどう理解したらいいのかというようなことが一つ出てきているわけです。大量破壊兵器を持っている国、あるいはテロの国に対して先制攻撃をするということは可能になったのでしょうか、アメリカのロジックでは、それは可能になったと考えざるをえないわけです。

これはかつての主権論、あるいはかつての内政干渉を否定するような立場と大きく違うわけですし、あるいはユーゴスラビア、ボスニアなどを見てみると人権という名の下にＮＡＴＯが国連決議を経ずに介入しました。人権の立場からの介入が行われるようになりました。国際社会は冷戦以降ずいぶん変わりつつあるし、現に動いているなということが分かると思うのです。

それから経済でいえば、一九九〇年の初めから日本の株価は低迷しはじめます。一九八九年の大納会に付けた日経平均三八、九一五円の株価を上回ることはありませんでした。総じていえば、成長が終わったわけですし、バブルの終焉があったわけですが、これを一言で、何と名付けたらいいか。バブルの終焉ということでいえば、資産的なデフレが進行したわけです。大幅に株価や土地の値段が下がったわけですし、途中から物価の方のデフレ、いわゆる通常の定義によるデフレ現象が起きてきたということです。ただ日本の社会全体を見ると、システムとしては成長時代に出来上がったシステムが多くて、依然としてその成長時代のまま進んでいる感じがいたします。

成長のことを簡単に申し上げると、一九五五年～一九七三年のオイルショックのころまで、名目でいうと一〇％の成長を日本はしていたわけです。オイルショックから一九九〇年ごろまでは、名目で約五％の成長をしていたのです。一九九〇年以降この一〇年間、〇％と一％の間で大体低迷しておりますですから、成長率自体でも大きく変わったのです。だけど、社会はなかなか成長時代の成功体験を変えることができないということがあります。

では、政治の方はどうかといいますと、今日のメインのお話になるわけです。「五五年体制」は一九九三年をもって一応終わったわけですが、再編というのはこれでおしまいになったのでしょうか。五五年体制時代の自民党の一党優位体制は終わったとしても、連立を中心として自民党の政権は現に続いているわけです。あるいは細川・羽田政権以降は政権交代が行われていないわけです。さて、これはいったいどう理解したらいいのでしょうか。つまり五五年体制というものの後という意味で「ポスト五五年体制」という理解でよろしいのでしょうか。というのが、今日のメインのお話になるわけです。

一般に、過去の一〇年間を「失われた一〇年」という呼び方をすることが普通ですが、この失われた一〇年というものは、それだけを見ていると、日本は何もしていなかったように思うわけですが、実は大量の改革を行いました。ですから「改革の一〇年」と呼んでもいいくらい改革を立て続けにやってまいりました。それだけ社会の変化、国際情勢、あるいは政治、経済の変化が大きかったのだと思います。ですから、改革はしなかったのではなくて、したのです。だけど「失われた一〇年」なんです。

こう振り返ってみますと、例えば政治の世界では選挙制度改革が行われました。あるいは、政党助成金などのいわゆる公的助成というのもなされました。それから、内閣機能の強化も行われたわけです。行政改革が行われて、橋本行革が成された。あるいは政府委員の廃止と副大臣政務官制度も導入されました。地方分権に関する地方分権推進法、一括法というのも行われたし、行政手続法ができたし、情報公開法もできました。あるいは政策評価ということも行われました。現状では司法改革が進んでおります。ロー・スクールができるということも改革の途上であります。同時に、国会には憲法調査会というのが設置されて、憲法に関して見直しの議論が進んでいるわけです。

このような背景の下に、経済現象だけ見ると、特に金融だけを見ると「失われた一〇年」なのです。だけどその金融でさえ金融ビッグバンがあり、財政改革があり、あるいは財政構造改革をやり、さまざまな改革を実は行ってきたのです。だけど、一向に不良債権の山はなくならないということがあります。片方では改革を立て続けに行い中央省庁再編をやりました。あるいは政治改革をやり、司法改革をやりつつあります。その矛盾をどう理解するのかということです。

つまり、改革はしたけれども不十分だったから「失われた一〇年」と解するべきなのか。これが、一番目の解釈としてごくごく当たり前です。改革はまだ不十分である、もっとやれという立場に立つと、金融機関よもっと頑張れ、あるいはもう少し違うスキームで不良債権処理をやるべきだということになる。つまり改革が不十分だったということから、改革をもっとやれという主張になるわけです。

あるいは、別の解釈も可能です。改革はしたが、現実に起こっている日本の症状からいうと、病気とは無関係の改革をやってきたと解する立場になる。つまり病気がガンなのに、糖尿病の治療をしたということかもしれない。

もっと皮肉な見方をすると、改革そのものが事態をさらに悪くしたという説があります。これが三番目の説です。金融ビッグバン結構、あるいは世界の中で日本の金融業をもっと強くすること、大いに結構、だけど肺炎のときに寒中水泳をやるというのは無理だよという主張になる。

しかもその寒中水泳が国際ゲームだ、オリンピックだということになると、日本の銀行は耐えられないという理解も不可能ではありません。つまり、改革そのものが事態を難しくしたということです。ただその因果の関係は整理するのはとても難しい。つまり、まだ結論が出ていないと思います。多くは「失われた一〇年」の方だけを強調します。だけど他方「改革の一〇年」があったこととどう関係するのですかというのが問いの中心です。

特に政治改革・行政改革とのつながりでいえば、橋本さんが行政改革をやったときに財政構造改革も同時に行ったわけですが、私の立場でいえば、あのときに日本の金融機関、あるいは日本の不良債権に手をつけていればもっと事態は速やかに済んだだろうと思います。あのときは改革を六つも橋本さんはやっていうます。問題は六ついっぺんにやったということよりも、優先順位をどう付けるかということの方が問題だったと思いますが、これが「失われた一〇年」と「改革の一〇年」の一つの矛盾です。

ただ、この一〇年間を振り返りますと、ある種の方向性は見えてきます。どういう見え方をしてくるかといいますと、特に政治の領域に関しましては、橋本改革と小沢改革というのは文脈が全然違うのです。例えば選挙制度改革、あるいは党首討論、あるいは副大臣政務官制度などは、ある種、小沢改革的な方法だろうと思います。

もう一方の橋本行政改革というのは、省庁再編および内閣機能の強化ということが中心なわけです。ですが、こういう言い方を聞いたことは多いでしょう。「政治改革」とは、これは大体新聞記者が皮肉を込めていつもいうのです。「熱病のように浮かれた政治改革」という言い方が片方でなされます。もう一方では「小選挙区制度改革に矮小化された政治改革」という言い方がなされるのです。多くの人はそういう決めつけ方に大体乗ってしまうわけですが、よくよく考えてみると一〇年間の改革を振り返り、全体を足して一本背筋を通してみると「何だったのか」というのがこの二〜三年、特に去年と今年とでよく分かってきました。

それは、一つは選挙制度改革も、党首討論も、副大臣・政務官制度も、あるいは中央省庁再編も、首相を中心とする内閣のリーダーシップ強化の一点に集約されています。選挙制度改革と内閣のリーダーシップ強化というのは別でしょうと普通は思われています。だけどそういう理解では、たぶん制度改革の意味が分からないだろうと思うのです。ここで申し上げる首相のリーダーシップというのは、せんじ詰めれば内閣機能の強化ということと裏腹な関係で、さらに厳密に、これは官邸でいくのか、首相府で行くのかについては、成田さんが今日そのお話を強調なさると思います。私は「首相」ということで一応申し上げているわけです。

つまり首相のリーダーシップの強化というのは、実は選挙と密接に関係しているわけです。どう関係するのかというと「選挙というのは、いったい何のためにやるのですか」という話に集約されるわけです。選挙というのは、「それは代議士を選ぶ」ことだと思うかもしれませんけれども、民主主義の制度的な枠の中で選挙によって政権選択をしていることが重要です。国民が政府を作るという役割はとても大きいわけです。だから民主主義なのです。

ところが、いわゆる五五年体制時代の選挙というのは政権選択ではありませんでした。「いや、そんなはずはない」とお思いかもしれませんけれども、一九五八年の選挙を最後に、最大野党の社会党は候補者において過半数いませんでした。候補者だけで半数いないのですから、全員が当選しても政権を取れません。全員が当選しても政権を取れないのは実は政権選択ではないのです。自民党政権が続くということが前提なわけです。部分的な選挙協力はありましたが、本格的な連立政権構想もありません。

ですから、世論調査で、有権者に対して、選挙では、「政党か、候補者か、政策か」、どれで選択しますかというような聞き方をしますけれども、政権選択という意識はない。人柄でとか、面倒をみてくれるからとか、特に中選挙区時代に自民党同士の候補者が多数いる場合には、つまりそれらの候補者は自民党という看板を皆背負っているわけです。党が同じですから、政策もほぼ一致しています。多少自分の方がこういう特徴があるということは強調するのでしょうけれど。そうすると人柄でという選択は確かにあるのです。つまり自民党の候補者が四人も五人もいる中から一人を選ぶということになるわけです。

ところが小選挙区になるということは何なのかというと、政府と野党を選ぶ、どっちかなのですか、つまり政権選択の二者択一なのです、というのがまず大きく変わってくるわけです。特にまだここまで来ていませんけれども、イギリス的になればマニフェスト、つまり政策綱領を作って、それを選挙にぶつける、政権選択であると同時に政策選択をしてしまう。政策選択をしてしまえば、その選択に基づいて政府は当選した翌日から政策を実行に移すことは可能になるという話です。また、その選挙は首相選択の選挙でもあるわけです。

そうすると首相のリーダーシップというのは、実は小選挙区制、あるいは選挙制度と大いに関係がありますます。それだけではなくて、内閣の作り方、あるいは国会の在り方が相互に関連している。「相互補完性」といいますが、それが関連して一つが変われば玉突き現象で次々に変わっていくという仕組みになるわけです。

ですから一〇年間を振り返ってみると、なるほどいろいろな改革があった。政治にも経済にも行政にもあった。特に政治改革を一本筋の通ったもので位置づけるとするならば、それは首相を中心とする内閣のリーダーシップ強化というところに集約されるのだろうということです。制度改革がそういう意図で作られたとしても、それを実行するかどうかはまた別の問題ですが。

だから同じ制度改革の下でも、例えば二〇〇一年一月六日からの行政改革で内閣機能が強化されたのですけれども、森内閣のときにはそれを実行するつもりはあまりありませんでした。経済財政諮問会議ができても、今までの審議会とあまり変わりませんでした。小泉内閣になったら経済財政諮問会議というのは法律の規定以上に意思決定機関になっているわけです。法律の規定以上というのは、法律というのは企画立案のところは非常にあいまいになって単なる諮問機関なのですが、もっとそこを強調して現実に動かしている、実態の方が動いていると思います。

ですからおおづかみにいってしまうと、政治改革は一応なされてきたのですよということをまずここで申し上げたいわけです。だけど、多くの方は「だけど、変わってないじゃないの」といいます。変わっていない側面を挙げていくと、たくさんあります。だけど変わった側面もたくさんあるわけです。一般にはこの違いを「五五年体制」と「ポスト五五年体制」という呼び方で区別します。

五五年体制というのは、一言でいったら何でしょう。確かに一九五五年に左右社会党が統一されて、日本社会党になりました。自由党と民主党が統一されて「自民党」になりました。保守合同が行われた。それをもって「五五年体制」と呼ぶわけですが、五五年体制を通していいますと何が特徴だったのかというと、自民党の一党優位体制、つまり一党が基本的には政権を維持できるだけの議席を持っていた。過半数以上、三分の二以下の議席をずっと維持していたと見ていいと思います。これが五五年体制の特徴です。英語でいえば「Predominant party system」といいます。一党優位制というのが「五五年体制」の特徴であったということです。

では、それが崩れれば、ポスト五五年体制なのでしょうか、ということが一つ疑問です。連立政権になってしまったということが一つ大きく変わったことではあります。ただ、この問題提起の仕方はおもしろいといえばおもしろい、分かりいいといえば分かりいいわけですが、私はこの「五五年体制」と「ポスト五五年体制」を単なる一党優位制か否かで区別することはあまりしたくない、もちろん、それが一番大きな要素なのですが。

それよりももっと興味があることは、五五年体制時代にあった特徴というのは何だったのでしょうか。つまりなぜ政権を争う選挙でなくなってしまったのでしょうか、ということです。それは、例えばここで「部分均衡」という呼び方をしますけれども、自民党一党優位体制を均衡状態というふうに見るのではなく、その下位のシステム、それより一段下のシステムを部分均衡と呼びまして、中選挙区時代になぜ自民党だけが過半数の候補者を立てることができて、社会党だとか、あるいはほかの野党は多数の候補者を立てられなかったのでしょうか。つまり中選挙区自体はある意味で中立的な制度です。ですから、その行き先は二大政党もあるし、特に比例代表的性格があるので、中選挙区状況で多党制になる可能性もあります。しかし、一党優位制に収斂していったわけです。それは歴史的な産物だろうと思います。

では、なぜそうなったのか。多数の候補者を立てようと思えば、社会党だって、民社党だって、公明党だって、みんな立てられるのです。でも多数立てれば共倒れをする、一人も当選者が出ないということになってしまうことがある。都会では野党は各党一人ずつしか候補者を立てなくなってしまうわけです。五議席区で当選者五人が別々の党ということがありました。田舎の方、地方になると自民党は五議席あったら五議席全部立てる。社会党が二〜三人当選するというところももちろんあります。そういうことが、ある時期から定着してくると思います。定着してくると、これは一種の部分均衡に陥ってしまったわけで、これをひっくり返すことはなかなか難しい。つまり、制度として固定(ロック・イン)してしまう。固定から抜け出すということはなかなか難しいということがいえるわけです。

では、政治改革は何であったのかというと、この部分均衡を抜け出すための一つのテコだったというふうに私は理解するわけです。だから政治改革を小選挙制にすることが目的ではなくて、つまり部分均衡に落ち込んだ状況を脱出するためには改革が必要であるという、そういう改革論なわけです。それを現実的には選挙制度で一つやったというふうに思うわけです。

そういう意味でいいますと、一九九三年以降の選挙では、最大野党が新進党であったり、民主党であったりするのですが、過半数以上の立候補者はいます。もちろん当選者は少ないですけれど、過半数以上の立候補者になりました。一歩、前進があるわけです。

このことは、日本の政治を見ているだけだとなかなか分かりません。私はイギリスやオーストラリアなどで説明した時に、立候補者数を見せたことがあります。そうすると「この選挙は何だ」と質問されるわけです。つまり「最大野党の社会党が議席の過半数に立候補者が足りないじゃないか、これは何をやっているのか。連立構想はあるのか」「いや、ありません」というと、「えっ」と聞かれるわけです。

つまり、そういう意味でいうと、我々日本にいるときには選挙というのは、当然、選挙分析もしますが、選挙の結果、誰が勝ったか負けたか、というのは自民党の中で総裁派閥が議席を増やしたかとか、どの派が強くなったかとかいうことと、野党の中で、今回は公明党の勝ち、今回は新自由クラブの勝ち、今回は共産党の勝ちというような相対的な勝負を見ていたのです。まさしく政権そのものを問うことはなく、政権は当然に自民党政権というその前提でしかなかった。そのことを外国で説明すると、「そんな選挙ってないでしょう。政権選択をしない選挙というのは、概念矛盾ですよ」と、質問を受けるわけです。ですから、一つの部分均衡とそれから脱出するための制度改革というのは必要ですということが、一つ目に申し上げたいことです。

それから、今日お話する中心的な課題である与党審査とか内閣与党一元論の問題も、ある時期に例えば与党審査が定着したことから生まれる。「与党審査」とは何かといいますと、自民党の政務調査会(政調)の部会、政調会、総務会を通らないと、内閣提出法案でさえ内閣が提出できないということがある。内閣提出法案ですから内閣は当然、法案提出権があるわけですが、実際には、国会に提出できないという慣行が定着してきたわけです。議員立法の話ではないのです。閣議決定しても、自民党のプロセスを経ない限り、与党審査を経ない限り国会に提出できないということが定着しているのです。

これは、ある時期から定着しました。時期でいえば一九六二年に赤城宗徳総務会長が当時の官房長官に申し入れをした文書が残っております。だけどその日から制度が変わったとか、翌日から定着したとかいうふうには思いません。それ以前にももちろん自民党のプロセスを重視していたことがありました。あるいはそれ以降でもいろいろな力関係が変化したときもあるでしょう。だけど一九七〇年頃にはもうはっきり定着するわけです。

あるいはそれ以前で、例えば、吉田内閣時代は予算を通すときに、自由党をバイパスしてというか、党の決定を経ないで出したこともあるらしいです。これは松野頼三さんから聞いたことがあるのですが、そういうケースもある。

ただ、与党審査というのは小泉さんが政治家になった頃には定着してしまっていますから、当たり前なわけです。つまり、内閣が法案を提出するときにはまず自民党にかけます。最後は総務会の了承を得ないと国会には提出しないということは、どこにも法律には書いてはない。書いてないのですが、それは当たり前の制度として均衡値に達してしまっているわけです。だれも不思議に思わない、それを前提に政治家は行動する。

これを脱するためにはどうしたらいいか。つまり、政策決定における内閣与党の二元体制というのを一元化するにはどうしたらいいか。与党審査を廃止するためにはどうしたらいいか。これは改革をするしかないわけです。我々も成田さんと一緒に、改革に関する提言をいたしました。

他にも、部分均衡というものが様々なところにあります。例えば金融業界であったら、護送船団方式とか、あるいは土地担保によって金を貸し出すとか、あるいはメインバンク制だとか、部分均衡的にその頃、出来上がった制度というのはあります。だけど、そこからなかなか脱することはできない。これが一つ、日本の制度改革のときに考えなければならない問題だと思います。これは小泉さんのいっている構造改革と単純にイコールではありません、観点が違います。

それから「変わってない」と思うのは、たぶん、絵を遠くから、引いて見たときに自民党がずっと政権にいるわけですから、細川・羽田政権のところがたった一〇カ月ぐらい少し違うだけで、ずっと、自民党政権だから、これは同じじゃないか、日本は何も変わってないよと見ることも不可能ではないのです。けれども一九九三年以降の政権は全部連立政権です。これは大きく変わりました。さっきいった一党優位制、単独で議席を過半数以上確保している状況と違います。

それから、政党の中もかなり変わりました。変わったけれども、目に見えるかたち、つまり我々があっと驚くような変わり方はなかなか観察できないのですが、ただ小泉政権のことをお話すれば「あっ、変わったな」ということが分かると思います。

ただし、具体的な個々の政治家を見ると、選挙のスタイルは後援会に依然、依存しているわけです。ですから、政党中心の選挙になるかなと思ったら後援会を政党の支部にしてしまいました。政党支部にしてしまいましたから、政党中心の選挙とはいっていえないことはないのですが、実体は後援会です。後援会の選挙は依然続いております。

あるいは、政権交代に関しては思ったほど変わっていない。つまり政治改革における選挙制度改革のときに何を目的でやったかというと、政党中心の選挙だとか、あるいは政権交代ができるような体制を選挙制度改革でやりたいとか、こういっていたわけですが、それが一九九三年の選挙、つまり自民党から大量に脱党者が出ました。ついに自民党は過半数を維持できなくて、八党会派が連立して細川政権ができました。だが、政権交代は、あの時以来ないわけです。

そういう意味でいうと、日本では野党が選挙で勝って政権交代したということは実はないのです。ないというと、成田さんはあると、そんなことはないと、たぶん怒るわけですけれど。単独政権による政権交代はない。護憲三派連合による政権交代というのは大正時代に確かにあるのですけれども、それは大命降下であって、戦前戦後を通じて選挙によって政権がきれいなかたちで交代した例はほとんどない。これについて、ある歴史学者は、「それはない。死ぬまでに一遍見たい」とおっしゃっています。そして「うまいビールを飲みたい」というのですが、なかなかないです。

そうなると、政権交代をするためには首相公選にすべきなのかと、こちらにまたすぐ行くわけですが、これに関しましては、東大の佐々木先生を中心とした首相公選に関する懇談会が答申を出しましたけれども、「一気に行け」という結論ではないわけでして、私や成田さんなどの立場ととても近い、現行の議院内閣制を使って努力すれば相当首相のリーダーシップは発揮できるという説が、三案あるうちの一案です。

もう一つの案は、アメリカ的な大統領選挙型でいくというのもありうるというものです。確かに韓国とか台湾を見ていると大統領制だと政権交代があるからいいのではないかという議論もありますが、これは今日の主題である「議院内閣制と大統領制」について、特に首相というのは議院内閣制における中心的なポジションですので、その問題と密接に関係しています。ですから、後程もう少し詳しくリーダーシップの在り方のことを申し上げたいと思います。

変化に着目したものとして、参考資料として「連立政権における政策意思決定過程の図」を後ろに付けておきました(章末の各内閣の政策・意思決定機関の図)。これも、もしご興味のある方は参考にしてくださいということですが、私が作ったのではないので、引用のときにはご注意ください。この一〇年間で、連立政権ということもあり、政策決定過程はずいぶんと変化していることが分かると思います。

実は連立に限らずですが、政治の世界は外から見てなかなか分かりにくいことの代表例です。これはおもしろい話がありまして、ビスマルクが言っていることですが、「世の中で見たくないものが二つある。その二つは何かというと、ソーセージを作るところと法律を作るところだ」というのがあります。立法とソーセージを作るところは見たくないと、こういうことを言っているわけですが、確かにごちゃごちゃしているし、中身がどうなっているか分からないところが似ている。今のソーセージ工場はもっときれいらしいですが、昔のソーセージは何か分からないものが入っていると思われていた。

政治の世界、立法の世界というのは非常に複雑なプロセスをたどるわけですが、こういうことがいえると思うのです。政治を変えるためには、さっき政治改革はなぜ必要なのかは、部分均衡に陥ったものを脱出させるためには改革が必要なのだということを申し上げました。だが、非常に複雑であるがゆえにその複雑なものを精緻に、精緻に分析していくという手法がもう一方にあります。

つまり自民党時代に定着した政策決定過程であるとか、選挙における有権者の投票行動であるとかを精緻に精緻に研究するという方法です。ところが、精緻に研究したところで一向に改革などできないわけです。分析から実践ということが一つあるわけです。ですから、改革派というのは別の発想を、つまり別の切り口を持つ必要があるだろう。そのときに均衡を脱する、経済でいう均衡というのは脱することができないから均衡なのですけれども、政治の世界はもっと歴史的な産物としてどこかに定着してしまう一つのポイントと考えていただいたらいいと思います。それを抜け出すためには、制度改革ということが必要であるというのは基本的な立場なわけです。

そこで、小泉内閣に入るわけですが、首相が何を資源として持っているか、あるいは何を使い得るかというと、大きくいってお金か人事か、ここに情報・意思決定と書きましたが、決定権力が普通だと思います。役所でいえば、会計課と人事課と文書課になるわけです。それぞれの官房には会計課と文書課と人事課があるわけで、それに対応しているわけです。たぶんお金を使って動かすことは、小泉さんはできない。特に予算を増やさないという人ですから、国債を発行したくないという立場ですから、お金を付けて人を動かすことは無理です。

となると人事か意思決定・情報というところにならざるを得ないと思うのです。それで、小泉内閣からどういうことが変わったのかを少し検証しておく必要があると思います。というのは、「日本の政治は変わらない。だれがやっても同じだ。だから政治なんかに期待しない」という言い方がなされることがあるのですが、そうではない。かなり変わったのです。

まず組閣を見ていただくと、さっき申し上げたように、第一次小泉内閣でも派閥の推薦リストをほとんど無視しました。これは、一つ大きな特徴だと思います。それから、もう一つ政治手法として改革勢力対抵抗勢力という、これは安手のチャンバラ劇だという人もいますが、だけど改革をしたいということはどうも本心らしい。ただし、どこをどう改革したいのかということは、なかなか頭の中を読むのは難しい。

郵政問題、道路公団、特殊法人というのに興味があることはまちがいない。それ以外は、あまりよく分からないところがあるのですが、とにかく改革したいということは確かなわけです。

今年（二〇〇二年）、九月に内閣改造したときの例を見ていただくと分かりますが、新聞では、小幅改造だろうといわれていた。問題は柳沢大臣が更迭されるかどうか、そこだけだった。あと一人、二人、参議院枠を入れる程度の小幅改造だろうといわれていたわけですが、実際にはかなり変わりました。さっき総裁枠というお話をしました。だから、過去の総裁枠はもう関係ないんです。関係ないとは、全員総裁枠ということです。事前に小泉さんが相談したのはたぶん数人ですから、ほとんど情報は漏れませんでした。あるいは可能性があって口にした人、大臣になりそうだと口にした人は内閣に入っておりません。

そういう意味ではとても情報管理が堅かったし、あるいはごくごく少数のところで決めたということは確かです。おもしろい例で一つ申し上げると、谷垣さんが官邸に呼ばれたわけです。これは、国務大臣として呼ばれるわけです。国務大臣として呼ばれるわけだから、どの担当大臣として任命されるか分からないわけで、官邸に入っていったときに、竹中さんと会って、当然、竹中さんは谷垣さんが金融担当大臣になると思って「谷垣さん、大変だけどごくろうさんですね」といって励ましたらしいのです。ところが実際は、竹中さんが金融担当兼務ということになって本人もびっくりした。その時点まで竹中金融担当大臣兼務ということはたぶん知らなかったのです。

そう意味で情報は非常に堅かったし、小泉さんの頭の中で構想がいつ固まったのかよく分かりませんけれども、これは当然のことながら、首相の権限、人事権の発動なのですが、これをやると独裁的といわれるのです。独自の発想に基づく決定で実行したということです。

さらには小泉原則というのを出しまして、これが党三役を決めるときにも、大臣を決めるときにもこの小泉原則を飲んでくださいと踏み絵を踏ませたわけです。踏み絵を踏ませただけではなく、各大臣に指令書が出ています。これを大臣が公開して、つまり部下に見せた省もあるし、見せてない省もあります。だから私も全体を把握しておりません。だけど大臣に「こうしなさい。この政策を重点的にやりなさい」ということを小泉さんは指示しました。こんなことを今までやった首相はいないんです。いないですよといっても、こんなことは当たり前なのですが、日本では行われてきませんでした。

通常は大臣に就任する時には、官僚のメモ書きを読む人が多いわけです。ほとんどの場合、質問を受けると「今後勉強して鋭意努めます」とか、「鋭意政策を勉強します」などということをおっしゃる大臣が多かったのですが、今回は指示書がありました。これは変化です。ただ、あまりこれに関しての新聞報道はされていません。ですから、新聞記者の関心外の問題だったのかなという気がいたします。これは一つ、変わったことの代表です。

各大臣への指示だけではなくて、副大臣に対しても指示をしているケースがあったのではないかというふうにもいわれております。これも全部確認したわけではないので、はっきりとしたことは申し上げられないのですが、これが一つ、大きく変わったことです。変わったことは確実にあるのです。

この変わったことというのは、「元に戻るのですか」というのがもう一つの疑問です。組閣をするときに派閥の人事、派閥のリストに従って組閣をしなければならないのですか。もし仮に次にだれかが総理大臣になったとき、元に戻るのでしょうか。だけどもうここまで来ると、なかなか元には戻らないと見るのが普通ではないでしょうか。これは次の総理大臣がだれになるかにもよりますが、やれるのではないか、派閥のリストに従わなくても組閣はできてしまうとみんな気が付きました。決してそれが法律に違反しているわけでもなければ、憲法に違反しているわけでもないのです。首相の権限の範囲内、人事権というのは当然のことなのだと、みんな気が付いたわけです。

それから、先程申し上げました与党審査とか、内閣与党一元論の問題提起を小泉さんはしたわけです。「したわけです」ということは、もう少し正確にいいますと、与党審査の問題が日本の政治で問題であるということは多くの学者が知っておりました。だれが知っていたかといえば、私もそうだし、成田さんもそうだし、あるいは国会研究をしている人は相当知っていました。知っていたのにどうして提起しなかったのだということはあるかもしれませんけれども論文には書いております。

古い論文では、私と岩井さんの書いた一四〜一五年前の論文とか、あるいは「議会の可能性」というような一二年前の論文に書いてあります。与党審査は問題だということが書いてあるのですが、だけどそれが現実の政治的な議題、つまりアジェンダに載ったのは去年からです。

去年の例を申し上げますと、我々は「21世紀臨調」というのを作っておりまして、当時は東大の佐々木先生や――佐々木先生も東大総長になってからは正式なメンバーではありませんが、西尾先生とか私も成田先生も含めて提言を作ったわけです。作って記者会見して発表しただけではなくて、二〇〇一年の一一月一九日午前中に小泉さんに持っていきました。

持っていって、どういうことがあったのかといいますと、その提言書を渡して、当時亀井正夫さんがまだご存命で、21世紀臨調会長の亀井さんも一緒に行ったのですが、お渡しして、内容を若干説明したあと、実はこの提言書に書かれていることは、つまり「議院内閣制で首相のリーダーシップはこういうふうに発揮できるのですよ。ということは、まともな政治学者とか行政学者は、こっちを考えているのです」といったのです。そしたら小泉さんは「あっ、そうか。それはいい」とおっしゃいました。

もう一つは「与党審査というのは慣行にしかすぎません。」赤城宗徳総務会長の申し入れの文書のことなど、細かいことはいいませんでしたが。「慣行として定着しているだけですよ」といったら、「あ、そうか。慣行なんだな」と確認なさっていました。ですから自分がやりたいという考えは漠然とあって、官邸の人たち、特に飯島秘書官など「トップダウン、トップダウン」といっていました。トップダウンというのは、少し乱暴な言い方ですけれども、首相のリーダーシップを発揮するための理論的根拠付けというのは、我々の提言と結び付いたのではないかというふうに思います。

一九日の午後には衆議院改革に関する調査会答申と、これは衆議院議長・綿貫氏のところの調査会、つまり諮問委員会が答申して、内容的には全く我々と同じです。それで、その日に小泉さんは自民党の国家戦略本部にこういうことを検討しろと指示をするわけです。この辺のところはいわゆる抵抗勢力がそれにすぐ気が付きまして、すぐ手を打つのです。手を打つということはどういうことかというと、すぐ妥協をするわけですけれども、この辺の政治プロセスの話をすると、「政治講談」になってしまうので、そこは省略いたしますが。

要は、一言で申せばこういうことなのです。与党審査の問題は、学問的な関心ではあった、だけど公の議題としてはまだ世に出ていなかった。それが昨年の一一月以降を契機として新聞にも載り、テレビのニュースにもなる。国民も与党審査などの言葉を知るようになります。

実は一一月八日に発表する前に、新聞社の政治部長たちに少し相談したときに「与党審査、どうですかね。見出しにならない言葉だな。内閣与党一元論、それも見出しにならない言葉だ。みんな知らないのだから。そういうのは困る」ということを聞いたことがあるのです。確かに、「与党審査」と聞かれてピンとくるだろうか。政治部の新聞記者はずっとやっていますからすぐ分かるのですが、国民が、読者が、というのです。この提言についての報道以降、「与党審査」という言葉とか、「内閣与党一元論」などという言葉は説明なしに使えることになった、というふうに思うのです。

そういう意味でいうと、学問的関心からパブリックアジェンダ、つまり公の議題にはなったと。ただし、正式に決定がなされたのかというと、ここはあいまいです。あいまいですというのは、自民党の国家戦略本部、それから政治改革本部、行政改革推進本部と自民党の三部会合同でこの問題を取り上げて提言していますが、よく読めば制度は変わったのです。よく読まないと今までどおりなのです。

ですから、ここの読み方がとても難しい。つまり実行しようと思えばできる、というふうに読めるのです。だから、これは大きく変わったというふうに結論付けてもいいわけですが、ただ今までどおりにしておこうという人がいたら今までどおりにできないことはない。かなり丸まった提言になっているということは確かなのです。

ただ、実際的にはいくつか節目があります。つまり、郵政関連法案のときに、小泉さんは「これは自民党が飲まなかったら、これをもって国会で否決される。つまり国会へ提出して自民党議員が反対するなんてことが起きたら、解散総選挙をするつもりがあった」と思うのです。ここの解釈は、とても難しいというのは、小泉さんの頭の中は分かりませんけれども、私はあったと思うのです。

「郵政関連法案で解散だなんて、選挙をやるほどの問題じゃないよ」という人はいることはよく分かります。「それは、小泉さんの趣味の範囲に入る話ではないですか」というふうに見る人がいることも確かです。だけど、いざとなれば解散できるわけです。つまり、ある争点、自民党が否決をするというよりも、自民党の与党審査を経ずに国会に提出した法案で、自民党議員が国会の中でその法案をつぶしてしまう。自民党がというよりも多数を取れずにつぶしてしまうようなことがあったならば、国会を解散するということがありうるわけです。

では、今あるのかということが、つまり選挙がいつあるかという読みとも関係するわけですが、これが一番難しいわけです。選挙はあるのかないのかの予測で、小泉さんの今までいってきたことを推測すると、金融再生問題であるとか、あるいは道路公団の問題であるとかいうことで、法案を提出して与党が飲まなかったり、あるいは与党をスキップせざるをえないようなことで国会へ提出して、それがつぶれたりしたら解散をします。

そうでなければ、衆参同日選挙か、あるいは任期満了ぐらいまで目いっぱいやりたい。やりたいけれども、その間に改革ということ、つまり改革の方をできるだけやって、そのうえでその改革の成果を選挙で問いたいというのが本心ではないかなというふうに思うのです。思うのですというのは、証拠はありません。今までいっていることを足し合わせて絵を作ると、ジグソーパズルはそう見えるねというだけの話であって、本人から確証ある答えを聞いたわけではないのです。

あるいは、変わった点でいえば、経済財政諮問会議というのは先程も申しましたように、これは行革において、内閣府機能強化の一つの目玉だったわけです。総合科学技術会議というのもありました。つまり両方ともそうなのですが、ただ総合科学技術会議の方はほとんど議論されないのです。だけど実態的には、委員と呼ばれている議員には常勤の人がたくさん入っています。法学系の学者仲間で石井紫郎さんという東大の法制史の先生などは、総合科学技術会議の議員として常勤で入っているわけです。

ところが、経済財政諮問会議の方は民間議員が四人なのですが、四人は全部非常勤です。法律に書いてあるのです。いつの間に非常勤とすると書かれたのか分からないと、水野清さんなどはおっしゃっているのですが、あれだけ忙しい人、奥田碩さん、牛尾治朗さん、本間さんなどを入れるということは、特に非常勤ということは、あまり議論してほしくないということの表れでもあるわけです。

つまり、常勤で忙しくない人が入ったら大変だということは、これは財務省、あるいはお役人の発想からいけば、当然そういうことになります。しかも諮問機関であるという意思決定機関ではないという位置付けだったと思うのです。今はかなりここが中心になっていて、例えば経済財政諮問会議と地方財政との関係では地方分権推進員会、あるいは市町村合併の問題などは地方制度調査会などに、それぞれ役割分担をしているわけです。

ところが税に関して、これは難しいのです。税に関しては、これは代表的な例ですが、政府に税調という税制調査会があって、自民党に税制調査会があって、自民党の税制調査会は大長老の方がたくさんおいでになるわけです。ここ数日間、新聞などに出ているわけですが、大長老の方がいて反対をする。ここは、なかなか動かない。つまり機動的に経済政策を決定したいと思っても、経済財政諮問会議が決めただけでは自民税調も政府税調もなかなか動いてくれないという難点があります。

ここで我々の与党審査を廃止するとか、あるいはスキップするとか、内閣与党一元で、特に自民党内の総務会やあるいは税制調査会などを何とかしろという議論をいいますと、当の自民党の中で本当のことをわかっている人は、「とはいってもね」とくるわけです。「とはいっても」と「いや、イギリスのまねはできないよ」というのは一般の人です。そうではなくて、「とはいってもね」と本当のことを知っている人は、「自民党議員は政調の部会があるから政策の勉強をするので、あそこを外したら利権の追求のみになっちゃうよ。せめて政策の勉強をしておいてほしい」といっている。政調は重要なのだという説です。

それから総務会というのは長老議員を処遇する場所なのだ、あそこを外すと彼らは行き場所がないよ。元総理大臣とか元大臣経験者の長老の人たちは行く場所がない。「税調もね」というわけです。税調も長老の人たちが占めているために、しかも「インナー」とか何とかがあるがために反税調というのができたりする。また漫画みたいな話が起こるわけです。

だから、よく聞かれるのです。「イギリスは、長老議員をどう扱っているのですか」。これは、難しい質問です。一つは、「イギリスでは長老議員はいません」という答えしかないのですが、いないことはないのです。一つは貴族院の方にいく。あるいは早く辞めて大学の先生になったり、民間に出たりします。だけど、どこの国でも長老議員がいて、しかもセニョリティルールの下で長老がいたら、その人たちの処遇は難しい。これは、アメリカでもサーモンド議員などはそうなわけです。

実態としてどうしなければいけないのかという問題の一つとして、例えば「政策を党で勉強をさせているのだ」「あれをさせないと大変だよ」という、そういう議論がわからないでもないし、「長老議員処遇を総務会でしてるんだよ」、それもわからなくもない。

ただ我々は筋論を基本的に述べているわけででして、制度改革というのは、つまりそれを当たり前として、それを分析し観察するだけではちっとも進まないのです。精緻に観察しただけでは政策は一向に進まないのです。ある制度下での現実の分析やそれが果たしている機能の分析も重要ですが、それだけでは、政策の転換や制度改革は一向に進まない。そうなると、その先を見ないといけません。その先を見たうえで、現実分析をしなきゃいけないということだろうと思います。

それから、小泉政権で足りない部分ですが、首相スタッフ機能のところは依然として不十分だと思います。イギリス的なポリシー・ユニット（政策室）というのを作って、そこを強化するということを、我々は提言しております。自民党の国家戦略本部もそう提言していますが、現実にはそうなっていません。

それから、首相補佐官も五名まで使えるのですが、現実には今二名ですね、まだ空きがあるのです。これは成田さんがあとでご説明になると思いますが、田中秀征さんが細川内閣時代に首相補佐官として活動しようとしたとき、役所との大変なバトルがあったわけです。その後遺症がまだ残っているのではないかというふうに思います。

それから、小泉内閣で進んだのかどうかはっきり整理がつかないことが一つございます。それは、政治と官僚の問題です。政治と官僚との関係、特に鈴木宗男議員の事件が起きたときに小泉さんはとても歯切れの悪いことをいっていたのです。それはどういうことかというと、国会議員が官僚にアプローチしたときに、「いい意見は聞いて、悪い意見は聞くな」ということで一貫して通してきたわけです。もう一つは「出処進退は個人の判断で」と。

これは少し解釈が違うなと思うわけです。なぜかと申しますと、政治家はどこまで関与できるを考えたときに、つまり行政の個別案件の執行に関しては関与すべきでないと思うからです。これは、成田さんも同意見だと思います。鈴木宗男議員の問題は行政の個別案件の個別執行に口を挟んだことだと思うわけです。それがどれだけ入札妨害になるとか、あるいはどれだけ収賄になるかということとは別に、政治家が個別の行政案件の執行には口を挟むべきではないという立場が原則だろうと思うのです。

さらには、これをもっと進めますと、政治家は官僚とどう接触が可能なのかという厄介な問題がありま す。これは我々、イギリス的な解決というのは一つの答えだということを前からいっているわけですが、イギリスですと、その接触は大臣、副大臣を通じる。つまり役人はダイレクトに普通の平議員と接触はしないというルールが、これは慣習法としてできているわけです。

しかし、そこの部分に関して日本で禁止をしようとすると非常に反発が強いのです。なぜ強いのかというのは、政治家の活動を見ていれば分かるわけです。政治家は、陳情を頻繁に受けております。受けたものをどう裁くかというと、大体役所に持って行きます。陳情の裁き方というのは、通常は役所に持っていくわけです。そうすると、政治活動そのものをやめろということなのだなというふうに受け止められるケースが多いわけです。

現実の問題と原理の問題を区別したいわけですが、私は「ルール」と「ルート」を定めよといっています。一言でいえば「ルールとルートを定めよ」。そしてそのルールとルートに従って接触はしてもよろしいという立場なのです。だから無制限な接触、無制限なロビング。ロビングという呼び方がいいのかどうかわかりませんが、役人が立法を円滑にするために議員会館を歩き回るということは、そうは許さないよということがあります。

ただこれは、実態とあまりにも離れているものですから、これがうまくできるのかというのはなかなか難問です。難問ですが、イギリスの答えというのは一つなのです。イギリスの実態について調べる余地はまだありますが、原理ははっきりしているのです。副大臣か政務官、あるいは委員会の委員長宛に手紙を書くことが一般的です。ですから一応公開ルールで接触するというルール化がされているわけです。それは一つの答えだと思います。

この政治家と官僚の関係というのは議院内閣制の下でどういうふうに考えたらいいのか。実は先日、ウィルソンというイギリスの事務次官をやっていた人が日本に参りまして、あるところで食事を何人かの方と一緒にしたのですが、その人がおもしろいことをいっていました。たった一言「日本の権力の所在ってどこだ」と、難しいことを聞くのです。「権力の所在はどこだ」と。たぶん日本のいろいろな人の話を聞いたら分からなくなってきたのでしょう。どう理解したらいいのかということでしょう。それ以上のことはちょっと申し上げません。

ただ、このウィルソンという人は、官房副長官（事務）の古川貞二郎さんと会ったらしいのです。その席には同席していませんから、同席した人から、実におもしろい話を聞きました。「首相がやりたいと思うことを、とどめるためにはどうしたらいいか」ということで、こういうテクニックがある、ああいうテクニックがあると二人で意見が出てきたという話ですが、これも具体的内容に関しては、オフレコなものですから詳しくは申し上げられません。

そういう意味でいうと、システム全体の中で政と官との関係、特に政治家と官僚の関係というのは、まだ、未解決の問題です。これも無原則に政治家が官僚を呼び付ける。官僚の方は各議員の先生方にご説明と称して資料を持って「洗脳」する現状がある。「ご説明」というのは、別の言葉でいえば洗脳ですから、時には洗脳して歩く。あるいは説得して歩くということは、何とかした方がいいだろうというふうに思います。

ここまでお話して、あとはまとめというか、原則論、筋論のことをまとめで申し上げたいわけです。まず、政治主導ということに関しての誤解がありました。我々は国会議員に対する調査をいたしました。「政治主導とは何なのか」という質問に対しまして、政治家個人が責任を持って政策を立案し、実行することが五一・三％。与党が責任を持って政策を立案し実行することが二六・三％。「首相あるいは内閣が」というのは、一三％で一番少なかったです。これにはがく然としまして、政治主導というのは政治家主導なのか、あるいは政党主導なのかという点でとてもびっくりしたことがあります。

ただ、今は変わったと思うのです。というのは、我々の提言、あるいは小泉さんの提言などから、政治主導とは内閣を中心とする、あるいは首相を中心とする内閣のリーダーシップの問題であるということに、大体各新聞社の社説もしくは編集委員が書く記事が変わってまいりました。ですから、政治家主導というのは政治家が役人を呼び付けて灰皿を投げ付けることだとか、怒鳴り散らすことだということではないということがよく分かってきました。そこが変わったと思います。

ただ政と官の対立図式というのは、これは問題設定自体があまり正しくはないのです。つまり日本では官僚主導か政治主導かというのは、ずっと論争が続いています。だけど政治家は官僚を利用することによって政策の実行を行うわけです。その政治家というのはだれなのかというと内閣なわけです、大臣なわけです、あるいは首相なわけです。そこが官僚を使って政策の実行を行う。その一点は曲げることはできない。であるならば、政と官が対立するはずはない。

ただ問題は何なのかというと、官僚が政治家の不勉強、あるいは政治家の理解不足をうまく突いて、自分たちの希望することを実行してしまうということがあるということです。そのことに対しては確かになかなか官僚の影響力、特に日本の官僚は非常に能力がありますので、その官僚の影響は無視しえない。それから官僚の問題というよりも政治家のリーダーシップ不足の方が大きいかもしれません。本来、対立図式ではないのだけれども、対立としてとらえられる。

首相公選に関しては、先程申し上げましたようにイスラエルが現実には行いました。しかし、そのイスラエルもそれを廃止してしまいました。これがとても大きかったと思います。つまり首相公選というのは頭の中では考えることができても、現実に実行するとさまざま難点があるぞということがイスラエルの例で分かりました。

アメリカの大統領がいつでも力を発揮できるのかというと、それはそうではなくて、安全保障、外交問題ではそうですけれども、ディバイデッド・ガバメント（分裂政府）という議会の多数派と大統領の所属党派が違う場合には法案なんてなかなか通らない。あるいは大統領が考える政策が実行されないことはしばしばあります。ディバイデッド・ガバメントじゃなくても実行できないケース、政策が通らないケースがたくさんあるわけですから、大統領だからいつでも何でもできるというのは少し誤解だろうと思います。

内閣と与党の話は先程いたしました。特にこれは橋本行革のときに、ある憲法学者に申し上げたことがあるのです。「この行革プラン、内閣機能の強化のプランだと確かに内閣、あるいは首相と霞が関の関係は整理されました。だけど与党と内閣、与党と首相との関係が整理されていませんね」といったら、「いや、それはそうだ。これは行政改革をやっているので政治改革ではない。まして憲法学者というのは、そういう問題は扱わない。政治学者でやってくれ」といわれたことがあるのです。やってくれといわれても、ちょっと困ります。

だから、我々はある意味で未解決の問題、橋本行革の積み残しの問題を提言したり、提起したりしているというふうに思っています。それから、政治主導の誤解のことはすでに申し上げました。もう一つは、さっきの図でご覧になっていただけば分かると思いますが、後ろの方にある資料を見ると連立政権になって、実は意思決定過程、政策決定過程は複雑になったわけです。それだけリーダーシップが発揮しにくくなってきているのですが、この問題も解決しなければならないことの一つなのです。

つまりイギリスモデルというのは、実は一党が政権を取っているときのモデルなので、連立政権ではないのです。連立政権がそこに関与した場合にはどうなるのか。連立協議が優先されることがしばしばあります。それは与党審査とどう違うのか、与党審査以上の力を持ちうるのかどうか。これは未解決の問題として、まだ議論をしなければならないと思います。

では、最後になりますが、首相のリーダーシップというのは、パーソナリティー論ではないでしょうということとです。もちろん首相個人の資質、パーソナリティーも重要ですけれども、パーソナリティー論ではない。日本の首相を研究したものがあまり多くないということを、外国の研究者から指摘されることがあります。どういう意味かといいますと、アメリカではプレジデンシー（大統領制）の研究が山ほどあります。ところが「日本ではプライミニスターシップという研究はとても少ないですね。プライミニスターの伝記ばかりですね」といわれたことがあります。首相の伝記はたくさんあるのですが、首相府あるいは首相の制度として、ここでいう「オフィス」としての首相を研究するものが少ない。これはとても不幸なことです。その意味で、成田さんなどは制度と実態の両方ご存じで、これに対してどう強化したらいいかという提言、研究をなさっているのは大変結構なことだと思うのです。

それから、資源としてどのような資源があるのかが問題です。つまり、さっき人事とかお金とか、意思決定、情報といいましたけれど、その資源とはどんなものでしょうか。同時にそれはシステムの問題として考えるしかありません。システムとして考えたときに人事とか情報、あるいは意思決定で何が今欠けているのでしょう。よく例に挙げることがありますが、不良債権問題で梶山さんも橋本さんも「我々は知らなかった。大蔵省が、住専が終われば不良債権はもうみんな済んだといってきたから、我々は不良債権がこんなにあることは知らなかった」ということをおっしゃるのですが、本当でしょうか。

情報は上がっていたはずです。「上がっていたはずです」というのはどういうときに分かるかといいますと、逆の例で、後藤田正晴さんが中曽根内閣の官房長官の頃、日銀が月例報告を持ってくるわけです。毎月の月例報告を聞いて、M2の伸びが二桁以上が一年以上続いていたことに後藤田さんは気が付くわけです。「俺は素人でわからんけれど、こんなに金が出回っておって、物価は上がっておらんよ、経済成長だってはるかに低いよ、だいたい四%前後でしょう、物価は二%以下ですよ、それでお金の分量は十数%増えているけれど、一体どういうわけだ、この金はどこへ行っているんだ、これはおかしい。これは不動産融資だ、それから海外での不動産とかゴルフ場買いだ、国内は不動産投機だ、だから、金融の引き締めをやったらどうだ、どういうことですか、説明してくれ。」（後藤田正晴回顧録『情と理』下、一二二―三頁）「安定しているけれども、マネーサプライは増えているんじゃないか。増えている先はどこへ行ってるんだ。土地なのか株なのか調べろ」といっている。澄田日銀総裁の答えがよくわからないと、当時の銀行局長の平沢貞昭を呼んで、処置をしろと命令している。だから官房長官が、あるいは首相がそれだけで判断能力があったら必ずチェックできるのです。官邸には情報が上がっているのです。だけどそれを感じ取るセンサーがあるかどうかは非常に重要な問題です。

ただ、今の制度として不十分なところはたくさんあると思います。それはスタッフ機能がない。例えばよく経済問題でこういいます。毎日毎日、経済学者、エコノミストあるいはアナリストという人がやって来る。官邸にやって来てもっともらしい話を、今日はこっち向き、明日はあっち向きというのを毎日していくと。そうなるとどうやって判断していくのかが分からない、小泉さんは分からない。小泉さんは竹中さんに頼む。あるいは名前を出したくないのですけど、あと何人かの人に聞くと。その人たちは別々の方向のことをいうわけです。ここを束ねることが重要です。

昨日も外交に関して外交戦略の話が出てまいりました。とても重要なことです。外務省改革というのは機密費の問題が一番重要ではないのです。外務省改革というのは、情報が取れない、情報を分析できない、情報を上げることができない、そのシステムが問題なのです。外務省がなぜ情報が取れないのか、分析できないのかというところが問題なのです。ましてやそれが官邸になぜ上がらないのか。上がったところでほとんど利用価値がないといわれてしまうのはなぜなのか、そこです。

ですから、こういうことを考えると、もういっぺん仕組みの問題、特に秘書官制度も考える必要がある。秘書官というのは各省の方に顔が向いています。自分の出身省庁の方に顔が向いています。これでは不十分です。最終的には首相が人事権を持つべきです。人事権について、我々は公務員制度改革で、審議官以上の官僚の人事権を内閣、もしくは首相が持つ、特に首相が持つということに変えたらどうかという提案をしております。これは一般職として首相が人事権を持つというかたちです。一般職でも政治的任用です。そうなったら、忠誠心は各省ではなくて内閣、首相に向くわけです。

ですから、こういう制度改革はだれにとっても必要なのではないかというふうに思います。思いますが、ただないない尽くしで、ないものねだりをしていてもしょうがありません。現実に進むべきというのは、今日の話の中でかなりあったと思うのです。だからだれがやっても同じ、何をやっても変わらないではないと思うのです。少しは動いている。もっと動かしたい。もっと動かさないといけないのは、部分均衡に落ちてしまったところがたくさんあるからだということを指摘しておきたかった。そういう意味でいうと、細川さんと小泉さんはある意味でタイプが似ているかもしれません。かなり事態を動かしている人だと思うのです。

ただ方向性がいいかどうかは今日の議論の判断ではないのですが、制度としては政治の構造改革を進めているというふうにはいえると思います。不十分だけれども進めているとは思います。それが、日本の政治のリーダーシップを発揮できる道になるのではないかというふうに思いました。成田先生の話の前座的な意味で、かなりマクロの制度の話を中心にお話いたしました。(拍手)

司会　どうもありがとうございました。ただいま曽根先生から、「政策決定における首相のリーダーシップ」ということでお話いただいたわけです。

私聞いておりまして、「失われた一〇年」といいますと、普通は一九九一年ぐらいから数え始めるのかなと思ったら、もちろんそういうことを先生がおっしゃっているわけではないですけれど、一九九三年からの一〇年間というのは実におもしろく、ビビッドなものだということが、先生の話を聞いていてよく分かりました。

私がここでまとめるのも何ですので、せっかくここでお聞きになられた皆様方、それぞれ今の曽根先生のお話をいろいろ受け止められたかと思います。特に先生は「21世紀臨調」ですか、そのご経験を基にして学問的な政治学とそれから現実の政治改革について特におっしゃっています。部分均衡から脱出するための改革というようなことですので、理論としての政治学と現実の政治改革とを結びつけるということのご経験を通じて非常に現実的な話と理論的な話と両方にまたがる話を伺えたかなというふうに思っております。

先程、先生とご相談いたしまして、若干フロアの皆様方からご質問を受けてもいいということでしたので、ここで本日のご講演に対して何か質問がございましたならばお受けしたいと思います。よろしくお願いいたします。

Q1　どうも、講演ありがとうございました。一つ先程、行政の執行に立法の政治家は口を挟まない方がいいということをおっしゃいましたが、逆に行政が立法過程に少し日本の場合は介入し過ぎているようなきらいがあるので、これをどう解決するというか。政治家自らが立法をやるべきであって、行政の役人が下書きをして、それを政治家が認めるみたいなかたちで法案として成立してしまうというのはやはり問題だと思います。やはり立法と行政は完全には分離していないのですが、立法と執行の関係においてはやはり分離すべきものだと思いますが、その点先生のご見解をお聞きしたいと思います。

あともう一点、首相公選制についてですが、元首としての立場まで首相に持たせるのかどうか少しお聞きしたいのですが。やはり天皇制との問題が絡みまして、アメリカの大統領みたいなかたちになるとこれは共和制になってしまうわけですね。そうすると、天皇制はなくてもいいというようなことにもなりますので、その辺をどうお考えなのかなと思いまして、その二点をお聞きしたいのですが、よろしくお願いします。

曽根 最初の行政にかかわる問題は、しばしばこれも漫画的にいわれています。官僚が政策を決めて、政治家が行政の特に予算の箇所付けに関与するという言い方をなさいますが、これは必ずしも正確ではないのですが、そのような傾向があります。そういう意味でいうと政治家がなぜ箇所付けにまで、あるいは行政の具体的な執行まで関与してはいけないのかということに対してさっき歯止めの意味でいったわけです。

ただし、大臣、副大臣、政務官は行政官を使えるわけです。ですからそのルートで政治は、つまり内閣は自己の意思を貫徹すべきです。政治家というのは実はここでは内閣なのです。そうすると逆にいうと立法過程においてだれが立法をするのかというと、行政官ではありません。閣法では、各大臣、あるいは内閣が立法するわけですから、立法するときに役人を使って内閣が法案を作るというのは当然です。これは、どこの国でもそうです。どこの国という言い方は変ですが、アメリカを除くとほとんどの議院内閣制の国はそうです。ですから役人を使って内閣提出法案を作るというのは決して不思議なことではないわけです。

ただし日本で問題なのは役人がロビングをしているわけです。議員会館をロビングする。あるいは、我々の制度改革では通年国会にしようといっています。また、逐条審議にして通年国会にしようという言い方をしますと、一番反対するのが役人です。「我々死んじゃうよ」と、国会待機やっているわけです。毎日夜中までやっているわけです。あれを毎日やらされるのか、一年中やらされるのか、それはかなわん、というのが役人たちの意見で、つまりある意味で役人が政治家のやる仕事までやっているわけです。政治家のやる仕事のところは政治家に戻して、役人は役人としての立場、官僚は官僚としての立場で仕事をすべきだと思います。ただそれはロビングをやめろということであって、原案を作る作業は官僚がやっても当然だろうというのが私の立場です。

それから首相公選に関するところで、私は一度も天皇との問題を申し上げたことはないのです。もちろんそれを申し上げれば、それを持ち出せば、当然、首相公選論を否定することは簡単です。簡単ですからそれを持ち出せばいいのですけれども、持ち出さずにそこに触れずに首相公選論というのは論理的に破綻する、現実的な条件を欠いているということをずっといってきたわけです。そういう意味でいうと、それ以前の段階で首相公選ではだめなのだという立場です。

では天皇を持ち出せばどうなのかというと、もちろん否定されます。では天皇はいらないのかいるのかというと、これは別のことで答えましょう。

ロバート・ダールという学者がいまして、アメリカでの私の先生なのですが、日本に来たときに二つ意外なことをいったのです。ずいぶん昔で七〇年代なのですが、一つは「日本の空は青いね。公害だと思って来たのだけど」というのです。すでに、そのとき青かったのです。だけどアメリカで日本の情報を得て、公害で真っ黒の空だと思い込んでいたのです。

もう一つは、そのころニクソンの「インペリアル・プレジデンシー」ということがいわれていました。ダールは、「日本は天皇がいていいですね」と。あの民主主義の理論家の大御所が、「天皇がいていいですね」ということをいったのを聞いて、私はショックでした。ショックでしたというか、意外でした。これが答えです。

司会 いかがですか。よろしいでしょうか。ほかにどなたか？

Q2 昨年の一二月ですけれども、一二月の四日の段階で小泉総理が発泡酒の増税見送りという方向を記者団に対して打ち出してしまって、それに対して自民党の税調の抵抗勢力は一四日まで無駄な抵抗をしたうえで、結局朝令暮改のようなことをやって、発泡酒の増税が見送りになりましたが……

曽根 何の増税ですか。

Q2 発泡酒です。一二月四日の段階で小泉総理は見送りの方向を早々と記者団に観測気球のようなかたちで打ち上げました。自民党税調の、特にインナーはそれを恐らく激怒したのだと思いますが、一四日まで無駄な抵抗をやっていました。それで結局前日の夜にはまだ上げるといって翌朝にはそれを撤回するということで、結局発泡酒の増税は見送りになったわけでありますが、この問題を総理大臣のリーダーシップの確立への過程との関連で、先生はどのように評価されるか、一つ教えていただきたいと思います。

曽根 発泡酒であるとか、たばこ税であるとかというのは小泉さんのリーダーシップそのものをかけたバトルではないと思います。それは争点として見ればですが。総理大臣と与党自民党税制調査会の関係というのは、今起こっている問題の方が大きいように思うのです。

今起こっている問題とは何か。つまり経済財政諮問会議と政府税調と自民党税調との関係が整理されていないということです。それで小泉さんは山中貞則さんに何度か足を運んで、飲んでくださいとか、頼んでいるわけです。だけどなかなか「うん」とはいわない。

ここのプロセスで、例えば大きなことをいってしまえば、山中貞則さんを内閣に入れちゃうとか、ちょっと高齢すぎますが、内閣に入れちゃうとか。あるいは経済財政諮問会議のメンバーに入れちゃうとか。つまり党税調が根城である限り事態は動かないという制度の方が大きくて、その発泡酒あるいはたばこ税というようなことの小競り合いというのは単なるジャブではないかというふうに思うのです。

そこを正面突破する、自分の意思を貫徹するものとはたぶん思ってないのではないかと思います。ただ発泡酒自体に関しては小泉さんの本心はわかりません。だから私はそれに対してはっきりとしたことは申し上げることはできません。

司会 はい、ではよろしいでしょうか。では次の方にお願いします。

Q3 「首相のリーダーシップ」ということでいつも感じるのですが、例えば今ホットな問題である北朝鮮の拉致問題。ここにおいて、その前にも評判の悪かった外務省の言動に対して、具体的に言えば田中局長の言動に対して首相は表向きには何か守ったり、放置したり、仕方がないなというようなイメージを私たちは受け取るんですけれども、もっと具体的に、例えば方針というものを安倍副長官を通じてやっているかたちにせずに、自分自身がきちんとこうだと言ってしまえば、あとはそれに対してスタッフである官房長官であり、官房副長官がきちんとやればいいものを、何か私たちが見ていると官房長官と田中局長、それから安倍副長官と中山参与と二組に分裂しているような感じがするのです。
そのようなことに対して私たちは非常に国民として腹立たしいということもあるし、モヤモヤとしたものが感じられて、そういうときにもやはりリーダーシップというのは大事なのではないでしょうか。

曽根　首相との関連問題、特に北朝鮮の拉致問題というのはとても難しい問題で、確かに官邸の中には二つのラインがあり、福田官房長官と田中均のライン、それと、安倍副長官などのラインというのはたぶんあるのでしょう。そこに対して小泉さんがはっきりとしたことをいわないというのは、そのとおりだと思います。この問題はそのことだけではなくて、実は経済問題もそうなのです。

ただこれは今年の六月に小泉さんにインタビューしたときに聞いたことなのですが、「そうはいっても、こっちの意見も取ってしまうと、こっちの人の立場とこっちの人の考えが丸つぶれになっちゃうんだよ。丸つぶれになっちゃうからね」というのです。これは確かに上に立つ人は、つまりある意見を採用するということは意見の採用だけではなくてその人の立場、ポジションを丸つぶしにしてしまう可能性があるのです。

だけどそれを選ぶのは優先順位です。優先順位のときに、例えばメンツを丸つぶれにしないようなかたちで、ある政策ラインをどうやって採用するか、これは重要な問題だと思います。これで一つはっきりしたのは、不良債権処理に関して柳沢ラインと竹中ラインと並存していたラインだったと思うのですが、柳沢ラインを一応捨てた。それで竹中ラインにした。だけど竹中ラインだと今度抵抗が猛烈にあります。それに対して小泉さんはあまりサポートしてないのではないかという印象をみんなに与えています。だが竹中さんは盛んに「いや、そんなことない。小泉さんには全部支援されている」とおっしゃっているわけですが、そのとき首相がどういう立場を取るべきか。

これは今日全体に申し上げませんでしたけれども、全体として冷戦終結以降首相の負荷が非常に高くなった。つまりトップが決断しなければならない状況がものすごく多くなってきた。企業のトップもそうなのです。昔は番頭さんに任せておけばいい。あるいはほかの取締役に任せておけばいいという企業も多かった。

ところが首相に対するインタビューや、あるいは一言のぶら下がり発言なども非常に重要になってきています。それによって国民は判断するという、十数年前では考えられないような状況が今起きています。そのときの小泉さんはワンフレーズ・ポリティクスで今までうまくやってきました。ワンフレーズの次なのです。次をどうやるか。長く説明すぎるとごちゃごちゃしてしまう。かといって、「柔軟かつ大胆に」などといっているだけでは収まらない。そこに問題があると思います。

ですから一つは、意思決定して片方を切り捨てることはできないと思います。北朝鮮に関してはたぶんできないと思います、二つのラインの選択では。もう一つは国民とのコミュニケーションをどう取るか。もっとテレビなどに頻繁にエクスポージャー(露出)した方がいいと思うのです。内閣記者会とかいろいろな条件があるので難しいとは思いますが、単にワンフレーズからもう一歩進める方法とそれから記者会見、あるいはテレビを通じての訴え方、NHKを使えばもっとできるのでしょうけれども、その辺の工夫があっていいと思います。それはある意味でかなりリーダーシップが関係します。

司会　予定した時間が過ぎているのですが、では最後にお一人ということでお願いします。

Q4　先程、長老議員の処遇はどの国でも難しい問題だというお話があって、日本も高齢化社会になってどんどんお年寄りも増えていくことだと思うのですけれども、私たちはこれからますます若者と年寄りの対立が始まって、どんどん社会として保守的になっていくのかなという気が少ししているものですから、政治家として高齢化の議員とか、あと二世議員ですか、そういうのを何か先程先生がおっしゃった部分均衡というものの一つになると思うのですけれども、何かそういうのを制限するというか、何か新しいルールを考えるというようなことはあるのでしょうか。

曽根　とってもいいこと聞いていただきました。私がいいたいことの一つなのです。年齢で制限はできないのです。年齢制限は憲法的にとても難しいと思います。ただし、私がずっと提言していることの一つは同一選挙区から三回の立候補まで許す。司法試験の受験回数みたいなものですが、三回まで許す。政治家を続けたい人はほかの選挙区から出ればいい。これだと世襲二世というのはとても少なくなります。

それから年齢が上がってくるとなかなかほかの選挙区から出にくい。だから三回まで許すという制度はどうですかという提言です。一般にはなかなか支持はしてくれないです。だけど何人かの政治家の人は「うん、おもしろい」といってくれる人もいますので、将来、こういうふうになるかもしれません。ただ私は政治家を続けたいのだったら選挙区を変えて出てくださいといっているだけですが。だから政治家を続ける権利は保障します。だけど同一選挙区から三回の立候補まで許すという制度はどうでしょうかということです。これは個人的な提言です。「21世紀臨調」とは関係がありません。

司会 どうもありがとうございました。時間超過してまで先生にはいろいろとお答えいただきまして、どうもありがとうございました。もう一度、拍手をお願いいたします。（拍手）

（講演日、二〇〇二年一一月二九日、駿河台大学比較法研究所『比較法文化』11号、二〇〇三年三月）

細川政権の政策・意思決定機構

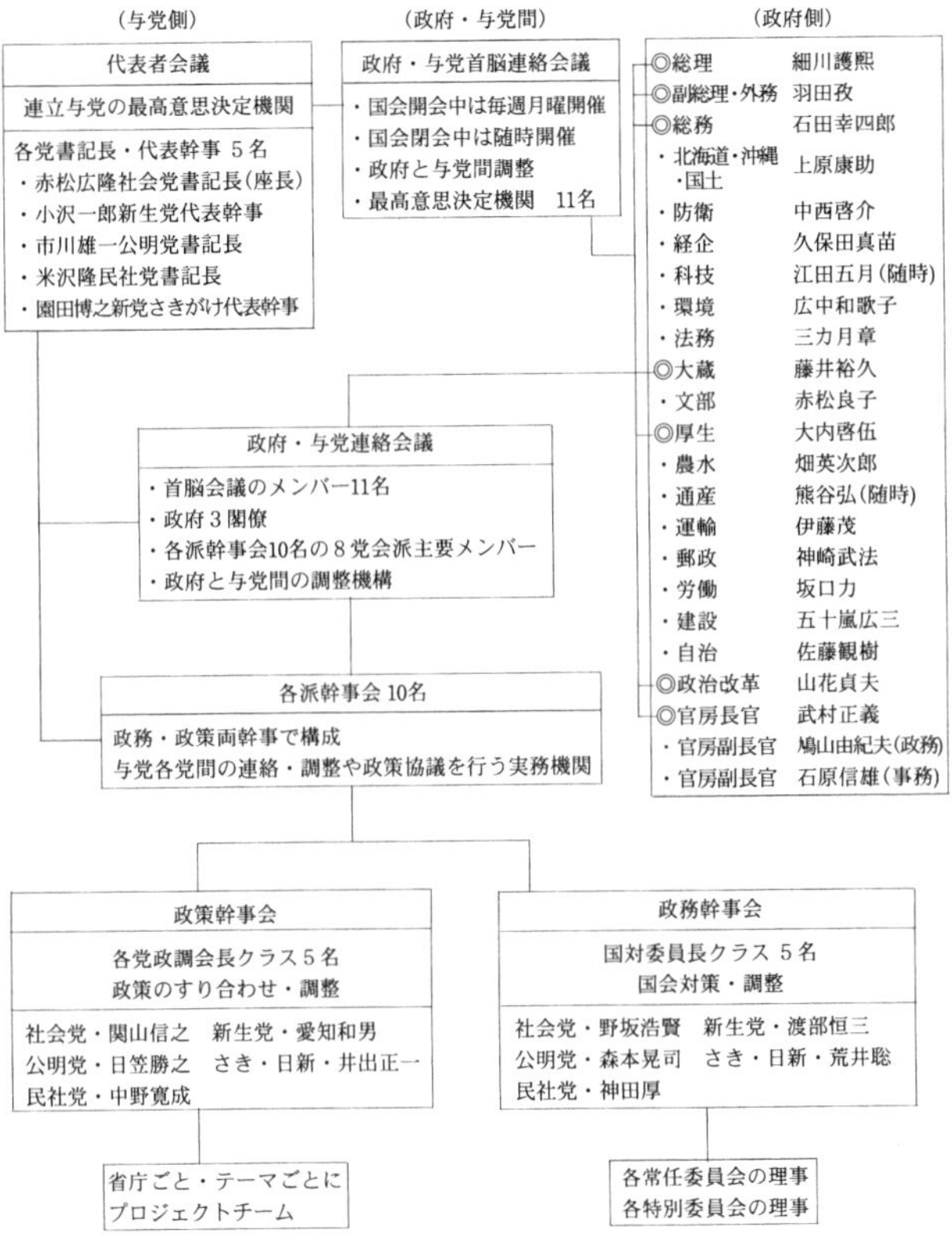
（与党側）
（政府・与党間）
（政府側）
代表者会議
連立与党の最高意思決定機関
各党書記長・代表幹事 5名
・赤松広隆社会党書記長（座長）
・小沢一郎新生党代表幹事
・市川雄一公明党書記長
・米沢隆民社党書記長
・園田博之新党さきがけ代表幹事
政府・与党首脳連絡会議
・国会開会中は毎週月曜開催
・国会閉会中は随時開催
・政府と与党間調整
・最高意思決定機関　11名
◎総理　細川護熙
◎副総理・外務　羽田孜
◎総務　石田幸四郎
・北海道・沖縄・国土　上原康助
・防衛　中西啓介
・経企　久保田真苗
・科技　江田五月（随時）
・環境　広中和歌子
・法務　三ヵ月章
◎大蔵　藤井裕久
・文部　赤松良子
◎厚生　大内啓伍
・農水　畑英次郎
・通産　熊谷弘（随時）
・運輸　伊藤茂
・郵政　神崎武法
・労働　坂口力
・建設　五十嵐広三
・自治　佐藤観樹
◎政治改革　山花貞夫
◎官房長官　武村正義
・官房副長官　鳩山由紀夫（政務）
・官房副長官　石原信雄（事務）
政府・与党連絡会議
・首脳会議のメンバー11名
・政府3閣僚
・各派幹事会10名の8党会派主要メンバー
・政府と与党間の調整機構
各派幹事会 10名
政務・政策両幹事で構成
与党各党間の連絡・調整や政策協議を行う実務機関
政策幹事会
各党政調会長クラス5名
政策のすり合わせ・調整
社会党・関山信之　新生党・愛知和男
公明党・日笠勝之　さき・日新・井出正一
民社党・中野寛成
政務幹事会
国対委員長クラス 5名
国会対策・調整
社会党・野坂浩賢　新生党・渡部恒三
公明党・森本晃司　さき・日新・荒井聡
民社党・神田厚
省庁ごと・テーマごとにプロジェクトチーム
各常任委員会の理事
各特別委員会の理事

出典：渡辺嘉蔵『渡辺カ三政治日記（下）』（日本評論社、2000）vii。

羽田政権の政策・意思決定機構

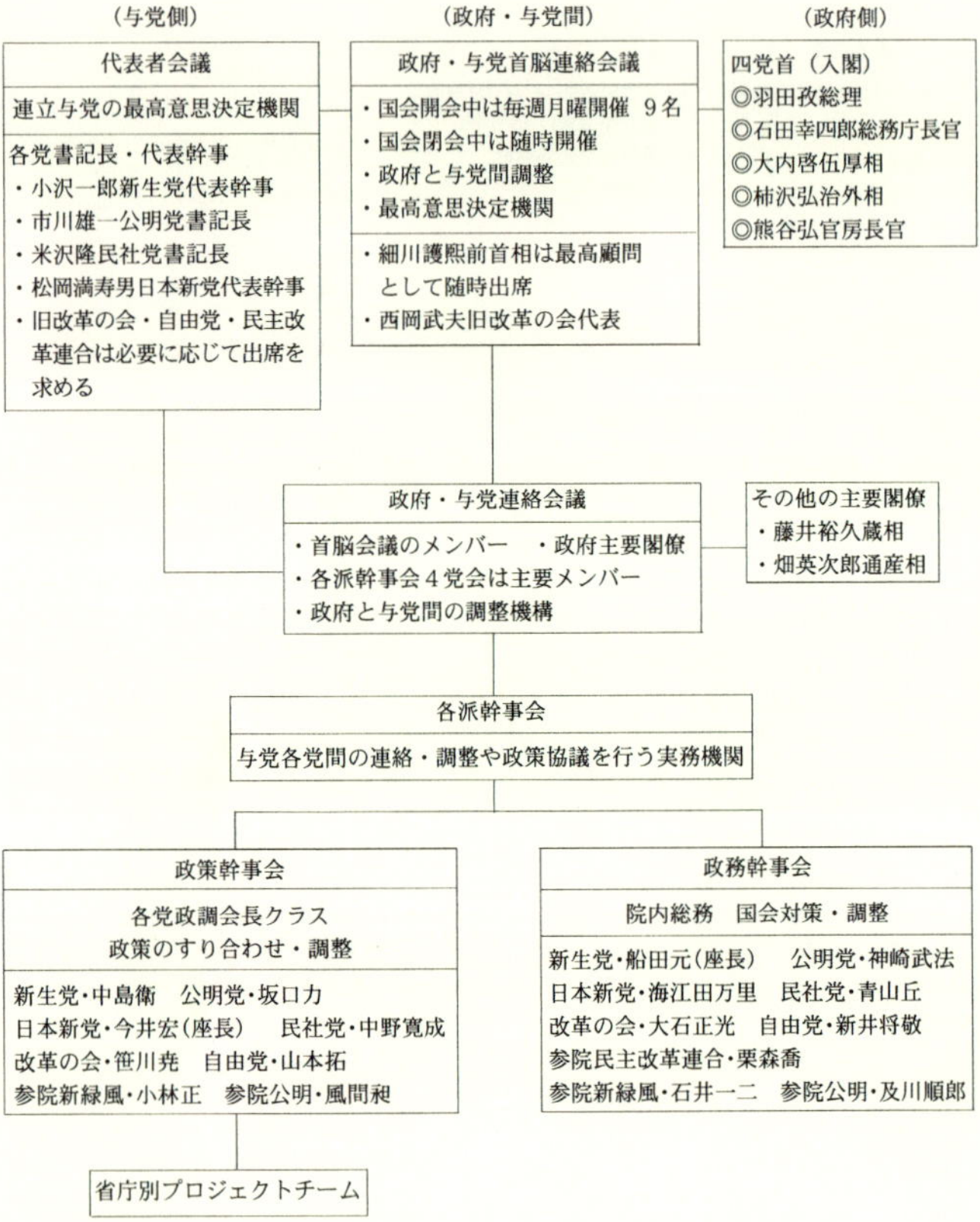

（与党側）
（政府・与党間）
（政府側）
代表者会議
連立与党の最高意思決定機関
各党書記長・代表幹事
・小沢一郎新生党代表幹事
・市川雄一公明党書記長
・米沢隆民社党書記長
・松岡満寿男日本新党代表幹事
・旧改革の会・自由党・民主改革連合は必要に応じて出席を求める
政府・与党首脳連絡会議
・国会開会中は毎週月曜開催　９名
・国会閉会中は随時開催
・政府と与党間調整
・最高意思決定機関
・細川護熙前首相は最高顧問として随時出席
・西岡武夫旧改革の会代表
四党首（入閣）
◎羽田孜総理
◎石田幸四郎総務庁長官
◎大内啓伍厚相
◎柿沢弘治外相
◎熊谷弘官房長官
政府・与党連絡会議
・首脳会議のメンバー　・政府主要閣僚
・各派幹事会４党会は主要メンバー
・政府と与党間の調整機構
その他の主要閣僚
・藤井裕久蔵相
・畑英次郎通産相
各派幹事会
与党各党間の連絡・調整や政策協議を行う実務機関
政策幹事会
各党政調会長クラス
政策のすり合わせ・調整
新生党・中島衛　公明党・坂口力
日本新党・今井宏（座長）　民社党・中野寛成
改革の会・笹川尭　自由党・山本拓
参院新緑風・小林正　参院公明・風間昶
政務幹事会
院内総務　国会対策・調整
新生党・船田元（座長）　公明党・神崎武法
日本新党・海江田万里　民社党・青山丘
改革の会・大石正光　自由党・新井将敬
参院民主改革連合・栗森喬
参院新緑風・石井一二　参院公明・及川順郎
省庁別プロジェクトチーム

出典：渡辺嘉蔵『渡辺カ三政治日記（下）』（日本評論社、2000）vi。

村山政権の政策・意思決定機構

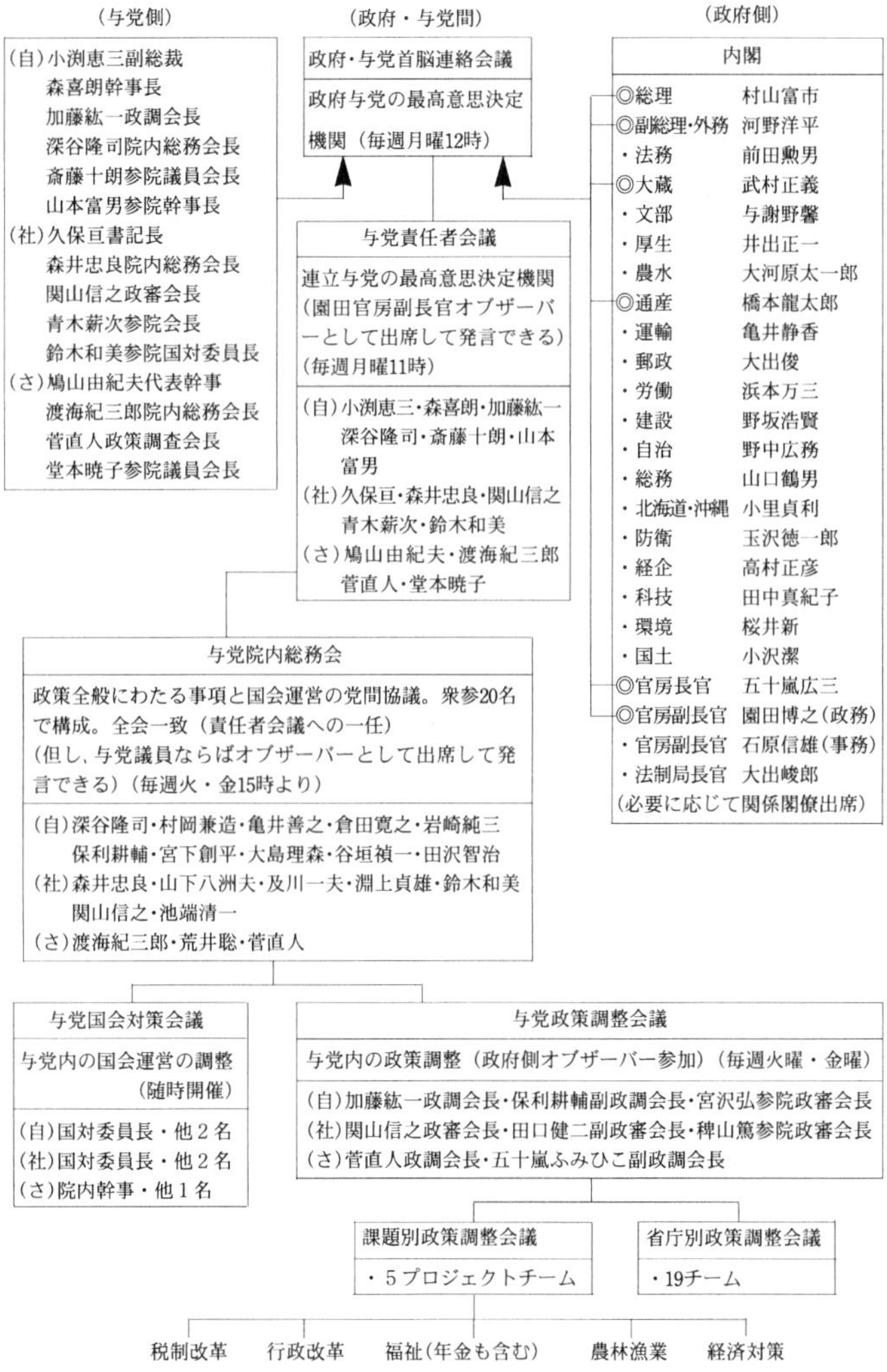
（与党側）
(自)小渕恵三副総裁
森喜朗幹事長
加藤紘一政調会長
深谷隆司院内総務会長
斎藤十朗参院議員会長
山本富男参院幹事長
(社)久保亘書記長
森井忠良院内総務会長
関山信之政審会長
青木薪次参院会長
鈴木和美参院国対委員長
(さ)鳩山由紀夫代表幹事
渡海紀三郎院内総務会長
菅直人政策調査会長
堂本暁子参院議員会長
（政府・与党間）
政府・与党首脳連絡会議
政府与党の最高意思決定機関（毎週月曜12時）
与党責任者会議
連立与党の最高意思決定機関
(園田官房副長官オブザーバーとして出席して発言できる)
(毎週月曜11時)
(自)小渕恵三・森喜朗・加藤紘一
深谷隆司・斎藤十朗・山本富男
(社)久保亘・森井忠良・関山信之
青木薪次・鈴木和美
(さ)鳩山由紀夫・渡海紀三郎
菅直人・堂本暁子
（政府側）
内閣
◎総理　村山富市
◎副総理・外務　河野洋平
・法務　前田勲男
◎大蔵　武村正義
・文部　与謝野馨
・厚生　井出正一
・農水　大河原太一郎
◎通産　橋本龍太郎
・運輸　亀井静香
・郵政　大出俊
・労働　浜本万三
・建設　野坂浩賢
・自治　野中広務
・総務　山口鶴男
・北海道・沖縄　小里貞利
・防衛　玉沢徳一郎
・経企　高村正彦
・科技　田中真紀子
・環境　桜井新
・国土　小沢潔
◎官房長官　五十嵐広三
◎官房副長官　園田博之(政務)
・官房副長官　石原信雄(事務)
・法制局長官　大出峻郎
(必要に応じて関係閣僚出席)
与党院内総務会
政策全般にわたる事項と国会運営の党間協議。衆参20名で構成。全会一致（責任者会議への一任）
(但し、与党議員ならばオブザーバーとして出席して発言できる)（毎週火・金15時より）
(自)深谷隆司・村岡兼造・亀井善之・倉田寛之・岩崎純三
保利耕輔・宮下創平・大島理森・谷垣禎一・田沢智治
(社)森井忠良・山下八洲夫・及川一夫・渕上貞雄・鈴木和美
関山信之・池端清一
(さ)渡海紀三郎・荒井聡・菅直人
与党国会対策会議
与党内の国会運営の調整（随時開催）
(自)国対委員長・他２名
(社)国対委員長・他２名
(さ)院内幹事・他１名
与党政策調整会議
与党内の政策調整（政府側オブザーバー参加）（毎週火曜・金曜）
(自)加藤紘一政調会長・保利耕輔副政調会長・宮沢弘参院政審会長
(社)関山信之政審会長・田口健二副政審会長・稗山篤参院政審会長
(さ)菅直人政調会長・五十嵐ふみひこ副政調会長
課題別政策調整会議
・５プロジェクトチーム
省庁別政策調整会議
・19チーム
税制改革
行政改革
福祉（年金も含む）
農林漁業
経済対策

出典：渡辺嘉蔵『渡辺カ三政治日記（下）』（日本評論社、2000）ｖ。

橋本政権の政策・意思決定機構

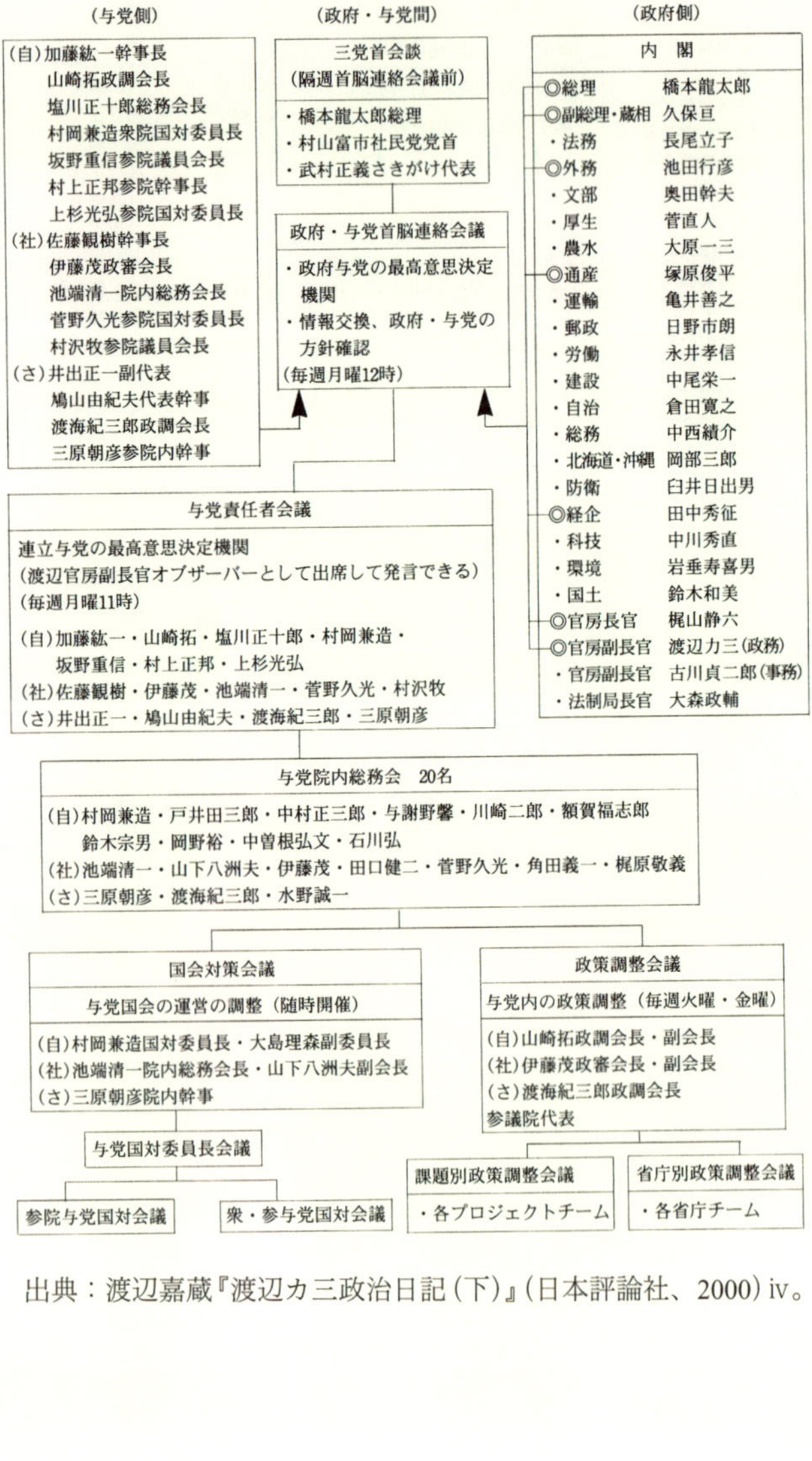

（与党側）
（政府・与党間）
（政府側）
(自)加藤紘一幹事長
山崎拓政調会長
塩川正十郎総務会長
村岡兼造衆院国対委員長
坂野重信参院議員会長
村上正邦参院幹事長
上杉光弘参院国対委員長
(社)佐藤観樹幹事長
伊藤茂政審会長
池端清一院内総務会長
菅野久光参院国対委員長
村沢牧参院議員会長
(さ)井出正一副代表
鳩山由紀夫代表幹事
渡海紀三郎政調会長
三原朝彦参院内幹事
三党首会談
（隔週首脳連絡会議前）
・橋本龍太郎総理
・村山富市社民党党首
・武村正義さきがけ代表
政府・与党首脳連絡会議
・政府与党の最高意思決定機関
・情報交換、政府・与党の方針確認
（毎週月曜12時）
内　閣
◎総理　橋本龍太郎
◎副総理・蔵相　久保亘
・法務　長尾立子
◎外務　池田行彦
・文部　奥田幹夫
・厚生　菅直人
・農水　大原一三
◎通産　塚原俊平
・運輸　亀井善之
・郵政　日野市朗
・労働　永井孝信
・建設　中尾栄一
・自治　倉田寛之
・総務　中西績介
・北海道・沖縄　岡部三郎
・防衛　臼井日出男
◎経企　田中秀征
・科技　中川秀直
・環境　岩垂寿喜男
・国土　鈴木和美
◎官房長官　梶山静六
◎官房副長官　渡辺力三（政務）
・官房副長官　古川貞二郎（事務）
・法制局長官　大森政輔
与党責任者会議
連立与党の最高意思決定機関
（渡辺官房副長官オブザーバーとして出席して発言できる）
（毎週月曜11時）
(自)加藤紘一・山崎拓・塩川正十郎・村岡兼造・坂野重信・村上正邦・上杉光弘
(社)佐藤観樹・伊藤茂・池端清一・菅野久光・村沢牧
(さ)井出正一・鳩山由紀夫・渡海紀三郎・三原朝彦
与党院内総務会　20名
(自)村岡兼造・戸井田三郎・中村正三郎・与謝野馨・川崎二郎・額賀福志郎
鈴木宗男・岡野裕・中曽根弘文・石川弘
(社)池端清一・山下八洲夫・伊藤茂・田口健二・菅野久光・角田義一・梶原敬義
(さ)三原朝彦・渡海紀三郎・水野誠一
国会対策会議
与党国会の運営の調整（随時開催）
(自)村岡兼造国対委員長・大島理森副委員長
(社)池端清一院内総務会長・山下八洲夫副会長
(さ)三原朝彦院内幹事
政策調整会議
与党内の政策調整（毎週火曜・金曜）
(自)山崎拓政調会長・副会長
(社)伊藤茂政審会長・副会長
(さ)渡海紀三郎政調会長
参議院代表
与党国対委員長会議
参院与党国対会議
衆・参与党国対会議
課題別政策調整会議
・各プロジェクトチーム
省庁別政策調整会議
・各省庁チーム

出典：渡辺嘉蔵『渡辺カ三政治日記（下）』（日本評論社、2000）iv。

15 日本経済の現状と政治の構造改革

私の話は二つのことから成り立っています。一つは今日本経済が陥っている罠です。この罠からどうしたら脱することができるのか、という話です。罠とは何かといいますと、デフレ経済が起こっている。もう一つは需要不足があります、別の言葉でいえば景気が悪い。そしてもう一つが、不良債権の山がまだ片づかないことです。この三つを一遍に解決する方法は果たしてあるのだろうか、というのが最初の罠の話です。

もう一つは、メインの話ではないのですが、今の日本には漫画的な現象が起きています。この日本を漫画にしないためにはどうしたらいいのかが、もう一つの考えるべき問題です。漫画的な現象というのはどういうことかといいますと、一つは、例えば、民間の金融機関、特に銀行が着々と国営化の道を歩んでいます。小泉さんは郵貯を民営化しろ、郵政三事業の民営化ということを盛んにいっています。ですから民間の銀行を国営化して、郵貯を民営化する、これは一体、何なのか。漫画としかいえません。

今の日本の株式会社は赤字だらけです。NPOばっかりというのが二番目の話です。NPOというのはNon-profit Organization、非営利機関です。株式会社がNPOというのはとても皮肉な現象です。これは漫画です。

第三の話は、今の政治の世界で、小泉内閣に対する最大の野党はどこかといえば、それは自民党です。民主党をはじめとする野党は画面から消えた。こういう漫画が起きております。

しかし、漫画があるということだけの指摘では、単なるお笑いですが、ただ一つはこういうことがいえると思います。金融問題で、竹中さんが金融担当大臣になって、竹中バッシングというのは大変でした。それは叩く理由もありますけれども、よくよく考えてみると、柳沢路線で立ちゆかないぞと、誰もがいっていた。大新聞もこぞって批判していた。ところが、竹中路線になると、竹中けしからんの大合唱が起きる。大新聞の何社かも竹中バッシングを始める。竹中路線では痛いから、いやだということになる。今までの柳沢路線では立ちゆかない。それでは、どうするというのでしょう。この問題に、自然治癒があるのでしょうか。自然治癒があるのなら放っておいてもいいですが。でも、この問題で自然治癒なんてありません。ということは、決断したくないということです。今までの「先送り」は、同じような対立状況から生まれました。

それでは、どうするのかということが問われています。一体、日本全体をどうするの、という問題がとっても多いのです。

それだけではなく、世界経済、特にアメリカ経済もかなり不安です。ITバブルの崩壊と、九・一一テロ事件があり、さらにはエンロンなどの粉飾決算への不信感が根強くあります。今のところ、下落したのは株価だけで、まだ全般的な不動産価格が落ちてないので大丈夫ですといわれていますが、いずれ日本のバブルの崩壊と同じようなことが起きるでしょう。あるいはイラク問題、北朝鮮問題という国際状況の問題を頭に入れておかなければいけないのですが、読み方は複雑です。あるいはドイツでは日本と同じような金融の問題が起きております。株価の下落であり、銀行が不良債権を抱え込んでおります。あるいは銀行を中心として景気がとっても悪くなっています。今の日本は、外部の要因を無視することはできないのです。

三つの罠

今の日本には、三つの罠があり、それから脱出できないといいましたが、その三つとは、デフレ、需要不足(景気の悪化)、不良債権です。それぞれ、金融緩和(インフレターゲット)、財政出動、不良債権処理(竹中プラン)という処方箋が書かれていますが、一遍に、全部を解決する手段はありません。また、人によって、優先順位が違います。

それでは、デフレの問題から話を始めましょう。デフレだと何が困るのでしょうか。国債を買ったり、海外に資産を持ったりすることのできるお金持ちの人は、あまり気にしません。あるいは、皆さんの中でも大半の人は気にしていないと思います。どうしてかといいますと、株を持っていない人、あるいは借金を返しちゃった人、それで失業していない人や給料が減っていない人は、なんら問題がありません。物は安いから、なんら困りません。それでは、困る人は誰なのか。まず、借金を抱えている人。それから失業した人。失業者にとってはかなり厳しい。今個人の問題から話を始めています。デフレ下の企業経営は後で話します。

消費の問題から見てみましょう。外国からやってきて渋谷だとか銀座だとか六本木だとかを歩くと、どうしてこれが不況なの？という人が多いのです。こんなに人がいっぱい、レストランにあふれているじゃないか、といいます。デパートに行ったら人が大勢いる。これで不況なのかと聞きます。これは、とっても難しい問題です。確かに、デパートに人がいても一人当たりの使う額は減っていますが、その問題よりももっと大きなことを考えましょう。私なりに理解すると、こういうことが起こっているといえます。生活必需品の支出額は低下しています。このところの物価下落で、確かに物は安くなっています。特に価格競争が激しい小売りなどではその傾向が強いといえます。ところが、もう一方の選択的消費は増えているのです。本来の不況なら、選択的消費が一番最初に切り捨てられるはずで、その後に、生活必需品が下がるはずです。例えば、海外旅行に行くのを止めるとか、高級レストランへ行って食事をするのを止めるとかっていうのが最初に切り捨てられるはずです。ところが今起きているのは、ユニクロで安いものを買っている。もう一方でルイ・ヴィトンのバッグを買う。同じ人がそれをやっている可能性がある。これを不況と呼ぶのかということです。それが可能な人はとっても豊かです。

ついでにいっておくと、経済問題の解決を共同体意識から斬り込もうという発想があります。確かに日本の共同体を維持するために物を買ってあげればいいという理屈はないのですが、それは現実的ではないのです。なぜかといいますと、例えば米の消費が減ったときに、国民がお茶碗一杯余計に食べてくれれば解決するという議論がありました。そんなことは不可能です。なぜ不可能かといえば、米の消費が減ったのは、一般人の消費が減っただけではなくて農家の米の消費も同じく減っていたのです。農家の人でも米を食べなくなった。日本人はもうどんぶり飯は食べません。だから、国民に二倍食えといえるのでしょうか、こういう問題です。この消費の流れをひっくり返すのは難しいのです。少しは動かせるかもしれないけれども。それを、最終的に強行したら社会主義になる。あるいは、国民的にヤマギシ会をやるしかない。社会主義とは、資源配分や価格を政府が決める。実態としては配給制を使う。それを今の日本でやることは不可能です。

しかし、デフレのことを申し上げると、経済学のテキストに合わないような現象が山ほど出てくるわけですね。これは調べざるを得ない。政策的にも決めざるを得ないことが多い。なぜかといいますと、戦後の世界はインフレを前提にして出来上がっている社会だった。成長が前提の社会だった。だからデフレに対する記述というのがとっても少ない。さっき述べた共同体の原理として長期的な信頼関係、長期的な雇用関係が日本にあったという文化論があります。それは、別の言葉でいえば、長期的にインフレが持続している社会では可能です。逆に、長期的にデフレが起きると、長期的な信用関係、長期的な契約関係の維持はとっても難しくなります。

そのデフレというものは、じゃあなんで起きているのか。教科書にもあまり出ていないけれども、どういうことなのでしょうか。一般的には、これは貨幣的現象だとして扱われる。貨幣的現象だから、貨幣的に解消すると。通貨をもっと増やせと、通貨供給を増やせと。日銀はもっと量的緩和をしろと、インフレターゲットをやれと。これが一つ目の、いわゆる、デフレを解決する方法です。一個目の処方箋ですよね。

だけどよくよく考えてみると、デフレって貨幣的現象ではあるけれども、これは実体経済の問題ではないのか。そもそも需要がない、作っても物が売れないという「購買力の収縮」が起きている。設備投資をするのに金が借りられないというよりも、それだけのことをして物を作っても買ってくれない、という現実がある。特に製造業の人にはその意識が強い。実体経済としてデフレを考えている。しかも、悪いことには、その実体経済が中国に繋がっている、東南アジアに繋がっている。需要不足の状況で、さらには中国から安いものが輸入され供給される。これで価格が下がっているということがある。

しかし、貨幣数量説の人は、ユニクロが中国から安いものを輸入しても、それはあくまでも相対価格で、絶対価格の問題ではないといいます。それと、もし、新興国の参入がデフレの原因なら、なぜ日本だけがデフレで、他の国がデフレになっていないのだという疑問を提起します。しかし、私は早晩、他の国にも、デフレの影響が及ぶと見ています。日本は世界に先駆けてデフレを経験していると見るべきではないでしょうか。バブル崩壊後の資産のデフレが、まずデフレのきっかけを作りました。定義によれば、「資産デフレ」という言葉はおかしいのですが、経済学の「物価」にのみ注目する定義の方に問題があるといえます。また、物価の方でも、他国に比べてそれまで高かった物価が調整されている過程と見ることができます（そのことは、また為替レートの問題でもありますが、その問題は別に論ずる必要があります）。

ただ中国効果っていうのは、みなさん誤解しているところが多々ある。深谷ネギ、椎茸、畳草だけの問題ではない。日本にとって悩みの一つであることに間違いない。なぜ悩みが大きいかといえば、経済産業省的にいうと、繊維や食料は、中国からの輸入に負けてもこれは仕方がない。だけど電子・電機は十分に中国には勝てると思っていた。付加価値を生むところは、日本が押さえていると思っていたら、その電子・電機が中国に今脅かされている。これは経産省的にいえば、あるいは競争力のある製造業からいえば、予想外のことが起きているというべきでしょう。

もう一つは空洞化論を見ておく必要があります。日本への逆輸入が雇用を奪っているという議論です。しかし、日本全体の輸出入を見ますと、日本からの輸出超過です。なぜなのか、現地法人が日本からエレクトロニクス・機械部品、設備機械、特に部品の製造のための機械を買っている。そのため、今のうちは輸出が多く、むしろ雇用拡大の効果があったと見るべきです。中国への日本の輸出は輸入とすぐに逆転するでしょうが、これらの機械の輸出はまだ伸びていて、中国がそれを作るようになる時期が一つの分かれ目でしょう。ユニクロのものをいくら輸入しても、額が限られている。しかし、中国でこれらの製品を作る機械を作るようになると、将来は分かりません。そうなると、皆さんが心配していることが、多分起きるでしょう。中国問題は、その意味で重要な問題の一つとしてあるのですが、実体経済は世界経済と繋がっている。特に冷戦後、中国だけではなくて、ベトナムも、東ヨーロッパも、いずれ北朝鮮も入る可能性がある。そうしたらどうなるのでしょうか。すでに、北朝鮮から松茸なんかは入ってきています。基本的には価格は安くなります。しかし、先程述べたように、経済学者の間では全然論争がかみ合っていないのです。中国からユニクロ製品が入ってくる。ユニクロは入ってきただけで他の商品に影響を与える。その時、他が上がるか下がるか、そこが問題になる。つまり、ユニクロが入ってきた場合、ユニクロの安くなったものを買うと、その分お金があまるわけですね。余ったお金で他を買うわけですから、他の価格が上がるはずだという説と、ユニクロの価格は他にも波及してもっと価格は下がるはずだという説と両方があって、決定的なことは分かりません。現実に調べてみなければ分からないことです。ただこれは、世界的なデフレ傾向が今後もどうも続きそうだという説を唱える人、すなわち実体経済と世界経済をリンクして考える人たちは、日本で価格が下がり始めたのは他に先がけて下がっていると見ている。アメリカもヨーロッパもいずれ下がるはずだと予想する説が最近少し増えております。

ただし、依然として、貨幣数量説的な説明の方がデフレを説明するとき多いので、要するにもっとお金をジャブジャブ出せという処方箋は根強くある。しかし、どう出すのか、具体的な出し方が難しいのです。どう出すのかといっても、日銀がお金を空から撒いちゃうわけにはいかんのです。ヘリコプターで撒けという人もいますが、ヘリコプターマネーというのはたとえであって、出すとしたら国債を買い取るか、あるいはCPその他の債権や株や証券を市場から買い取る形でお金を市場に出していくのが普通です。もっと出せば、デフレは止まるという説です。ただよくよく議論を聞いていると、この貨幣数量説の人でも最後は心の問題だ、心理的現象だということになる。日銀がインフレをやるぞと宣言し、国民がインフレになると信じ込むと。そうすればインフレになるっていう話です。いつの間にか宗教になったのか疑問が出てきます。いきなり心理の話になってしまう。日本経済は心の問題なのか、心理学者の領域なのか、宗教の問題なのかと、錯覚するわけです。だけど有名な経済学者が書いているものを読むと、アメリカのクルーグマン（プリンストン大学教授）とか、東大の伊藤元重とかいろいろな人の説を読むと、最後は信じることだといっている。中央銀行が宣言しろ、断固インフレになると宣言しろ、半端なことをいうな、日銀総裁の速水さんの言い方が問題だといっている。自分で量的緩和をしていながら、あまり効果なさそうだなんて言い訳たらたらで政策を行っているのが間違いであるという。本来は、断固インフレになるといえ、そしてインフレターゲットをゼロじゃなくて、どんと二％あたりを目指せという。そうすれば国民は信じるようになると。これが本当にそういうことになるかどうかは分かりません。ここに実は二つのことがあり、一つはデフレ・ターゲッティングというデフレを抑制する政策がまずあり、次に、もう一つがインフレを目指す政策があるはずです。しかし、インフレ・ターゲッティング論はこの二つのことを一緒に議論しています。

最初にデフレと需要不足と不良債権と三つを一遍に解決する方法はないといいましたけど、実は一つあります。

これから述べることとは、今までに本には書いてこなかったですし、皆さんがいいと思うかどうかはちょっと疑問です。ちょっと疑問というのは、今日のメインのお話ではないのですが、ご参考までに申し上げます。参考として、それはいいとみなさんに思っていただけるかどうか、そこが分からない。それはどういうことかといいますと、消費税を使う政策です。つまり国民経済の六割を占める個人消費を税で動かそうという政策です。税を政策に使おうっていうことです。今まで述べた財政出動の人や金融緩和の人と違うのです。それは、財政には違いないけれども、消費税を使って直接、消費に影響を与えようということです。つまり所得税減税とか、公共事業だとかっていうのは直接とはいえず、消費には間接的に関わる。だけど消費が問題だとしたら、消費にダイレクトに効果を及ぼすことを考えてみる。

どういうしくみかといいますと、まず消費税を一％まで下げる。下がれば買いますよね。だけど下がっただけでは、デフレは解決しません。半年毎に消費税が一％ずつ上がっていくようにする。半年ずつ一％ずつ上げるということ、実際には消費税のオンライン納税などができていないと実行は難しいのですが、一つの案として聞いてください。消費税がどれだけ上がるかは断固宣言しているわけですから、日銀がインフレになると宣言するよりももっとハッキリしている。一％ずつ上げていくのです。だから年率二％のインフレが起きるのと同じです。ただし、通常は、物価には税金を入れません。入れないけれども、払う方からすると年率二％ずつ高くなっていく。支払いという点で見れば、インフレと同じ効果がある。そこで、いつまで高くなっていくのか、財政赤字に見通しがつくまでとか、日本経済が回復するまでにする。それは、一五％になるか一六％になるか分からないけれども、ずっと消費税は上がる。ということは、毎回駆け込み需要が起きる。半年にいっぺん、毎回駆け込み需要が起きる。ただ、その上がった分を誰が吸収するのか。もちろん政府が吸収するわけです。財政赤字をそこで埋めるのです。いずれ、余裕が出てくれば、所得税減税もできるわけですし、高齢化時代の社会保障につぎ込むことができる。その税金を政府が使うわけですね。政府は大赤字ですから。

それでは、国民が国を支えましょうと、共同体を支えましょうという気になるのか。税金が上がっていっても、それだけ皆が貢献しましょう、国難だから一致団結して、消費税を払いましょうとなりますか。この案に賛成してくれますか。多分半々、あるいはそれ以下だと思います。しかし、私は提言します。これをいっても選挙には落ちませんから。みなさんの中では、多分、消費税が上がってけしからんという人がいるでしょう。「ダメなものはダメ」っていって選挙に勝った党もありますから。消費税をいじるというのは下げるときはいいけれども、上げていく、特に半年に一遍上げていく、そんなべらぼうなシステムといって怒られるかもしれない。インフレターゲットでは、同率の物価上昇を目指すわけですが、インフレターゲットをやるよりも確実に支払う消費税分は上がるし、税収に貢献する。つまり税金部分を国に渡すのだから。物価が上がるのは確実だから、物価というか支払う額が確実です。しかも、その分を税として国が使ってくれる。悪くないと思うのですが、ただこれは、まだ賛成者が少ないです。

賛成者が少ないから、まだ発表していない。このような考え方は、私だけではなく、フェルドシュタインというハーバード大学の経済学者も唱えて、すでに日経の経済教室（二〇〇二年一月三日）に書いています。私もフェルドシュタインに、これに近いことを直接話したことがありますが、彼に話したことは「負の消費税」のアイディア（『朝日新聞』一九九八年一二月二三日）のことです。

それはさておき、一体デフレは何で起きるのか、確定的な答えは、まだよく分かりません。定義によれば、持続的に二年間、継続して物価が下落すればデフレであるということです。ところが下落率でいえば、資産価格ははるかに大きく落ちた。一〇分の一ぐらいに落ちているところはたくさんあります。ところが、さっきもいいましたように、物価には、株とか土地は含まない。経済学の原則からいえば、それは含まないので、資産のインフレの時も問題にならなかった。つまり、バブルの時でも、インフレは起きていないということになる。日銀は起きていないといった。なぜかといえば、株とか土地は物価には入れません。それゆえ、物価のインフレは起きていなかったのです。デフレとはいえませんが、物価は八〇年代を通じてかなり安定的だったのです。だから物価の番人というのが日銀の役割だとすれば、番人はした。だけど土地の値段、株の値段が倍になった。あるいは、三倍になった。バブルが起きたのです。この点では、少しは金融経済学が反省してくれたらいいと思うのですが。

というのは、仕組みを説明すると、物価のデフレと資産デフレは違う。つまりフローとストックの違いになります。実は、両者は関係しながら起きるのですが、その関係を解明することが特に重要です。バブルが崩壊した後は資産的なデフレが起きた。トータルでいうと一二〇〇兆から一四〇〇兆ぐらい資産的に落ちたわけですね。ただよくよく考えてみると、八五年以前から見れば、つまり、膨れあがる前の段階から見れば現在との間で、変化はそれほどないともいえます。このことは説明する人がほとんどおりません。バブル以前の時代を起点にして経済学者はほとんど説明しません。

しかし、膨れあがったところを起点にすると、それは大きく落ち込んだ。銀行が貸し出した債権が、不良債権化したことは確かです。みなさんが預金を銀行に預けている。それは確実だと思っている。最近は確実だと思っていないかもしれないけれども、その預けた先は腐っているわけですね。これは何も銀行だけではありません。さっき郵貯といいましたけれど、郵貯は優良だと思っている。政府が保証しているから優良だと思っているでしょうけれども、郵貯から特殊法人へいって、特殊法人から貸し出した先は腐っているところがある。第三セクターなどに貸し出した部分も腐っております。これはまだ表に出てこないだけです。表面化したら大変ですから、まだ、あまり大きな声ではいわないだけです。だけど実体はそうです。だって銀行が貸し出した債権が不良債権化したのと同じように、九州でもシーガイヤをはじめとしてハウステンボスなどテーマパークは大変なことになったことは、みんなよくご存じだと思います。

マクロの話との関連で、ここに一つの表があります。なぜこの**表1**を出したのかと言いますと、橋本寿朗さんは、二〇〇二年の一月にくも膜下出血で亡くなった人です。彼の『デフレの進行をどう読むか』という最後の本を読んだら、なかなか面白いことが書いてある。特にこの人は、日本では労働分配率はこの一〇年で増えているということを指摘している。企業でいえば、収益が上がること、利潤が上がる構造がどんどん崩れていることを読んでいる。ひとことでいえば儲からなくなった。内部留保もできない。さらに悪いことには不良債権を抱え込んでいる。中には、株や土地に投資したところがあるわけですね。これを、もっとハッキリいいますと、製造業は中堅・中小でも不良債権の山はそうはありません。ところが、非製造業は大手でも、相当ダメージが大きいのです。中堅・中小の非製造業っていうのはさらに不良債権の山を抱えております。銀行が金貸さないのは当たり前です。銀行だって生き残りをかけていますから。実態をいってしまうと身も蓋もないのですけれども、まあそういうことがある。この表を見ると、八〇年代の労働分配率は他の国では七〇％台なのに日本は低かった。ところが一〇年経ったら、約七ポイント程度増

表1　労働分配率の国際比較

単位%

	日　本	アメリカ	イギリス	ドイツ
1989	67.1	71.7	74.2	70.3
1990	67.9	72.2	75.4	69.9
1991	68.6	72.6	77.4	72.3
1992	69.7	73.0	76.2	73.6
1993	70.9	72.6	75.0	74.5
1994	72.4	72.3	72.0	73.6
1995	73.1	71.5	71.4	73.1
1996	71.8	70.8	70.2	72.8
1997	72.3	70.3	70.3	71.6
1998	74.3	70.8	70.8	70.9

資料：日本銀行『日本経済を中心とする国際比較統計』(2000年)。

えた。七ポイント増えると、他国と比較すると、日本だけ突出して四%ぐらい高い。そう読めるわけです。これはさっきいいましたように、デフレ論者の中でも、日本でデフレが起きているが、賃金の下方硬直性はあると指摘しています。つまり賃金は下がりにくい。通常は、ボーナスを別とすると、給料は下がっていない。ごく最近は、下がり始めたという数字も出ていますが、この一〇年間では上がっていると思います。片方ではデフレが起きている。しかし、賃金は下がらない。これをどう理解するかです。それが、企業は利益が上がらない理由だし、昔のように内部留保もできない。もちろん、賃金がここへきて下がり始めたという数字が出ていますが、企業が利益を生まないことには、給料を増やせとはいえない。

この数字からは、賃上げをしろ、労働分配率を高めろという議論は出にくいでしょう。労働運動も今までのストーリーでは持ちこたえられない。さらに悪いことには、雇用を抱え込みながらバタっと倒れるところが起きる。

特にサービスセクター、流通・小売業なんかでそういうことが起きるわけですけれども。ここを脱出するためにはどうするかというのは、個別企業、個別経営、個別組合の問題として解決するというのが一つある。しかし、国全体、あるいは地域全体でどう解決しなければならないか、政策上の問題というのがもう一つあります。ですからさっき私がいったように、マーケットだけでは答えは出ませんということがある。もう一つは共同体を維持したいのだったら、政治の場、フォーラムでものを決めないと、解決ができない。

そしてさらにいえば、不良債権というのは、バブル期とデフレ期では全然違う。単純化して考えてみてください。単純に考えてくださいよというのは、バブルのときには不良債権というのは自然治癒があるのです。住友に吸収されたイトマンや平和相互、あるいは古くは安宅産業がある。古ければ古いほど回復は早かったのです。一〇年かかるかなと思ったら五年で解決する。買い取った資産の価格が、どんどん上がっていくので、解決が早い。一方、デフレ期って何なのか。債権を引き取った会社が長く抱えていたら、さらに価格は下がっていくわけです。土地は下がる、株は下がる。傷はさらに増えるわけですよ。だからデフレ期においては、ものすごい矛盾があるのです。したがって、デフレ期においては迅速に不良債権を処理しなければならないのです。先送りによって、傷はさらに深まるのです。だけど皆が迅速に処理をしたら、デフレはもっと深まるのです。しかし、多くの国でとってきた方法は、一気に底打ちをさせ、V字回復を目指すということでした。

だから個別企業で言えば、今何をしているかと言うと、銀行から金を借りないようにしているわけです。つまり企業は返済に回している。だからさっき日銀の金融政策の話をしましたが、日銀が市中にお金を出す方法も限られる。日銀の当座に一五兆も積んである。だけどそれは、銀行から貸し出しに回らない。貸出はどんどん減っているわけです。どうしてなのか。銀行はリスクが多い貸出先に金を回すより、日本国債を買っているわけです。アメリカの財務省証券を買っているわけです。アメリカ国債を買っているわけです。そのような行動をとっている銀行を金融業といえるのかは、大変、難しいのですが。だから仲介機能、信用創造機能が著しく落ち込んでいるわけです。だけど銀行としては、リスクのあるところに貸し出してまた不良債権を作りたくない、だから借りたいという人に対しては非常に冷たいわけです。借し剥しがあるといわれている。だけど、貸したい企業や、個人はどんどんお金を返している。さっきもいいましたように、この時代、借金を背負っているというのは非常に重荷です。ゼロ金利に近くてもそうなのです。借金を背負っているのは重荷だから、どんどん返しちゃう。その結果、市中に金が回らない。金の循環がとどこおるという現象が起きている。だからデフレ状況下に個別の人の判断と、国全体の判断と二つありますが、いずれにおいても迅速に処理しないと傷は先にいって深くなる。だけど全員が一遍に不良債権処理をしようとするとますますデフレが進んでしまう。こういう矛盾にぶつかっているわけですね。これが一つ目の問題です。

小泉さんが言っている構造改革っていうのは何なのか。一言でいえば中長期の問題です。短期ではありません。中長期的です。しかもサプライサイド。供給側の効率化のことをいっています。ここにも、効率的になってしまうと供給過剰という問題がありますが、それはおいておきます。じゃあ、小泉さんに足りないのは何か。短期のデマンドサイドの構造改革を言わなきゃいけないのですね。少し経済学用語を乱用していますけれども、短期のデマンドサイドって何なのか。なかなか難しいですよ。短期で需要側のものってあるか。

さっきからの議論に出てきていないのですが、都市再生、都市問題。これは短期のデマンドサイドです。ただ短期のデマンドサイドと言っても、なかなか難しいです。つまり、例えば容積率の緩和なんて、私は前からいっているのですが、容積率を緩和すると、またバブルが起きるのじゃないのなんて話もありますけれども。逆にいえば、それはバブルを起こそうとしているわけですから。容積率の緩和によってね。そこから経済を動かそうとしているわけですから。短期でショック療法を与えようとしているわけですから、その中で儲かっちゃう奴がいるかもしれない。儲かった人がまた何かに投資すれば、それが引き金になるのですけれどもね。

ただ、短期の需要増になる政策を探すのは簡単ではない。短期のデマンドサイドを現実に探すのはとても難しいです、構造改革の中で。しかも日本全体が、きちんとした構造が改革できるような姿になるものを見出せというのは、そうあるものではない。それでは、今、起こっている経済状況はどうなのかって言うと、竹中さんが金融担当大臣になったときに、こんな図式をマスコミは描いた。

小泉さんは竹中さんに政策を「丸投げ」した。学者出身の竹中大臣は、政治音痴で政治的に立ち往生している。悪いことに竹中の手下の木村剛という元日銀出身の者は外資の手先で、日本経済をメチャメチャにすると週刊誌は毎週書いている。それに対抗する銀行の方は、ろくに経営努力をしてなくて、問題を先送りしたにもかかわらず、偉そうなことをいっている。自民党の族議員たちはまた竹中イジメ、あるいは木村イジメをやっている。狙いは小泉下ろしである。そこで置いてきぼりにされたのは消費者、国民である、とこんな構図ですね。

これは、さっきいった漫画ですよ。だからあまりにも漫画的図式すぎますよと新聞記者はじめとして幹部連中にいったことがあるのです。本当は違うのじゃないのですか。そんな図式じゃないでしょう、現実の政治とは。ところが書きやすいですからね。皆そう書くのですよ。そりゃ週刊誌はいいが、新聞、特に一流新聞と呼ばれるところが取材しても、そういう記事しか書かないのですね。おかしいじゃないですかといったことがある。だって、ついこの間までは、柳沢路線じゃ立ちゆかないよって、キャンペーン張っていたじゃないですか。竹中大臣になると、竹中けしからんと、痛い、痛くて嫌だということになる。本当に痛い人はまだ出ていないのです。出ていないけれど、痛いという。竹中デフレだと、こういうわけですね。ここのところを繰り返すと、竹中が私の同僚だからっていっているわけではないんです。私が慶應出身だからだろうと、同僚だからだろうと、ダメな議論、根拠のない議論は徹底的に批判してきましたから、そういう意味では判断基準というのは所属する「共同体」ではないのです。友達だからといって、矛先を緩めるわけではない。だけど、何をしたらいいのかという基本のところが問題です。ここは金融問題としてさらっと、だけ触れておきます。

小泉さんや竹中さんがいう構造改革って、とってもいろんな要素が複雑に入り込んでいて整理しにくいのですが、多分こういうことでしょうと整理します。それをこの**図1**で表してみます。昔のマルクス主義でいうところの二段階革命論と一段階革命論が労農派と講座派の間で対立があった。それを使えば、構造

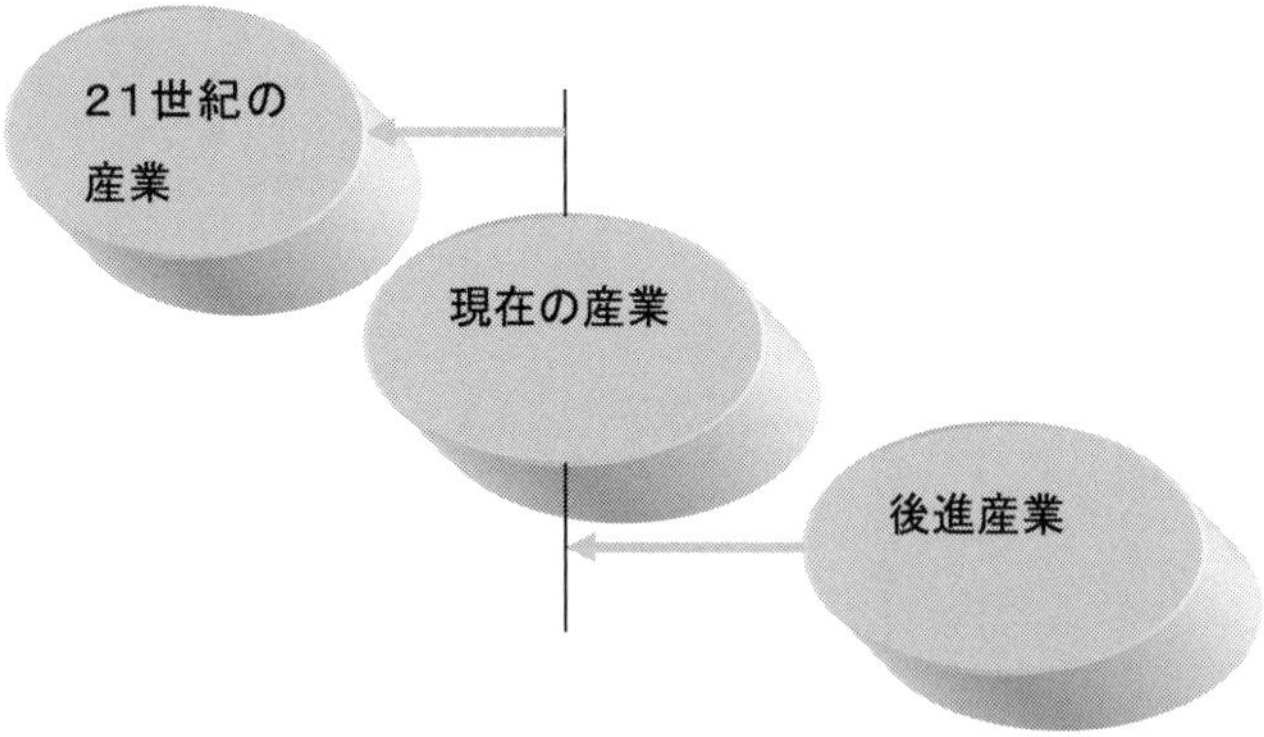

図1 産業構造改革の二つの意味

改革を二段階で考えてみようという立場です。

まったくポンチ絵のように、ここに書いているのは、第一段階目の構造改革とは、農業あるいは中小企業などに代表される後進産業をまず普通のビジネスにしましょうよというメッセージが一つある。第二段階目は、今までは十分対抗できてきた製造業がここに入る。金融もここに入るかもしれませんが、そのセクターを世界に伍することができるように構造改革しましょうということです。金融はそこではない、規制産業だから第一段階目だという人がいるかもしれませんが、一九八〇年後半、あるいは九〇年当初ぐらいまでは世界の大手銀行上位の、七社、八社は日本の銀行だったのです。そこが世界の金融市場を荒らしていた。だからこそ、その勢いを削ごうとＢＩＳ規制も入ってきた。それがいつの間にか世界の中のお荷物になっちゃった。情けない話ですよね。だけど、現在の産業を二一世紀型にするためには、それをどう効率化するのかという構造改革があります。同じ構造改革でも二種類のうちどちらをいっているのか区別する必要がある。自民党の抵抗勢力っていうのは、後進産業をまず普通の産業にしようというところで抵抗しているわけです。そんなことをいったら地域が持たない。地域の雇用を何とかしなきゃならない。うちの選挙区じゃそんなこと認められないという話です。だけどもう片方で、二一世紀型にするためにはどうしたらいいか。競争力をつけるためにはどうしたらいいかっていう議論もある。

さらに悪いことには、民主党の場合には、二つのことを一遍にいっているわけですね。まずは普通の産業にしろよと。それから「第三の道」だという人と、それから「競争力」だっていう人と、二グループがいるのです。自民党の中にも、二一世紀型を中心にといっている人もいるにはいるんですが、主として反対側というか後ろ向きのところを議論する人の方が多いのですね。

国民もどっちに行くのか選択を迫られている。どっちの立場なのですかということは、別の言葉でいえば、国際競争とは関係なければいいんです。政治の世界もそうです。今までは永田町の町内会ゲームで勝ち残ると、勝利選手になれたのです。永田町の町内会ゲームで勝ち残っても、ワールドカップの選手としてはほとんど意味がありません。ワールドカップをやるのですか、町内会ゲームで勝つことに意味があるんですか、どっちなのですか、ということなのですね。

世界とつながってないビジネス、世界とつながってないところでの活躍だけを考えるのならそれも生き方である。それは、鎖国ですね。鎖国の中で生きていこう、というのだったら、それはそれでいいのです。だけど、競争の圧力はますます強くなる。そうなると、グローバル・スタンダードがおかしい、という主張をする。グローバル・スタンダードがおかしいと批判する人は、東京スタンダードもおかしいと批判するべきだ、と私はいっているのです。グローバル・スタンダードが悪いのだったら、東京スタンダードもおかしい。日本一律、国土の均衡ある発展なんてナンセンス、その地域、その地域で、独自のスタンダードを持て、といわなきゃおかしい。そうでなければ、地方分権なんて意味ないでしょう。

逆に、グローバル・スタンダード批判の議論の欠点はどうかというと、日本はグローバル・スタンダードで稼ぎまくったのです。車、家電、工作機械その他、グローバル・スタンダードの波に乗って世界中の人の足を踏んづけて歩いてきたのです。

であるにもかかわらず、今は被害者意識が強い。日本はグローバル・スタンダードの被害者であると。グローバリズムの被害者意識からの議論しかない。それは、途上国だったらいいのですが、日本は違う。だから、スティグリッツという有名な経済学者がいるのですが、彼が『世界を不幸にしたグローバリズムの正体』(徳間書店、二〇〇二年)という本で、グローバル経済、グローバル・スタンダード批判をしたのです。日本人は大喜びです。しかし、あれは、韓国とかタイとかインドネシアに対してIMFがやったことを批判しているのです。本来、日本はドイツやイギリスとならんで、アメリカに近い。特に、証券市場、金融市場などでは当然そういう分け方になるでしょう。そのことと、各国にグローバリズム批判があることとは同じではない。フランスにもドイツにもアメリカにもグローバリズム批判はある。

さっき竹中プランといいましたけど、竹中プランでは、痛い、痛い、というけども、IMFがやった、アジアに対する政策は何だったのか。ロシア、ラテン・アメリカでやった方法は何かといいますと、まず「増税しろ、歳出カットしろ、金利を上げろ」といった。高金利・歳出カット・増税なのです。増税といいましたけど、日本で増税なんて口に出す政治家がいますか。竹中は増税論者ですか。歳出カットは、痛い、痛いって、皆、嫌がっている。小泉の国債発行三〇兆円以内も評判が悪い。しかし、IMFはそれをやらせた。さらには高金利である。今の日本の状況で「高金利」なんていいだせません。全然、IMFのプランと違うのですね。IMFはその三つにプラスして構造改革までいったのです。アジアに対して、韓国、タイ、インドネシアに押し付けたのですね。それはやりすぎだよ、というのがスティグリッツやフェルドシュタインのIMF批判の議論なのです。だから、竹中さんなんていうのは、こんなものから比べれば絆創膏張る程度の治療策で、ちっとも痛くないのです。大手術じゃないのです。

ま、それはともかくとして、過去一〇年、「失われた一〇年」といわれています。ただ、よくよく考えてみると、この「失われた一〇年」に、政治改革あり、行政改革あり、財政改革あり、経済改革あり、教育改革あり、社会保障改革あり、最近は、司法改革あり、地方分権をやり、しかも、憲法にまで手を出そうとしているわけですよ。「改革の一〇年」ともいえる。それでは、この矛盾をどう理解するのか。つまり、「失われた一〇年」と「改革の一〇年」の矛盾というのは、まだ整理されていません。

私は、これを問題提起しているのですけどね。過去一〇年は「改革の一〇年」だったのです。だけど、「失われた一〇年」でもあったわけですよ。この矛盾をどう理解するのか。ひとつは、簡単なのは、改革が不十分だった。十分にやれば、「失われた一〇年」ではなかったというのが答えになる。あるいは、改革をやったのだけれども、そのやった改革が全部、間違いだった。だから、いくら改革が成功しても、間違いの改革を一〇回繰り返したって、効果はない、とこういう説がある。あるいは、その折衷的なところで、改革は、やるべきところに焦点が当たっていない。小泉さんの道路公団だとか、郵政事業だとか、それは本筋のポイントじゃないのじゃないの。こういう説ですね。だから、改革の焦点がそもそもズレている。やるのだったら、攻めるべきところは本丸を攻めろ、とこういう議論です。

ただ、この議論にはまだ決着がついておりませんが、重要なテーマです。

それで、もうひとつは、「改革の一〇年」、あるいは「失われた一〇年」の間に起きた社会変動と政治の関係を考えておく必要がある。かつて五五年体制時代に、社会党とか民社党の野党は社会的変化を利用して勢力を伸ばせなかった。一九五五年に左派社会党と右派社会党が合併して日本社会党になったわけです。その自由党と民主党が合併して、自民党になった。それが一九五五年なので「五五年体制」と呼びます。その一九五五年というのは経済成長のスタート地点でもある。経済成長は、七三年まで名目で一〇%、七四年から九〇年までは名目で五%、九〇年代は名目で〇%と一%の間、全然、成長率が違うのです。一〇%時代を経験したわけですね、五五年体制というのは、経済成長率でいえば一〇%の時代であった。

そのときに、社会構造が大変化したわけです。つまり、産業構造が第一次産業から第二次、第三次へと移っていったわけです。それから、地方から都会に大量の人間が動いたのです。それから、教育水準がどんどん上がったのです。それから、所得が上がった。これだけの大変化というのは、政治・政党にとって、あるいは、組合などの社会運動にとって、ものすごいチャンスなわけです。だけど、そのチャンスを生かして、政権をとることができなかった。全然、とれなかったのです。なぜなのかという反省は、とっても重要です。それと同じことが、実は九〇年代に起きた。パートや派遣が増え、女性労働者が増え、それから失業率が上がり、少子高齢化が進み、情報のグローバル化が進んでいった。だけど、今の日本では、デフレを生んだ社会が悪い、誰か他の奴が悪い、とこんな議論になることが多い。社会の変化を政界再編に結びつける動きは少ない。

民主党がNHKの調査によると二・九％しか支持がない。普通の感覚だったらおかしいじゃないかと疑問を持つ。片方の自民党は、「永田町の町内会ゲーム」で、片方は、何か「コップの中の嵐」かどうか知らないけれども、若手の方は「自分党」を演じた。

その民主党には松下政経塾出身が大量にいるのですが、私も若干関係していますので、関係者として、自ら反省するところがかなりあるといえる。

それはともかく、大変化のときっていうのはチャンスでもある。あるいは、アイディアにとってもチャンスです。つまり、ベンチャー・ビジネスをやっている学生がいるんですけれども、ベンチャー・ビジネスっていうのは、規制があってもなくてもできるんです。つまり、規制がなくなればベンチャーが生まれるという要素も、もちろんありますが、規制があってもベンチャーはできるのです。だから、それと同じように、不況期には、政治でも社会運動でも大いにチャンスはあるはずです。例えば、女性だとか、パートだとか、派遣だとかなんていうのを、どう組み込むかっていうことにおいて、企業努力が足りなかった、組合における企業努力が足りなかった、というのは確かだと思うんですね。また、デフレに対しては、ワーク・シェアリングだけが唯一の答えとも思えない。オランダやデンマークのワーク・シェアリングはひとつのアイディアにしか過ぎないわけです。夫婦二人が一人分稼ぐのと一緒というところがある。だから、他にも知恵は出したらいいですよ。そういう意味でいうと、デフレ下においても、いろんなビジネスっていうのはあるわけです。それは、さっきもお話をしましたけれども、トヨタとキヤノン、キヤノンの御手洗富士雄、それから、トヨタの張社長さんの経歴は、とっても似ている。海外経験が長いのです。だから、世界のビジネスをどうするかは、よく知っている。同時に、終身雇用を守るといっている。年功賃金とはいっていませんが。終身雇用、長期的な雇用だよ、という。これが言える人、世界のビジネスをやりながらいえる人、これが重要です。

それから、デフレ下においても儲かっている企業は沢山ある。マクロの経済と個々のミクロのビジネスとは同じではない。一般的な不況でも、儲かっているビジネスは、現実に多々ある。だけど、みんな心持ちとしては、うつむき加減、先行き低下傾向とみんな読んでいる。ひとことでいえば、また携帯電話が生まれれば何とかなるのにと、期待している。そういうことはベンチャーではない。

我々が持っているものはほとんど、五〇年代、六〇年代に出てきてある程度完成したものです。バブルの時も、車をブルーバードからシーマに変えた、ＢＭＷにしたとか、旅行も、国内旅行をハワイやヨーロッパへ海外旅行にするか、そういう「ワンランク上」、ちょっと上のものに消費がいっただけです。まったく新しい品目として入ってきた八〇年代の「パソコン」と、九〇年代の「携帯」は特筆すべきです。これらはそれ以前の統計を見てもないのです。もちろん、そういう新しい品目が生まれるかもしれません。しかし、そればっかり期待してもしょうがないでしょう。一発狙いではなく、どのようなときにも、チャンスはあると確信を持つことでしょう。

それから、もうひとつ、世界のまねは通じないということで、いくつか日本が先駆けて経験していることを申し上げておきます。あまり自慢できることではありませんが、ある意味で世界に先駆けていることに、政治不信があります。政治不信とか無党派が多いっていうことで、「先駆け」なんて、自慢の種にはならないのですけどね、ただ、世界の研究者に対して、日本を研究してから無党派層について語れよ、といえる。これは声を大にして言えるわけです。それから、少子高齢化がある。特に、高齢化は、日本は急激に進んで、このあと他の国が追っかけます。ですから、「高齢化」研究者は、日本をみんな注目します。アメリカの研究者もそうです。急速に高齢化する社会の変化に注目しています。政策の問題も大きく絡みます。

デフレ経済というのも、すでに、日本が実験的なことをやっている。これは、アメリカの連邦準備局、つまり、中央銀行はとってもよく観察しております。デフレ下ではどういう処理をするべきなのかは日本の教訓を生かそうとしている。

それから、「携帯家族」という言葉がある。それは、また、「コミュニティ崩壊」ということでもある。昔は、「核家族」といわれたんです。「核家族」っていうのは、夫婦と子どもふたり、これが基本型です。今は「携帯家族」なんです。ひとりずつ携帯電話を持っていて、家庭内でコミニュケーションしないんです。親子で、夫婦での会話がない。それぞれが外に繋がっている。だんだん個人化、ばらばらになっていく。家族においてさえ、そうなんですから、企業の中も、地域においても「共同体」の運営は大変難しい時期に入っている、と思います。

それから、長期においては不況ですね。不況っていうのは、英語ではデプレション。デプレッションというのは、心理学用語・精神分析用語で、「鬱病」です。日本は鬱病なのです。この一〇年、鬱病になったのです。それでは、抗鬱剤を飲ませるか、興奮させて躁にすればいいのか、という話じゃないですよね。そんな簡単な話ではない。経済のところでそういう単純な議論があることを紹介しましたが。

こういった世界に先駆けた大きなところで、さて、今、どうするか日本は迷っている。一言でいえば、日本はいろんな資源を大量に抱え込んでいるのです。しかし、その資源って何かといえば、さっきの話に出てきましたけど人間だけではない。つまり、「使われざるもの」が多すぎるのです。「使われざるもの」っていうのは、ケインズの言葉でいえば、「アンエンプロイメント」。「アンエンプロイメント」っていうのは、人が使われなければ失業になる。設備が使われてない、お金が使われてない、情報が使われてない、能力が使われてない。これを動かす、これをどう組み合わせるか、それはマネジメントの問題でもあり、政治の問題でもあるし、あるいは、政策の問題でもあるのですよ。だから、ケインズの教訓は単に公共事業をやれと、また道路を作ればいい、という話じゃないのです。使われざるものを使っていく技術をどう生かすのかもう一遍考えよう、それが結論です。

（福岡講演、二〇〇二年一二月九日）

16 日本を漫画的状況にしないためには

――小泉内閣・自民党・民主党の奇妙な関係

1 漫画的状況

今、新聞記者の間で一つのジョークがはやっている。それは、「小泉政権にとっての最大野党は自民党である。一方、民主党をはじめとする野党は画面から消えてしまった」というものだ。なぜ、こんな漫画的状況が生まれたのかその原因を明らかにしておくことが必要だろう。さらには、このズレた位置関係をどうしたら正すことができるのかも問われる必要がある。ただし、そのためには、正しく状況把握をしておかないと、処方箋は見当違いになりやすい。例えば、不良債権処理をめぐる攻防は次のように図式的に報道されることが多いが、本当にそうであろうか。

「経済に疎い小泉首相は、竹中金融担当相に政策を丸投げし、学者出身の竹中大臣は全くの政治音痴で、デフレ対策をかえりみず不良債権処理でいらぬ波風を立て、さらには、その手下の木村某は外資の手先で日本の資産をハゲタカに売り渡す意図がある。それに対して、銀行をはじめとする金融機関は今までの責任を棚上げして、自己保身に走っている。また、銀行に突っつかれた自民党抵抗勢力は、竹中つぶし、小泉おろしを仕掛けている。その一方で、国民は忘れ去られている」という見方である。この「小泉劇場」という分かりやすすぎる図式には罠がある。それだけではなく、本当の問題を隠してしまう欠陥がある。もし、金融問題を論ずるなら、今問われるべきことは、日本の金融システムの安定をどのようにはかるのか、また、その根幹をなす金融の仲介機能と信用創造機能の回復をいかにするのか（なぜできないのか）ということだろう。つまり、今の日本に必要なことは、景気回復以前に、失われてしまった信頼をいかに「回復」するかが最優先であるべきだ。

こんな図式は、道路公団をめぐる、「民営化推進委員会」の内部対立をめぐる報道にも表れている。相互に「鉄屋だ、鉄道屋だ」などの対立のみが強調されて、民営化と同時に、これからは高速道路は、国・地方の税金をつぎ込めば建設ができるようになった「新直轄方式」のことが忘れられている。税金をつぎ込む時に一番肝心なことは、無原則な建設に歯止めをかけるために、「民営化」の基準と同じものが採用されるか否かであろう。しかし、議論は的外れの方向に進み、「道路族議員」の高笑いが聞こえてくる。

2　ねじれを解消するには

最初のジョークは、実は、内閣と与党、与党と野党の位置関係のズレがあることを示している。小泉内閣の出発からして、総裁選での「自民党をぶっ壊す」という自己否定をして、自分は「自民党であって自民党でない」ということから始まった。その位置関係は、今でも依然として変わらないから、「抵抗勢力」を利用する小泉首相が演ずる「小泉劇場のからくり」という解釈が成り立つ。しかし、抵抗勢力の側も、小泉を利用だけ利用して、選挙に勝てればそれでいいという戦略が透けて見える。それでは、このねじれを解消するためにはどうしたらいいのかということになるが、はじめから、抵抗勢力は、「たまたま総裁選に勝利した小泉」だから、小泉が自民党本体に合わせれば万事うまくいくと訴えてきた。しかし、小泉首相は、選挙で勝ったのは自分で、自民党が変われば、このねじれは解消されるということで一貫している。「抵抗勢力は協力勢力」とくり返すが、それは、意図を持った戦略的な発言なのか、本心なのか時として不明なことがある。しかしながら、小泉首相は、組閣においては、派閥推薦を取らなかった。さらには、小泉第二次改造内閣では、原則を示し、それを飲んだ党幹部と大臣のみが組閣対象になり、さらに、各大臣には小泉方針に添った指示書が渡っている。しかし、それでも、内閣と党の一体化にはほど遠い現実がある。

このねじれの解消には、もう一段の内閣・与党一元化の努力をする必要があるが、それ以上に、小泉首相が、政界再編を念頭において行動をとるかどうかにかかってくる。すなわち、小泉首相の方針を踏み絵として、総選挙をするのかどうかが一つの分かれ目であるが、現実には「抵抗勢力」は選挙の時には、にわか「改革派」にすぐに転じるので、この戦術を具体的に行うのは簡単ではない。それでは、小泉「総裁」が自民党で引きずりおろされ、しかし、首相の地位に留まることが可能かどうかは、国会において多数で指名される可能性（不信任案が可決しないことでもあるが）があるのかどうかである。そのことは、とりもなおさず、ハッキリした再編の見通しがあるということが前提である。また、過去の経験から考えれば、再編は権力を持った側が仕掛けないと、ほとんどの場合失敗している。その意味で、小泉総理の決断があるかどうかが、大きな分岐点である。

3　民主党はなぜ視界から消えたか

小泉政権と与党のねじれよりも、もっと深刻なのは、民主党をはじめとする野党の方である。民主党代表選とその後の動きは漫画ともいえる展開になり、さらに熊谷グループの離党と、保守新党の結成を眺めると、つくづくと野党とは何か、政党とは何かを考えざるを得ない。ラグビーではスクラムを故意に崩すと、反則になる。

教科書的には、野党が政権を取るためには、選挙で多数の議席を奪ってというのが普通であるが、それをどのように、いつ行うのかが、もっとも肝心な点である。民主主義の大原則である、「今日の少数は、明日の多数」は言うは易く、かつ具体化が難しいことである。民主党には与党になったら何をするのかの目録は十分にある。しかし、野党から与党へ向かう道筋は本人たちにも確信がないように思える。「二年以内」とか「自分の任期中」に政権を取るということは、「風」が吹かなければ無理であろう。しかし、その風をどう吹かせるかについての具体策があるとは思えない。

選挙で勝つためには、地元を回る「地上戦」も、電波を利用した「空中戦」も、インターネットを利用した「サイバー戦」もどれも必要である。しかし、民主党には、なぜ党員名簿がないのか、代表選で登録した人に対するフォローも相当遅れたと聞いている。所詮は、民主党も後援会型選挙しかしていないのではないか。いうまでもなく、顧客名簿を大事にしない企業は生き残れるとは思えない。一度でも接触を持った者は、無党派よりもはるかに潜在的な支持の可能性が高いはずなのである。

もういっぺん野党の役割を考えてみよう。なぜ民主主義では野党の存在を前提としているのだろうか。あらゆる利益、あらゆる地域、あらゆる組織、あらゆる考えを一つの党が代表しているのだから「民主的」だという議論は、社会主義国では一般的であった。野党や政府から独立したメディアがなぜ必要なのかは、今では、説明するまでもないことであるが、形を変えて、野党無用論は登場する。国難の時には「救国戦線」を、危機の時には「非常時内閣」を、などのバリエーションがそれである。しかし、それでも野党は必要なのである。それゆえ、私はその関係を「最良といえる政府であっても批判されてしかるべきである」といってきた。その批判とは、役割であって、主義ではない。裁判における検事と弁護士との関係である。弁護士抜きの裁判が変則であるように、野党がいない政治はあり得ないということが、野党の役割の第一原則である。これは、通常の企業組織などではあり得ないことで、民主主義が贅沢である理由の一つが、ここにある。

第二の問題として、五五年体制時代ではないのだから反対をくり返すな、という意見は根強くあるが、「何でも反対」と「何でも賛成」の間には、さまざまな立場の差があることを忘れている。また、野党時代にいってきたことと政権をとった時に言うことが違っていいのかという疑問もでてくるだろうが、基本的には、野党が言うべきことと、政権を取ったときに言うことは違いがあって当然なのである。それは、一貫性を捨てろということではない。

ある意味で、五五年体制時代の反動で、「対案を出せ」といわれて、野党、特に民主党の若手は必至で議員立法をめざした。しかし、野党の法案は国会で通過することはまずない。それゆえ、対案とは何かがここでは問われる。選択肢の提示と議員立法とは同じではない。

第三には、野党の連立作戦は、どこまで必要か、ということである。別の言葉でいえば、独自性を持ちながら、連立構想は可能なのかという問いでもある。いうまでもなく、政権交代をめざすのなら、選挙に勝たねばならない。しかし、野党はハンディキャップを負っている。これも市場と大きく違うところであるが、政策は政権党しか売ることができない。一般の企業なら、業界四位でも五位でも、そこそこのシェアを持つことは可能であるが、政治は一位のみの世界である。つまり、政策市場とは、完全独占か寡占状況なのである。野党が政策で食い込む余地は少ない。もちろん、野党でも、おこぼれにあずかる方法はないことはないが、それは、原則とはいい難い。もちろん、制度そのものを「比例代表的」「大連立的」に設計することもあり得るが、それが必要とされる前提には、「今日の少数が明日の多数」になれない社会集団の厳しい対立がある場合が一般的である。

4　政権の「椅子取りゲーム」

この関係を、もっと端的に表すと、「椅子取りゲーム」を思い浮かべると分かりやすいだろう。音楽が止まると、椅子を奪い合うというあれである。最初のうちは、五人とか六人が争っているが、椅子の数がだんだん少なくなり、最後には、一対一の対決になる。実は、政権を争うとは、この最後の二人の椅子取りゲームのようなものである。椅子取りに残ったものが政権を獲得し、取れない者は、野党に廻る。そのことは、政策は椅子についた政権党しか売ることができない。だが、そのことは、政策においては政権党が批判されるということで、野党の対案が議論の対象ではない。野党の売っているものは夢であり、政策ではないからである。そこに、野党の存在意義があり、逆に、政権につくということは、国民やマスコミから批判にさらされるということである。別の言葉でいえば、「業績投票」にさらされるのは、政権党なのである。有権者は、政権党が嫌なら、野党に取って代わらせればいいのである。それゆえ、小党が政権党との連立に入り込むということは、選挙を考えると本来はリスクが大きすぎる。

しかしながら、この非対称の関係をうまくすり抜ける方法がある。それは、今までの日本のマスコミ報道に見られた、選挙の時の「横並びの公約報道」である。なぜ、それが業績投票と対比されるのかといえば、政権党も過去の業績を棚上げして、「夢」を語りはじめ、そこだけ野党と同列に競争をはじめるからである。政策の責任をとらずに未来を語ることができたら、それこそ、圧倒的に有利であることはいうまでもない。

さらにいえば、政党は首相候補と同時に、政策の実行プランである「マニフェスト」を国民の前に提示して、争うべきであろう。そうであるなら、同じ政権党内の者が、政府批判をして当選するということはあり得ない。また、マニフェストに基づいて、当選後の議会で「党議拘束」がかかるのは当然である。もしそれが嫌なら、別の党から立候補すればいいのであるから。

この関係は、小選挙区制では選挙区レベルでも「椅子取りゲーム」があるということなのである。つまり、政権党側の候補者は、否応なく、政策の責任を取らざるを得ない。もし、経済状況が厳しく、あるいは、外交の失敗があったら、それは政権党の責任であるゆえ、政権党の候補者も甘んじてその責任を負わなければならない。しかし、中選挙区時代からの名残で、選挙は、過去の業績ではなく「人柄」で選ばれたりする。もちろん人柄は候補者の要件として全く無縁ではないが、過去の責任がまず問われるというのが、この「椅子取りゲーム」なのである。ところが、選挙の時には、政権党批判をする政権党候補者が過去にも多数いたし、今後もでてくるだろう。それは、マニフェストに一本化されるべきなのである。そうでないと、有権者は選挙で選択ができない。その点では、政権側も、野党側も、候補者を一人に絞って、勝ちに向かうのは当然である。

5　なぜ、痩せ我慢ができないのか

しかし、過去を振り返ると、野党でありながら、あるいは、自民党政権は敵だといいながら、自民党の延命に手を貸してきた政党に枚挙にいとまがない。ここに、大きな疑問がでてくる。なぜ、野党として我慢できないのか。どうして、安易な連立に走るのか。

世界中、野党はつらいというのは、常識である。しかし、野党だからといって、政治犯として牢獄につながれるわけでも、収入の道を断たれるわけでもない。権力を握ることができないということは、別の言葉でいえば、行政の資源（予算、人事、情報、意思決定）の分け前にあずかれないという点にしかすぎない。自民党は、細川、羽田政権時代に、改めて、政権がないと党がもたないということを「過剰学習」したゆえに、何が何でも、政権維持を目的としてきた。しかし、自民党の延命にしかすぎない連立を、過去において、なぜ社民、さきがけ、自由、公明、保守（保守新党）はしてきたのであろうか。この理由の解明と責任を曖昧なままにしておくと、永遠に政権交代はないだろう。

一方、民主主義の前提には、政策転換をはかるなら政権交代によってという原則がある。しかし、過去における「疑似政権交代」で日本の有権者は満足してきたとしか思えない。しばしば、二大政党が目的のようにいわれることがあるが、二大政党は政権交代を生みやすいという条件にしかすぎない。その点では、制度ができても、使いこなすことのできない有権者にも責任があるだろう。すなわち、現状の政治・経済政策に不平ばかりいっておきながら、ひとたび選挙になると、人柄や、つきあいや、利益で、投票する。それで、あとで文句をいってもはじまらないだろう。「選挙で文句をいえ」（つまり投票で）というのが民主主義の、特に「椅子取りゲーム」原則なのである。

（『改革者』二〇〇三年二月）

17 マニフェスト

(1) マニフェスト導入の波

1 由来は？ 利点は？

一八三四年、英国のピール首相がタムワースという選挙区の人々に文書を送った。「タムワース・マニフェスト（声明書）」。それが翌年の総選挙で保守党の基本方針に採用された。マニフェストの起源とみられている。政策の数値目標や実施時期が明確に示され、装丁も立派な冊子になった現在のマニフェストの原型は、一九八七年の英国総選挙でサッチャー首相の保守党が作成したものだと言われる。

マニフェストとはつまり、選挙前に政党が有権者に示す、政策の実行プランだ。同様なものを米国ではプラットホーム、欧州大陸では選挙プログラムなどと呼ぶ。

よいマニフェストの条件は政策の数値目標、具体的な財源、実施時期が明記されていること。約束が具体的だから、有権者は後日、政策目標がどこまで達成されたかを検証できる。「教育も福祉も景気も向上させ、減税もします」といった抽象的な公約は、願望リストに過ぎない。

魅力的なマニフェストを提示した政党が選挙で支持を受け、政権を取る→政党は政策実現に努め、有権者はその達成度について次の選挙で評価を下す→達成度が低かったり野党のマニフェストの方が説得力を持ったりすれば、次回の選挙で政権交代が起こされる。

マニフェストの導入によって作られるであろうこういった政治の流れを、私はマニフェスト・サイクルと呼んでいる。

2　なぜ注目されたのか

日本政府は年間八〇兆円を使っている。総選挙が三年に一回あるとして、その間に計二四〇兆円を使う。これを日本の人口で割ると、一人あたり二〇〇万円ほど。国産大衆車一台の額だ。総選挙はこの使い道を決める選挙とも言えるのだ。カタログを見たり試乗したりしないで車を買う人がいるだろうか。また乗り心地が宣伝通りでなければ、次回は別メーカーの車に乗り換えるだろう。

日本の選挙公約は往々にして「選挙の時だけの話」であり、国民の側にも「公約とは、実行されないものの代名詞」との意識があった。

自民党の場合、政党公約とは別に、候補者個人の公約が乱発されてきた。衆院選で長い間、中選挙区制が採用されてきたためだ。一選挙区に自民党候補が複数いて、候補者は党の政策より自分個人を売り込むことに力を傾けざるを得なかった。

他方、野党第一党の社会党は長年、議席の半数を超える数の候補者を擁立しなかった。総選挙は政権を争う選挙ではなく、「私たちが政権を取ったら○○をする」という公約が現実味を帯びることは少なかった。

衆院の選挙制度が中選挙区制から小選挙区制に変わり、国民が政権を選択するという要素が強まった。しかし、新しいルールになったのにゲームは旧態依然というのが現状だ。

いま自民党には、党総裁選で小泉純一郎氏の掲げた「構造改革」の主張が党の選挙公約につながっていないという、政策上の断絶がある。その結果、二〇〇一年の参院選では抵抗勢力と呼ばれる人々が小泉効果で当選した。

野党はもともと制度的に不利な立場にある。それを乗り越えて、野党第一党の民主党は、小泉氏や与党との「政策の違い」を効果的にアピールすることが必要だ。

マニフェスト運動がめざすのは、各政党が総選挙を「政権選択・首相選択・政策選択の選挙」と位置づけて争う政治構造づくりである。そのとき初めて、有権者にとっての選択肢は明確になる。

統一選でマニフェストが流行語のようになった背景には、政治全体の構造改革を求める有権者の気分があったのだろう。

統一選は必ずしも「マニフェスト対マニフェスト」の選挙にはならなかったが、マニフェストを出すのがよい候補者だという意識が有権者に浸透し始めた。政党側にもマニフェストを出せないと選挙で勝てないという空気が広がりつつある。

3　日本でも機能するか

マニフェストが機能するためには、作成、実行、達成度チェックのそれぞれの態勢が要る。

自民党は、官僚や党の部会に依存していては本当のマニフェストを作れないと気づき始めた。しかし、小泉首相が構造改革マニフェストを出すと、党内がまとまらないというジレンマも抱えている。

本格的なマニフェストを作ろうとすれば、党内から従えないという政治家が出てくる。党内で収拾がつく可能性と、政界再編につながっていく可能性とがあるだろう。

一方の野党には「政策部品」の専門家、つまり、環境や社会保障など個別政策に詳しい議員はいる。しかし、それらを総合して魅力ある選択や代替案を打ち出す能力は見あたらない。

チェック面では、マスコミやシンクタンクや学界がどこまで政策の達成度を検証できるかが問われる。選挙報道は、各党の「未来の願望」を横並び的に紹介する傾向が強く、政権党の実績が厳しく問われにくかった。政権党については、新たなマニフェストよりも、「過去」の検証を強く意識すべきだろう。

マニフェストは、複数の選択肢が存在することを前提にしている。

世界のマニフェスト研究によれば、たとえば米国でも共和党と民主党は明らかに主張が違う。「資本主義か社会主義か」に匹敵する違いがなければ違いがあることにはならない、との考えはおかしい。トヨタと日産とホンダの車が原理的に違うかと言えば基本的には同じだ。でも消費者は違いを感じて買っている。

マニフェストは、言葉を武器にした政治行動である。

戦後、政治の言葉が存在感を示した好例は六〇年に池田内閣が提唱した「所得倍増計画」だろう。政治対立の時代から経済の時代へという選択が示され、日本の未来像が提示された。いま日本に広がる「危機感なき悲観論」といった状況を転換するために、政治の言葉が求められているのだと思う。危機を認識しつつ明るい社会像を示す。それが政治の仕事だ。

（『朝日新聞』二〇〇三年六月一五日朝刊）

(2) マニフェストの原点

二〇〇三年の総選挙は、日本で最初の「マニフェスト選挙」と後世いわれることになるだろう。しかし、そういわれると数々の疑問が出てくるはずである。選挙はどこの国にもあるのに、「マニフェストはイギリスにしかないのか」とか、「過去の日本の選挙公約はマニフェストではなかったのか」などの質問には答えておくべきであろう。

どこの国でも、選挙の時には、政党あるいは候補者が「選挙プログラム」を有権者に訴える。その中で、イギリスではマニフェストと長いこと呼ばれてきた。アメリカでは「プラットフォーム」、ドイツでは「活動計画」とか「選挙綱領」とかいわれてきた。日本では、「選挙公約」である。では、日本の選挙公約も「選挙プログラム」の中に入るのなら、マニフェストも選挙公約も所詮は同じものではないか、という疑問は出てくるだろう。確かに、同じ「選挙プログラム」といっても、国によってそれぞれ違いがあり、また、同じ国でも、時代と共に変遷している。

そう考えると、「選挙プログラム」が二〇〇三年に、日本へはじめて導入されたのではなく、この選挙で、「選挙公約」が「マニフェスト」(政権公約)へと脱皮したと解するべきであろう。

しかし、なぜマニフェストというイギリス型の選挙プログラムが日本に紹介され、それを基礎に、各党の競争が起こったのかを考えるためには、少し、イギリスの歴史を見ておく必要がある。というのも、イギリスのマニフェストが一番古く、かつ体系的に発展を遂げてきたからである。さらに、日英共に、議院内閣制をとっているので、アメリカのように大統領選挙において各候補者がそれぞれ作る「プラットフォーム」よりも、日本の政党が参考にできる点は多いからである。

一八三四年に、時のピール首相が、自分の選挙区であるタムワースの選挙民に向けて書いた書簡が「タムワース・マニフェスト」として、世界最初のマニフェストといわれている。そのマニフェストを、翌年の選挙で、保守党の原則として正式に採用したので、歴史に名前を残すことになる。ちなみに、しばしばマニフェストとは『共産党宣言』の「宣言」からではないかという誤解があるが、『共産党宣言』が世に出るのは、その一四年後の一八四八年である。

タムワース・マニフェストで述べていることは、当時の政治改革（選挙権が拡大していく過程）の文脈の中で、その改革を認める立場で、マニフェストが発せられた。しかし、それが保守党の立場となったといっても、今、日本で議論になっているマニフェストの原型ではない。

イギリスでも、歴史の変遷と共に、マニフェストが現在のような形になってくる。有名なものは、一九八七年のサッチャーが出した、過去八年の実績と政権構想を二冊に分けた保守党のマニフェストと、一九九七年のブレアが一八年ぶりに政権をとった労働党のマニフェストであろう。今回の民主党のマニフェストはこの九七年マニフェストを意識している。現在のように、分かりやすく、多色刷りの体裁になるのはこれらの時期からである。

マニフェストはイギリスのもので、日本の政治文化にはなじまないという説は根強くあるが、選挙という制度がある限り、政党は国民に政策を訴える必要がある。煎じ詰めれば、政権をとって任期中に何をやるのかのメッセージとその実行のストーリーはどこの国でも必要なことである。ただし、それが、単なる「ほら」や「大風呂敷」でないためには、根拠が必要である。その根拠となるものがマニフェストに示された数字やデータや時期を示した計画である。

今までの日本の公約が守られないものの代表と思われてきたのは、政治家が嘘つきであるというよりも、制度としてできないことを掲げてきたからである。つまり、中選挙区時代の名残で、候補者の個人公約は党の公約とは整合性がなく、言い放しであった。つまり個人公約は法案とも、予算編成ともあまり関係がないのであった。そうでないと、行政の個別執行への口出しを約束しているたぐいの選挙区向けの公約を掲げることになる。

日本政治で変わらないものの代表が個人後援会に支えられた「自分党」の選挙であるといわれてきたが、この党のマニフェストによる選挙が定着すると、党マニフェストに掲げられた政策に魅力がないと、勝負にならないということに気がつくようになるだろう。そうすると、政党の政策のR＆D（研究開発）がいかに重要であるか、そして、それをどのように、有権者に分かりやすく、かつ心に響くように訴えることができるのか、選挙そのものの姿も変わってくるだろうということが今回の総選挙からも予測できる。

マニフェストの内容もさることながら、それが政策として実行されることが重要である。ということは、実行体制を政権党がどう整えるかが要求されようになる。また、利益集団も官僚も今までの行動が許されなくなり、それを検証・分析するシンクタンクや政策専門家もマニフェスト導入によって緊張感をもたざるを得なくなるのである。

(*We believe*, 二〇〇四年一月号)

(3) マニフェスト選挙――内実伴い始めた政権公約・緊張感求められる有権者

「やります、できます、頑張ります」という塾の標語があるそうだ。煎じ詰めれば、過去、候補者はこういってきたのではないか。「何を、どのように」ということが決定的に欠けている。それをハッキリさせるのがマニフェストだろう。

各党は、今、いいマニフェスト(政権公約)で訴えようと必死に努力している。それは、いいカタログを作り、大いに商品を販売しようということと似ている。よく、日本の風土にはマニフェストはふさわしくないという意見がある。しかし、家電でも車でも、日本の消費者は世界の中でも最も厳しい目をもってきた。それとも、「もの」には反応するが、「政策」のようなソフトには無関心の消費者と決めつけるのだろうか。

そうではなく、「政策」の研究・開発も、それを消費者に伝えるカタログもポスターも今まで工夫が足りなかったという方が正解ではないか。マニフェストでひとたび宣言すると、カタログと同様に、実際の使用で期待を裏切ったら文句が出るし、さらに次の買い換えの(総選挙)時には、他社に変更されてしまうだろう。その意味で、マニフェストの競争と政権選択という原理は、一般社会では当然過ぎることだ。

しかし、今回、公職選挙法改正が行われて、初めて、マニフェスト（従来の公約を含む）の頒布ができるようになったことに疑問を持った人がいるのではないか。確かに、今までも政党の選挙公約はあったが、それは単なる内部文書で、有権者に頒布されると、選挙違反になった。「一般にオープンにできない公約」とは矛盾の最たるものだろう。でも、それはそれで意味のあることであった。

つまり、今までの公約は、有権者は「守られるはずはない」と思い、候補者は自分の「公約」を訴え、有力政治家も「党公約」を作ることには関心を寄せず、マスコミも一通りの報道をするが、その策定過程にまでは食い込まず、すべてが選挙の風物詩と「織り込みずみ」で済ませてきたのでないか。

だが、政権を持っていた自民党は、総選挙になると二〇〇ページにもなる「わが党の公約」を出してきた。それは、政調部会や役所からの意見を集約したもので、利害関係者にはきわめて重要なもので、項目が載っていることに意味があった。それよりも、官庁が今、何をやっているかを確認するには便利なものである。それは、施政方針や予算の編成方針と作り方が似ていた。しかし、研究者の関心すらあまりひかなかったので、「金融ビッグバン」が最初に出てくるのは、審議会でも、大蔵省官僚でもなく、九六年総選挙の「わが党の公約」であったということも専門家すら見落としてきた。もちろん、「金融ビッグバン」は例外中の例外であるが、政策が政党の命であるとするなら、誰がどこで作るのかが、権力の所在と関わってくることに気がつくはずである。

「総裁選の公約が党の公約になる」と小泉首相が宣言したのは、どこの国でも当たり前のその関係を再確認したまでである。今回初めて、マスコミの目にさらされながら、自民党の政権公約が作られたことは、マニフェストが実質的な意味をもってきたことを示している。

それでもまだ整理がついていないことが多い。候補者は個人の「公約」を依然として掲げている。それと、マニフェストは整合されてしかるべきだろうし、個人の政治家にできることは何かをここで再認識すべき時がきているのではないか。政治とはチームプレーであることをマニフェストをきっかけに知るべきだろう。

有権者は、マニフェストを契機に、選挙が政権選択であると改めて気がついたのではないか。また、そこに書かれていることを、選挙後に政権が実行しても、文句はいえない。つまり、マニフェストは有権者に緊張感をもった選択を強いることになる。しかし、ひとたび勝ったマニフェストは、官僚や利益関係団体を黙らせる力をもつことになる。それが民主主義なのだ。それゆえ、マニフェストとは、理念を掲げた政党綱領と行政の実務の間に位置する、国民に問うべき政治判断のことであるべきだ。

しかし、マニフェストですべてを変えることはできない。九七年五月の英国総選挙で野党党首のブレア氏は、「われわれのマニフェストは何でも実現できるといってないし、魔法の杖でもなければ即効薬でもない。イギリスはもっと良くなることができるはずで、そうなってしかるべきだ」といって政権を獲得したのである。

（『毎日新聞』二〇〇三年一〇月二一日夕刊）

18

選挙と政党の新しい胎動

――政権選択とマニフェストの効果

1　はじめに

歴史とは皮肉なものである。小泉首相が派閥退治をできたのも、自らが反対した小選挙区制度の改革によって、派閥の凝集力が弱まったことによることが大きい。また、首相としてリーダーシップを発揮し、橋本派の影響力を削ぐことができたのも、橋本行革で行われた「内閣機能」の強化と無関係ではない。とくに、その時できた「経済財政諮問会議」を利用しなければ、政策の中心が定まらないことになる。制度が効果を発揮するには、一般的には短期では難しく、選挙制度の場合はその実質的な効果が表われるには一〇年かかったということになる。

小選挙区を中心とするルールが変わったのに、政党や政治家が相変わらず、中選挙区制時代のゲームをしていることを、何度もおかしいと指摘したことがある。それが、今回の総選挙では、制度が想定したような「政権選択」へと、政党の動きが収斂してきた。

一方、マニフェストの方は、今年になってはじめて一般の話題になったものだが、たちどころに、この制度に基づくゲームが定着した。この違いはなぜなのか、現実政治の展開から見てみよう。

2　政権選択の意味

「政権選択」が現実的な意味を持つようになったことは、制度が想定していることからは、当然の帰結であるともいえる。政党とは定義により政権を目指して争う集団のことであるが、政権を目指さなくてもやっていける。だが、単一争点型の政党は、国民のある部分の意見を代弁することによって、存在感を示すことができるが、その主張を実現するとなると、やはり、多数にならないと難しい。この点では、土井社民党元党首は法案提出ができる二一議席が欲しいと総選挙で訴えた。しかし、法律にするには、提出だけでは意味はなく、通過するためには過半数が必要であるという当たり前のことを知っておく必要がある。

政権を取るということは、わが国の制度では、下院（衆議院）で過半数を取り、首相を指名し内閣を作ることである。その政権選択の機能を総選挙に求めるというのは、教科書通りのことなのであるが、それすらはっきりしていなかったのが、今までの総選挙だったのである。

つまり、小選挙区制を導入したということは、政権選択を有権者にゆだねるということであった。逆に、比例代表であると、「民意の反映」はできたとしても、通常は、過半数を制する政党がないことが多いので、結局、政党間の取引で、政権が作られることになる。ドイツの選挙(小選挙区比例代表併用制であるが、基本は比例代表制)などがその典型例で、選挙の結果、通常は過半数の議席を取る政党がないので、政党間の協議が時には一カ月も続き政権が作られる。実は、総選挙で政権を問うということは、当たり前のようで、簡単ではないのである。

この制度の原理が定着するのに一〇年もかかったということの背景には、個々の候補者は自前の後援会を維持すれば当選できるという「自分党」中心の選挙の実態があった。小選挙区でも比例代表制でも、党が中心となるべき選挙制度改革だったが、後援会型選挙は依然として存続し、後援会が政党支部に名前を変えて生き残っている例は多い。しかし、その後援会型選挙であるにしても、小選挙区制では過半数の有権者の支持を獲得することを目指す。もちろん、候補者は二人だけではなく、多数が立候補するので、結果は過半数ではなく、相対多数になる。この制度の趣旨通りになるには、やはり、後援会型選挙がある限り、時間がかかったのである。

要するに、有権者が政権を選ぶということが根本であるとするなら、二大政党でなければならないわけではないが、小選挙区制では、国政でも選挙区レベルでも実質的な競争が二つの選択肢に収斂されやすいのである。

3 マニフェスト選挙がもたらしたもの

今回の選挙のもう一つの特徴は、マニフェスト型の選挙が行われたことである。おそらく、将来、歴史を振り返れば、今回の総選挙が「マニフェスト選挙元年」といわれるだろう。

このマニフェストによる実際の競争はきわめて早く定着した。それが、一般の関心を引くようになったのは、今年一月に統一地方選挙向けにマニフェストが提起され、また、菅民主党党首が国会でマニフェストで迫り、また、小泉首相もマニフェストという言葉こそ使わなかったが、「政権公約」を頭に置いて、「総裁選の公約が党の公約」と述べ、総裁選、内閣改造、総選挙の三つを関連させて位置づけたことからであろう。

急展開したマニフェストであったが、今までの選挙公約では、ずいぶんとおかしなことが多かったことに気づかせてくれた。

数ある不思議なことの中から、三点のみ問題にすると、まず、従来の「公約集」（例えば自民党の『わが党の公約』）は選挙期間中に配ると、文書図画の頒布として公職選挙法違反になった。選挙前では、事前運動になってしまう。これらのことを政党が行うのは、正当な政治活動だというのが普通の感覚だろうが、実はそうでなかったのである。つまり、それらは、政党内の「内部文書」という位置づけだったとしか考えられない。公にできない「公約」とは、いかにも矛盾である。

今回、臨時国会の短い会期の中で、政権公約（従来の「公約集」も含む）が頒布できるように改正された。もっとも、自民党の中には、この法改正に異論を唱える者がいたが、むしろ、法案をつぶしたら、もっと手ひどい批判を浴びることになったであろう。

第二のおかしな点は、自民党で、総裁選の立候補宣言と、党の公約はつながっていなかった。確かに、二〇〇一年の参議院選挙では、小泉総裁が当選したのは、三月に党大会で公約が承認された後であった。しかし、今までは、『わが党の公約』は政調と部会を中心に作られ、有力政治家は選挙に関心を向け、公約のことはあまり関心がなかった。また、当選すれば、政治家と利益関係団体や官僚との裁量の余地の多いように作られてきた。今回、政調が作った『重点政策集』が「裏マニフェスト」と呼ばれたが、今までの『わが党の公約』はその系列にはいるだろう。

第三に、今回も見られたことであるが、党のマニフェストがあるにもかかわらず、各候補者は自分の公約を訴えた。実は、この個人公約というものが、公約は守られないと思われた原因でもある。個人が訴える公約とは何かということが、今回、改めて問われた。確かに、中選挙区制の頃には、同一の選挙区に、自民党からは三人も四人も立候補していた。そうすると、党の公約を訴えても選挙にならないので、違いを際だたせるためには、個人の選挙をせざるをえない。人柄や面倒見のいいことや、地元利益の代弁を主張したことには、それなりの意味があった。しかし、小選挙区制になっても、党ではなく自分の公約を訴えるということは、先に見た個人後援会とのつながりで、やはり多かった。しかし、そこで個人が訴えたことは、議員立法でも、予算編成でもないだろう。結局のところ、一番実現しそうなことは、陳情をさばくことと、予算執行における箇所付けということになるだろう。それが守られたとしても、相当危ないことが多かったし、制度として、個人ができる能力以上のことを主張し、実行はできず、また、その結果、党の役割を弱めてきたのである。

4　マニフェストは定着したか

マニフェスト選挙への批判は、制度に対する批判なのか、それとも、具体的なマニフェストの出来不出来に対する批判なのか区別がつきにくいが、おおむね、「自民党と民主党の主張には違いが分からない」とか、「マニフェストの主張は今までの公約と違わない」とか、「国家理念や国家経営の大枠が示されていない」とかに集約されるだろう。

前の二つの疑問は、まず、現物を調べるしかない。確かに、自民党と民主党の冊子を手にとって、両者の違いを一言で言い当てる人はそうはいないだろう。だが、自動車や家電のカタログを手にして、その違いを一言で言い当てなくても、商品を買うことはできる。むしろ、それが一般の消費者であっただろう。われわれも、両者の違いを様々な方法で比較してみたが、明らかに相違はあるし、過去の公約とは比較にならないほど、分かりやすくできている。しかし、まだ工夫の余地が多いことは確かである。問題は、全体像をどう示すかを考えておくべきであろう。

政権をとって一体何をやるかのメッセージと、その具体的な実行のストーリーが重要である。だが、それが単なる夢や大風呂敷では、信用しようがないが、四年先までの具体的な政策の手順がマニフェストに示されていれば、その実行可能性の根拠の確認も、検証のしようもあるだろう。その全体像と、国家理念やイデオロギーとはどう関連するのかだが、本来、そのような長期のことは、党の綱領に書かれるべきであり、マニフェストは四年の政権の範囲であると見た方がいいだろう。しかし、問題は、今の日本では、党綱領を本格的に作るというやっかいなことは避けられる傾向にある現実にあるのではないか。

今回のマニフェストについては、世論調査によると、「投票の際にマニフェストをどの程度重視したか」（『朝日新聞』二〇〇三年一一月一二日）では、「大いに重視した」（一六％）、「少しは重視した」（五三％）、「重視しなかった」（二六％）と、重視派は七〇％にも達する。

別の調査では、「政権公約（マニフェスト）を投票の参考にした人」（『読売新聞』二〇〇三年一一月一二日）「大いにした」（一九％）「多少はした」（二三・六％）、「あまりしなかった」（一八・八％）、「全くしなかった」（三二％）と、「参考にした」は四三％で、「参考にしなかった」が五一％で参考にしなかった方が多い。さらに、自民支持層の中を調べると「参考にした」三七％、「参考にしなかった」五九％で、参考にしない方が多いが、民主党支持層では「参考にした」六一％、「参考にしなかった」三七％と「参考にした」が多いのも興味があることである。もっとも、「参考にした」がどこまで投票行動に影響を与えたのかの判定は難しいが、「大いに重視した」「大いに参考にした」人には、強い影響を与えたか、それまでの支持を強固にしたと考えられる。とにかく、マニフェスト型に転換した最初の選挙としては十分意味があったと見るべきだろう。

5　どう変化していくのか

日本政治は変わらないとよく言われる。確かに、表面を見ていると、自民党政権はそのままだし、選挙カーががなり立てる運動方法は相も変わらずである。だが、まず、自民党政治における派閥は急速に影響力を失ってきた。派閥は、党総裁を選ぶときに最も力を発揮して、選挙資金や選挙応援、閣僚人事において、重要な役割を果たしてきたが、それが、小泉内閣ではほとんど意味を持たなくなってきた。組閣における、派閥によらない人事の影響が大きいが、小選挙区選挙が派閥単位ではなくなったことが、ボディーブローのように効いてきた。派閥幹部のいうことを、個別の議員が聞かなくなってきたのである。

また、今回の選挙で、族議員のボス達が落ちた。高齢ということもあるが、族議員型政治も変わりつつある。もう一つの典型が、郵政の小ボスの荒井広幸代議士の落選である。小泉首相が、「嘘つき」といったことが大きいが、マニフェスト型選挙によって、首相や党マニフェストに抵抗して存在感を示すという手法の問題点を明らかにした。本来は、すべての選挙区で、嘘つきか否かをチェックすることが必要だが、後援会型選挙は残るとしても、マニフェストが個人公約を淘汰する作用を果たすと見ることはできるだろう。そうすると、必ず起きる批判は、「鉄の規律」の政党は真っ平だということだろう。しかし、自分の党の公約に不満があるなら、党を出ていくか、あるいは、党内で自分の主張を党のマニフェストに盛り込む努力をすべきであろう。マニフェストを作るということを考えると、党の仕事は、実はずいぶんと増えるのである。つまり、マニフェスト選挙とは、党内の意思決定過程の変更をも要求する。それは、サッチャーもブレアも辿ってきた道なのである。

また、民主党の方は、議員立法にエネルギーをつぎ込むことも重要であるが、そのエネルギーをマニフェストに集約すべきであろう。そして、政策とは、政策の部品も必要だが、全体像を示す設計理念やデザインの発想が必要なのである。

6 おわりに

今までの選挙では、ビラを手にしても、すぐに捨ててしまった人が多かったのではないか。しかし、今回は、マニフェストを手にして、パラパラと中身を見た人は多いだろう。特に、民主党は一〇〇〇万部以上刷ったので、相当数の人が手にしたはずである。ただし、そのマニフェストだけで政権を取ることはできなかったが、有力な武器であることは確認された。

総選挙後には、政権与党の問題と、野党の問題がそれぞれある。まず、政権党はそのマニフェストを実行する体制を作ることが重要である。もちろん自己評価が必要になるが、イギリスのように、白書や青書、あるいは政府の年次報告書で自己評価をすることが参考になるだろう。もちろん野党は、それがどれだけ実行されたかをチェックする仕事がある。それだけではなく、マスメディアやシンクタンクは実行の検証や分析をしなければならない。われわれも、検証をはじめるつもりであるが、それには、情報公開が欠かせない。マニフェストというカタログの分析が本来の政策評価ではなく、実行されている政策そのものの分析・評価には、具体的な情報、数字がぜひとも必要となってくる。

一方、野党のマニフェストは、反省を含め、総点検をすることと、次の総選挙に向けて、洗練させる必要があるだろう。

次の参議院選挙では、やはり各党がマニフェストを掲げて選挙を行うことになるだろうが、本来、参議院選挙は政権を争う場ではない。となると、参議院選挙をどう位置づけるのかが問題になるのだが、マニフェスト実行の中間評価に当てたらいいのではないか、というのが今回の選挙を踏まえての結論である。

(『改革者』二〇〇四年一月号)

19 年金に見る「日本問題」

総選挙では、年金問題が多くの予想に反して、有権者の関心の一位に来た。それは、年金のような長期的な制度が不安定だと、自分の「人生設計」ができなくなり、不安が増してくるということだろう。

あたかも、終身雇用制を前提に自分の人生設計をしてきたところへ、いきなり、リスク・ヘッジは自己責任でといわれても、中年以降では対処の方法がないという状況に似ている。

しかし、不安といっても、すでに年金の受給者が不安を感ずることとは少し事態が違う。確かに、将来減額や受給年齢の引き上げがあるかもしれないが、それは、将来世代の話である。この層の不安は、むしろ、年金よりも、自分の生活、病気、介護、家族の問題に対する不安で、それを、年金問題と答えていると見るべきだろう。

それにしても、不思議な議論がまかり通っている。それは、少子高齢化が年金問題の原因というような議論であるが、少子高齢化は、三〇年も前から分かり切っていたことである。確かに、人口推計が下位推計を下回って少子化が進んでいるという事態はあるが、それも誤差の範囲だろう。つまり、人口構成が、団塊の世代のところが逆ピラミッドになるということは、何十年も前から分かっていたはずで、それに対処できる制度の設計が当然なされていなければならなかった。企業でも、年功賃金制を維持するには、企業が成長し、若い層が絶えず入社してくることが必要であったのと同様である。

相当の人口変動があっても耐えられる制度ということなら「積み立て」型の方が「賦課方式」よりも有効であるが、それを今取ることはほぼ不可能である。確かに、「積み立て」方式はインフレに弱いということがあるが今はそうではないが、それを取ることができないのは前提条件が厳しすぎるからである。

というのも、まず、現状でどれだけの給付の約束をしてしまっているのかを確定することが重要であるが、その推計も、かなりの幅がある。六五〇兆円から、多く見積もって一〇〇〇兆円とするかで、計算が違ってくるが、まず、この額を棚上げしておいて、単年度で収支バランスが取れるかどうかを考えてみることが、第一歩であろう。

ここに、片方に多額の借金があり、単年度での収支バランスという問題が出てくる。多くの人は、それは、プライマリーバランスの話と同じではないのかと気がつくであう。

さらにいえば、国と地方が抱える赤字財政問題も、道路公団の民営化の問題も、銀行の不良債権問題も、同じ構造であることに気がつくであろう。すなわち、今の日本が抱えている日本問題の一つがこのように共通して発生していることをどうするかである。

ここでは、年金の場合は、年金基金が一五〇兆あり、その内容はどうなっているのかという問題もあるが、ここでは、約束分を借金と考え、それは棚上げしようという前提である。実は、日本企業は銀行から多額の借金をしていたが、金利だけ払えば、それを返済することは、かつては銀行も企業も考えていなかったが、不良債権処理では、返済を迫る銀行が出てきたので、立ちゆかない企業が続出してきた。ここでは、返済ではなく、借金を抱えても、プライマリーバランスの維持を目標としても、条件は相当厳しいことに気がつくだろう。

二〇一〇年までに国家財政のプライマリーバランスをどう取るのかということも、道路公団民営化の四〇兆の借金も、解決策に手品はないのである。

まず、借金部分の金利をどうするのかが一つのテーマである。道路公団の場合など、財投資金を返済し、低利の国債に借り換えると、財投資金に穴が空くという問題が出てくる。

年金問題では、各年度で赤字にならない制度とはということになるが、現状は、どれだけ欲しいか、どれだけ払えるのかというところが出発点になっている。給付を下げ、負担を増やすしかないこの問題に、二〇%と一五%を足して二で割るということが今、現実の解決として行われている。つまり、この「日本問題」のまず出発点は、借金の固まりと、単年度のバランスをどう取るのかという地味な議論を積み重ねて、長期に収斂させるような制度にしないとそれこそ将来世代にとんでもないツケを先送りしてしまうことになるのである。

（『産経新聞』二〇〇三年一二月二三日）

20 参議院選挙では何が問われるか

1　はじめに

「天につばするもの」とはよくいったものである。参議院選挙では年金問題で攻めようと思っていた民主党は、党首の年金未納問題で自らの首を絞めることになる。「未納三兄弟」などといわずに、何が未納の発生原因かを見抜いたうえで、大臣・政務次官などの未納と、ただの未納とを区別して批判していれば、被害はもっと少なくても済んだはずである。

もっと大きな政治の皮肉をいえば、参議院選挙は政権選択の選挙ではないが、政権が窮地に追い込まれたり、政権が変わった例は、参議院選挙の方が多い。小泉内閣の行方は、八六年(同時)選挙で大勝した中曽根内閣のようになるのか、八九年参院選挙で敗退した宇野政権や、九八年参院選挙での敗退が政権交代の原因となった橋本内閣になるのかで占いは大きく違ってくる。いわば、この「政権の鬼門」がなぜ参議院選挙で発生するのかを、原理とともに見る必要がある。

さらには、参議院選挙ではマニフェスト（政権公約）はどうなるのか、単純に、参議院選挙は政権選択選挙ではないので、マニフェストと関係ないと言い切ってしまっていいのかという問題でもある。この点については、私も参議院選挙はマニフェストの「中間評価」という位置づけを昨年来繰り返してきたが、その根拠と方法をもう少し詳しく述べておく必要があるだろう。

2　参議院そもそも論

マニフェストを「政権公約」と訳してみると、日本の政治の構造がハッキリしてくるという副産物があった。つまり、選挙とは国民が「政権選択」をすることであるということが確認されたのである。もちろん、有権者が選挙で候補者の中から代表を選択して、国会に送り出すことがその役割だともいえるが、国会に送り出した先のことまでも、選挙で問われていることの理解が進んだともいえる。

そうすると、政権選択をめぐる選挙とは総選挙（衆議院選挙）に集約されることになる。これを簡単に整理すると、日本の政権獲得は下院（衆議院）で過半数を単独または連立で確保することにより成り立つ。そのためには、政党は、選挙に際して「政権の姿」と「政策の姿」を国民に示す必要が出てくる。その集約集が「政権公約」（マニフェスト）といってもいいだろう。だからマニフェストには、次の総選挙までに、どのような政権の姿で、どのような政策を行うのかが明確であることが必要だ。それゆえ、そのマニフェストには根拠が示されるべきで、何を、いつまでに(時期)、どのような財源で、明確にする(できれば数字をあげて)ということが重要となる。そうでないと、有権者が何を根拠に選択していいのかが分からなくなってしまうからである。

下院(衆議院)選挙が政権選択であるとすると、一体、参議院選挙の役割は何かという「そもそも論」が出てくる。それを端的に示すものとして、議院内閣制の理解において、衆議院内閣制か両院内閣制かという解釈の対立がある。

すなわち、政権の選択は、すでに見たように、下院の過半数をめぐるゲームでの勝負ということからいえば、わが国の制度は、衆議院内閣制であるということができる。しかし、参議院は首相の指名もできるし、首相は参議院議員であってもいいことになっている。もちろん、首相の指名において、衆参の指名が異なるときには、両院協議会を開いて決着を計るべきであるが、両院の対立は解消されることはまず無いので、首相指名では衆議院の議決が優先される。もう一つの衆議院の優越は予算である。しかし、このような衆議院の優越は限定的なもので、通常の法案では、ほぼ対称型の衆参両院があることから、政権は両院から成り立つという両院内閣制を唱える向きもある。しかし、いかに参議院選挙が政権の鬼門であるとしても、参議院選挙が政権選択であるということを原理的に説明することは難しい。

3 政権獲得と法案成立の差

むしろ現実政治の文脈で、参議院選挙が果たしている役割を理解する方が分かりいいだろう。

まず、政権運営のために、法案を確実に成立させるために、政権党側は、二重の安全弁を用意したがる。つまり、下院の過半数によって、政権は成立するが、それだけでは法案を確実に通過させるためには十分ではないので、二つのことを考える。①衆議院を通過した法案が参議院で否決されることを防ぐために、参議院で単独で過半数を確保することが無理なときには連立を考える。②院の過半数とは本会議の過半数と同じであり、それだけでは、委員会の通過が確保されないので、委員長ポストを取ったうえ、さらに委員会の過半数を確保する「絶対安定多数」の基準を用いることがある。

こう考えると、なぜ、衆議院で過半数を取っていながら、自民党は、自公保や自公などの連立を組むのかの理由は参議院の過半数によっていることが明白になってくる。つまり、下院の過半数を獲得しようとすることが、衆院内閣制の基本原理であるといっても、政権の姿が、この参議院の構成に引きずられている実態がある。原理の方からいえば、参議院は政権選択とは関係のない選挙であるが、実態として、政権選択が参議院での過半数を「連立」で確保するという、政権の姿を問うことにもなっているのである。ここ何年かの、自民党の連立の理由は、選挙区レベルでの実態的な選挙協力ということもあるが、表向きには参議院をもっぱら理由としている。逆に、総選挙でも参議院選挙でも、野党が政権を取ろうとしたときに、参議院の少数はどうするのかということが問われることにもなる。ただし、この点に関しては、下院の過半数をとっているので、政権はくつがえらないが、法案は通らないということを覚悟する必要がある。あるいは、本来は、両院協議会をもっと活用する方法を模索する必要もある。

この問題は、選挙後、院の構成が決まる時に、法案が通るように盤石の体制を整備しておきたいという、国対上の要請が優先されているという問題が絡む。ハードルを安定的に通過させるために、前倒しで整えておこうとする傾向は日本だけではないが、あまりにも、事前に周到に考えるので、結局、参議院が政権選択の場のような錯覚をもたらしてしまうのである。

4　選挙のダイナミズムと政策評価

両院内閣制を主張しなくても、参議院選挙の結果をもっと重視すべきであるという立場はありうる。衆議院選挙以降の国内外の変化や政策に対する国民意識の変化をフィードバックとしてどう受けとめるかという問題でもある。原理的にいえば、すでに見てきたように、選挙は世論調査ではなく、政権・政策の選択である。しかし、衆議院選挙が終わった段階で、院の構成が決まれば、すでに見たように、絶対安定多数や参議院の構成も分かっているので、選択される政策の行方はほぼ見えてくるはずである。しかし、それだからといって、国会審議がいらないわけでも、あるいは、第二院が不必要なわけでもない。ましてや、参議院選挙は無意味なものではない。

まず、衆議院選挙で掲げられた政権公約の中間評価が、参議院選挙で問われるであろう。もう一つ大きな点は、国際環境や経済状況などの変化をどう読み込んだらいいのかである。

中間評価といっても大きく二つのことがある。マニフェスト（政権公約）で書かれたことが不十分であったため、その不足分を実際の状況の下で、もう一度、判定する例である。例えば、昨年の総選挙で、自民党の政権公約では、三位一体における四兆円削減の中身は示されず、道路公団民営化では「二〇〇四年に国会に提出」、年金改革では「将来の国民負担率五〇％以内」と内容はハッキリしていなかった。それが、実際の政治的過程で、具体案が決まったり、法案化したりした。そうなると、その内容の選択は、総選挙では行われていなかったことになるので、改めて、国民の意見を仰ぐ必要がある。具体的な政策内容を有権者はもう一度検証する必要があるのである。

これが評価の第一点目であるとすると、第二の評価は、政権公約がどこまで進捗したのか実績評価になる。通常の評価とはこの第二の評価のことであるが、昨年の政権公約には、急を要する重要政策において第一のような空白部分が数多く存在したので、本来の評価が二番目になってしまう。

この評価とは、口で言うのはたやすいが、かなり大ごとになる。例えば、自民党は一三〇の政策が「政権公約」であったとしている。公明党には一〇〇の政策がある。本来的には、両党の政権の姿と同時に、連立政権の政策の姿をも示しておくべきであったが、それは、残念ながら相当曖昧なものであった。

これらの政策の自己評価が、政権党側、政府側からなされるのが通常であるだろう。すなわち、政権公約の九三％を実行したとか、政権公約に関連する法案を七五本国会に提出とか主張するだろう。これに対して、その自己評価は甘すぎるとか、根拠がない、データが怪しいなどと、野党やマスメディアは反論するのが通常のケースだろう。しかし、この時に、これら政策の評価をするためには、評価の基準が必要になる。もちろん立場が違えば、基準も変わってくる。さらには、根拠となる資料やデータがいつでも手に入るとは限らない。本来的な「情報公開」とは、政策に関する情報を役所に求めるということであることが、再確認されるだろう。

すなわち、マスコミやシンクタンクが評価をするとしても、有権者に明確に選択肢を提供するのは政党の役割である。とくに、野党の役割とは、政権党が行った政策に対して、その欠陥を国民に成り代わり示すことにある。かつての反対のための野党との違いは、根拠を示して、政策の欠陥や政策成果を論ずることである。それは、かなり地味な作業であるが、それがなければ、マニフェスト選挙を導入した意味がない。

5　野党のマニフェスト

それでは、野党が総選挙で示したマニフェストはどう評価したらいいのだろうか。

原則からいえば、それは破れたマニフェストである。また、各党が掲げる政策には一貫性がなければならない。となると、次の総選挙に向けて、支持を拡大できるように、総選挙の時のマニフェストをブラッシュアップ、バージョンアップすることが肝腎だろう。しかし、民主党若手の中には、昨年のマニフェストを参議院選挙でも支持者にもう一度配り、年金問題や三位一体や高速道路などを、政権党が決めた案と比較してもらおうとしている者もいる。そうすると、逆に、昨年の段階の案でも、現在の政府案と比較して、実行案としてどちらがすぐれているかが分かってもらえるという。すなわち、資料として残るマニフェストの意義がここにもある。

政策とはアイディアの固まりであるし、それは蓄積もされるし、進化もする。しかし、マニフェストの出来映えを比較するだけでは、政党の役割を果たしたことにはならない。選挙に勝って政権を取るという当たり前の課題が政党には突きつけられている。そうすると、政権を取るためには、衆議院選挙での勝負が肝腎といっても、今度の参議院選挙をそれとどう関連づけるかが政党の戦略問題である。

6　参議院選挙の政局論

この時に従来型の、五一議席を取らなかったら小泉首相退陣、というような政局論が登場するが、そのような政局論を、もう一度、「そもそも論」とすり合わせておく必要がある。それは一見すると、選挙のダイナミズムを確保しているようにも見える。しかし、政権の鬼門は参議院選挙ではあるが、政権選択を参議院でしているわけではない。つまり、橋本内閣から小渕内閣への交代は、自民党内での交代でしかなく、内閣改造に近い。選挙で敗れたら、野に下るということとは大きく違う。一見すると、政権交代がなされたように見えるので、選挙のダイナミズムが働いているような気がするが、原理的にいえば、選挙で政権交代をするということは、政権を失うことである。もし、選挙の敗北の責任を取るのであれば、政権を放棄することであろう。しかし、理屈の上では、衆議院の方は過半数を確保しているので、与党が政権を放棄し、野党に政権交代をしたところで、野党は依然として少数である。ということは、いとも簡単に、内閣不信任は可決する。そうなると、その少数政権は、総選挙をせざるを得ないだろう。

しかし、参議院の敗北で政権を放棄し、野党に政権を渡すということはまず考えられない。問題は、参議院選挙での敗北が、政権にとって手ひどいダメージとなる場合である。マニフェストとの関連でいえば、政策の中間評価が、有権者から手ひどく厳しいものとなった時である。

確かに、首相を変えて、政権維持をはかるという手法は、過去に存在したし、今後もあり得るだろう。しかし、マニフェスト型選挙とは、政権選択・政策選択・首相選択を一体のものとしようということである。首相という表紙だけを代えて、政権党の存続を図るという手法とは対極にある発想である。これは、小泉内閣登場以来問題になってきた、小泉総裁を選び、首相にしておいて、首相一人が党と意見が違うのだから、小泉が変われば簡単で、党本体が変わる必要はないという「抵抗勢力」の発想でもある。

7　おわりに

マニフェスト型選挙の中に参議院選挙を位置づけるということは、原則から考えないと、混乱してしまう代表例であるだろう。例えば、外国に例を求めるとその答えがあるというようなことでもない。つまり、イギリスの貴族院は、選挙がある日本の参議院とは違う。また、連立が通常の姿になっている日本の政党政治は、単独内閣のイギリスの政治とも違う。また、選挙後に政党間で政権協議を行うドイツ型とも違う。

強いてあげれば、イタリアがそれに近いかもしれない。

このような、外国に答えを簡単に見つけることができないのが、通常の政治である。つまり、原理を現実との対比の中で整理しておくことが必要である。しかし、そうすると、現状の参議院の分析から、衆議院内閣制の徹底を考えると、一院制論が出てくるのは当然である。あるいは、連立政治を少なくするためには、単純小選挙区制が出てくるのも頷ける。しかし、一足飛びに憲法改正を前提とするような議論をしなくても、現状の矛盾を理解した上で、本来、われわれが想定するような、首相を中心とする内閣のリーダーシップをはかる制度の設計や、政権交代が可能なシステムを有効に生かすための努力をまずすべきである。

マニフェストは自己評価し、批判され、そして進化する。選挙で政策の選択がなされるという原点を確認しただけでも意味は大きい。参議院選挙でも政策論議は大いに戦わせるべきだし、「政策評価」がもう一つのキーワードになるべきである。

(『改革者』二〇〇四年六月号)

21 マニフェスト実行体制

1　はじめに

マニフェストが導入されて、明確になった二つのことがある。それは、選挙で政権選択がなされるという当たり前のことが確認されたことと、もう一つ重要なことは、政策は実行されてはじめて意味があるということである。「政策とは、実行されなければただのアイディア」ということも、きわめて当たり前のことであるが、過去には「紙に書いた政策」を政策と思っていたフシがある。

実行されるべき政策ということについて最近の変化をあげておくと、経済学者が政権に接近する例が多いが、それは、ある意味で、理論や政策の研究をペーパーに書くだけでは、意味がないことに気がつき始めたからであろう。もう一つの例としては、昨年の総選挙で各政党がマニフェストを掲げて戦ったが、その評価において、政権を取っていない野党のマニフェストは、実行や政策の進捗の評価という点では、ほとんど点がつかないということである。つまり、紙にいかにいい政策を書くことができても、政権を取らないと、実行に移すことができないという政権と政策の関係が改めて明確になったということができる。

有権者の方も、マニフェストに掲げてあることを、選挙では信じてこなかったのか、今までの公約と同じと見たのか、真剣に考慮の対象とはしてこなかった傾向がある。つまり、そこで掲げた政策を選挙で勝った政党や首長が、すぐに実行することなどありえないと思っていたといえる。しかし、それが実行案のパッケージであるとすると、本気で政権や政策を考慮し、選択をしないと、後で文句をいっても遅いのである。すなわち、「苦い薬」などが入ったマニフェストは、実行されるはずがないと高をくくって政治に関心を向けていないと、それが選挙後に実行される可能性は高くなったのである。もっとも最近では、甘いことだけをいっている公約は、信用されず、たとえ「苦い薬」が含まれていても、それが本当のことをいっているとかえって信頼を獲得することもある。それゆえ、今までよくいわれてきたこと、「誰がやっても同じ」「どれも違いがない」などとは、もういえなくなっているのである。

そのことは、勝利した政党や首長の方からいえば、「苦い薬」でも、有権者に信任を得た政策なら、実行できるという特典がある。つまり、とりあえず当選しておいて、後で、政党・官僚・利益集団と相談の上、政策の具体策を詰めればいいという従来の方式は、成り立たないということがハッキリしてきたといえるのである。

2 ローカルマニフェスト

政党が掲げるマニフェスト一般と首長達が選挙で訴えるローカルマニフェストでも、日本での「政権公約」という訳語を当てると、両者は変わりがないことが分かる。すなわち、ローカルマニフェストでも、地方政府の政権を獲得することにより、政策を実行する案という文脈で考えれば、共通している。ただし、大きな相違は、パーティ・マニフェストは議院内閣制が前提で、首長選挙は基本的には大統領制であるという点である。もちろん、首長選挙も政党政治の上で行うことが可能であるが、わが国の選挙の実態では、無所属型、個人型選挙が一般的になっている。無所属や個人選挙の際のマニフェスト頒布の方法は制約が多いという公職選挙法上の問題もあるが、ここでは、政策実行上の体制の議院内閣制と大統領制の相違の方を注目することにする。

この問題は、主として、議会との関係において大きな問題となる。すなわち、大統領制では、議会に基盤を持っていないので、大統領の党派と議会多数派の党派が異なる「分裂政府」の例は、アメリカ政治をはじめとして数多く指摘されているが、首長が議会多数と対立する例は、日本でも見ることができる。少数政権の問題は、通常は立法や予算の決定の上で問題になってくるはずであり、その際の議会の説得やロビイングは重要なことである。しかし、わが国の地方政治でそれより多いのは、選挙における与野党相乗りと、議会の総与党化の傾向の方であろう。

北川正恭元三重県知事などは、マニフェスト導入により、要求型から優先順位を問う議論に「議会が変わってくる」ということを繰り返し指摘しているが、知事と議会が対立していても協調的でも、マニフェストの効果として、議会の役割が明確になるという利点がある。それは、議会はどっち向きの立場を代表しているのかを明確にせざるを得なくなり、知事に反対するならその根拠を示す必要となり、執行部と議会に「緊張感」が生まれるということでもある。

3　非対称性

実行体制を考えるときに、現職の首長なのか、挑戦者なのかで、大きく違ってくる。まず、マニフェスト作成の段階からして、現職と新人では、きわめて非対称的である。これは、パーティ・マニフェストでも、政権を持っている側と野党(挑戦者)側では、非対称であることと同一である。だが、ローカルマニフェストにおける挑戦者が書くことができること、なし得ることには相当程度差がある。特に、行政内部の情報をどこまで使って書くことができるのかは、情報公開一般の問題とも密接につながってくる。挑戦者が当選した際に作ったマニフェストが、情報不足により、実行案としては不十分で、政策変更を余儀なくされることは当然予想される。もちろん、マニフェストは事前に、「フィージビリティ・チェック」をしているとしても、根拠となる数字が明らかでないと、狂いが生じる可能性は大きい。仮に、その種のマニフェストをすべて排除すべきということになると、現職以外立候補ができなくなるという矛盾を生むがゆえに、解決すべきことは、行政情報の事前公開をどこまで行うかという方向に議論を進めるべきであろう。そのことは、マニフェスト評価においても実は発生することで、政策の評価において、実行の程度、進捗を測定するときに、行政内部の情報公開がなされていないと、正確な評価を行うことは難しい。

その意味で、実行体制といっても、現職知事がマニフェストを掲げて当選した例と、挑戦者が勝った例では相当違いが出てくる。すなわち、政権交代における事例と同様である。確かに、現職知事の例として、増田寛也知事がいうように、選挙で勝って県庁に出向いたら、担当部長から公共事業三割削減の案ができていたという例はあり得る。あるいは、イギリス内閣の例のように、政権が代わっても、役人はどちらの党のマニフェストにも対応できるように準備できているということもあるだろう。

しかし、通常は、政策を掲げて選挙を戦ったら、当然のことながら、その政策を実行させる必要がある。その際、当然のことながら、官僚機構を使って政策の実行を計ることになる。その時に問われることは、①機構改革を行うのか、②政治任用をするのか、③公務員は、特別職を想定するのか、一般職のままかというようなことである。

実は、このような問いが、本来、出てくるべきだが、実際には、ダイナミックな組織変革まではなされないことが多い。それは、大統領型の地方政府といっても、それはスタッフの変更を伴うものではなく、一般職の公務員の上に乗った大統領制だからである。その点では、政治任命をどの範囲まで行うのかも、実際上は、一部のブレーンに限定されるか、審議会の委員の任命程度のことが多い。つまり、アメリカ型大統領制という政治的な条件の他に、アメリカ型経営ではCEOが新チームを引き連れて会社経営を行うという、「そっくり入れ替え型」の経営文化との違いでもある。その点では、政権が代わっても、イギリスの公務員のように、新政権にも仕えるという制度を学ぶ方がいいのかもしれない。ただし、制度設計上、大統領制と特別職公務員の政治任命のケースと、一般職公務員の政治任命とは、国の公務員制度と内閣主導を考える際にも、すべては解決していない問題なのである。イギリス型なら、一般職の政治任命という方向が考えられる一つの道筋ではあるだろう。

それでも、いくつかの特徴的な変化が、すでに表れている。増田知事の岩手県では、財政課を廃止し予算調整課に改め人員と権限を縮小している。三重県の北川知事が予算編成過程を包括配分型に大幅に変更したのと発想は同様である。

また、政策評価を外部に求める方法もある意味で定着しはじめている。すなわち、自己評価とは別に、神奈川県の「松沢マニフェスト進捗評価委員会」や岩手県など多くの県で評価の組織が設けられている。

また、国レベルにおいて、21世紀臨調が主催したように政権公約(マニフェスト)検証大会同様に、ローカルマニフェスト検証大会を行うことにより、県内部だけの評価ではなく、横断的な評価をすることにより、共通する問題点を明らかにできるという点が可能となる。

4　行政機構の改革

政策を実現するには、二つの考え方がある。すなわち、旧来の官僚機構に政策を合わせるのか、政策に合わせて、その実行体制（官僚機構）を変えるのかの考え方の相違である。これは、橋本行革でも問題になった点で、「何のための行革か」と問われたときに、省庁再編で省の数を減らすこと（この時の行革は役人の数を減らすのが目的ではなかった）が目的なのか問われたことに関係する。一つには、行政改革が日常的なところと、行政改革などは滅多なことではなされず、橋本行革でも、明治以来の省庁名が変わり、省庁再編は可能なのだということが分かっただけでもその意義があったというような奇妙な評価が出てきた原因でもある。

すなわち、極端な話として、マニフェストを実行するために行革を行うという主張があってもいいはずである。それは、21世紀型国家とは何かということを論じたときに、高齢化や情報化などの政策を中核として考え、それに応じて、省庁の機能再編を計るのか、それとも、橋本行革で求めたような普遍的な「国家の機能」とは何かを問うような例（①国家の存続、②国富の確保・拡大、③国民生活の保障・向上、④教育や国民文化の継承・醸成）との差でもある。

さらにいえば、地方政府の方が機能再編には柔軟に対応できる要素が多い。しかし、現実には、そこまでのことをして、マニフェストの実行体制を計る例は少なく、すでに見たような、推進本部を置くのか、あるいは、既存の「総合計画」との整合性をどう取るのかなどの日常的な政策の延長上に置かれることが多い。すなわち、マニフェストの中心的課題である、限られた予算の範囲で、どれだけの政策を行うのかという問いと同時に、それを行うためには、どこまで組織をマニフェスト型に変えるのかという、実行体制上の問いも重要なことなのである。

5　おわりに

そもそも、何のためにマニフェストを導入したのか。マニフェストのためのマニフェストではない。すなわち、政権と政策の関係を明確にし、選挙の時に有権者に選択肢を明確に示すことができるということを目指したこともかなり共有されはじめている。さらにいえば、マニフェストを導入することにより、政治のパフォーマンス、行政のパフォーマンスを向上させることができるという期待がその背景にはあったはずである。そのパフォーマンスとは、迅速な決定であり、限定的な予算をどのように配分し、効果を上げるかであり、制度をどこまで使いこなすことができるか等であり、その測定には、また各種の方法があるが、マニフェストによって今まで見えてこなかった問題点が浮き彫りになってきたことは確かである。

そして、次は、いかに実行体制を築き、それにより効果を上げるかが問われることになる。その点で、その実行を評価することは、今まで以上に、政策の専門家が外部から評価するという役割も大きくなったといえるのである。

（『ガバナンス』二〇〇四年九月）

22 日本政治の課題と展望

1　小泉内閣、四年間の評価

小泉内閣が成立してから四年になります。では、その四年間を総じてどう評価するのか。この点に関しましして、少なからぬ人が、小泉さんは「ワンフレーズ」とか「ポピュリスト」とか「パフォーマンス」とか「サプライズ」と評しています。確かにポピュリストだろうと思います。ただし、どこの国でも、今の政治家はテレビに出てマスコミに登場して、国民の支持を得ないことには政治は運営できません。ですから、大なり小なり政治家にはポピュリストの要素は必要であります。しかし、小泉さんは北朝鮮に対する「経済制裁」と「郵政民営化」では世論調査と逆のことをしています。

小泉さんは政権発足後、公約に掲げた財政出動はしないということを貫いてきました。国債発行では三〇兆円の枠ははみ出してしまいました。しかし景気対策に財政出動という「経世会」をはじめとして日本の政治では当たり前の手法を、信念として頑固なまでにやらなかった。

それからもう一つは、政治的には、自民党を壊すと言いました。まだ壊れていないのはその通りです。従って、あの時の威勢の良さはどこに行ってしまったのだろうと、疑問に思われる方も多いと思います。ただ本人の意識としては、自民党を壊すことが目的ではなく、改革を進めるということが本意であり、その改革の成果は着々と進んでいると説明しています。

これに関しては、多分異論がたくさんあろうかと思います。道路公団、郵政、年金あるいは三位一体、地方分権の話はどうなったんだという指摘はあると思いますけれども、「財政」と合わせて二つの成果ではないかと私は考えています。

財政出動を政策手段として使うことは我慢した。二〇〇三年に底を打ち景気が回復に向かったのがその直接の成果であると言えるかどうかは別として、少なくとも各企業が財政出動に期待しないで自助努力して、例えばリストラしてコスト削減に頑張るようになったのは、その通りだろうと思います。だけれども、景気が悪いといつでも財政出動するという手法は止まりました。これも小泉さんが果たした一つの役割だろうと思います。

2　政治の構造改革

もう一つは、政治の意思決定、特に政策決定過程における手法をいくつか変えました。例えば、組閣の際の派閥中心主義は取りませんでした。それまでは組閣の時には、各派閥のリーダーが大臣の候補者リストを総理大臣に示して、これをもとに派閥の議席に応じて大臣の数を大体割り振り、総理が自由に選べるのは「総裁枠」の数人に限られていたわけです。つまり、先ず派閥同士で割り振って、最後の一個か二個のポストは総裁が自由に決定するということになっていたのです。

憲法的にはすべての大臣が総裁枠ということになっています。この当たり前のことを小泉さんは、ほとんど他人の意見を聞かないで平気で実行したわけです。その結果、かなり派閥の役割がなくなって来た。かつての日本の政治では派閥政治によって、政治主導のイメージがぼやけていました。

しかし、よくよく考えてみると、政治のリーダーシップというのは、首相を中心とする内閣が持っていなければならない。個々の政治家が役人を呼びつけて命令したり、政党、特に与党が内閣の決定を牛耳ったりする(与党審査)ことではないわけです。この点に関しては問題を提起したのも小泉さんであったと思います。

実は、これまで日本の政策決定では、通る法案は議員立法ではなくてほとんど内閣提出法案です。つまり、各省庁の中で積み上げ、大臣が閣議決定に持っていって内閣から提出するわけです。ところが、その内閣提出法案の場合も与党・自民党の意思決定過程、政策決定過程で了解を得ないと法案提出ができない。従って、意思決定プロセスが全部二系列になっているわけです。例えば、予算について部会で反対を唱えたり、さらには基本的に全員一致制を取っている総務会で反対をすると、法案提出ができないということが起こるわけです。今後これが郵政問題で起きるのか起きないのかと皆さんが注視しているのはご承知の通りです。

イギリスの場合には内閣に与党の有力議員が入閣します。ですから、内閣と与党は一体なわけです。これに対して日本は「政府与党」とは言いますが、政府と与党は依然としてバラバラです。例えば、郵政改革の行方がはっきりしないのは、野党が反対しているからではなくて、与党・自民党の中に反対勢力があるからです。小泉総理一人だけが郵政改革を言っているのだから、総理自身が自民党の大勢に従えば丸くおさまるんだという議論さえあるわけです。おかしなことですけれども、かつてはそれが日本の政治だということで、おかしいとは思われていなかったわけです。しかし、小泉さんは内閣による一元化によってそうした歪みを是正しようとしている。そういう意図が読み取れるわけです。ただ現実の政治の話ですから、未だどうなるか分からない部分はあります。

3　戦後六〇年の時代区分を通して見えてくるもの

次に、今の日本の政治課題について申し上げたいのですが、それには二つの大きな観点を持っておりま す。今年は戦後六〇年を迎えて歴史的に清算をしなければいけない問題は何かということが一つ。もう一つは、今の日本は、六〇年前と違った条件、それも厳しい条件下に置かれていると私は考えているわけですが、それは何であるのか、そしてそれをどう解決していったらいいのかということであります。

戦後六〇年と言うと、一九四五年〜六年頃の問題のみを取り上げる人がよくいるんですが、敗戦後の占領期というのは、大体一〇年ぐらいで終わっているわけです。現に一一年後の一九五六年の『経済白書』には、「もはや戦後ではない」と書かれています。

ということで、占領期後の五〇年について大きく整理をしますと、一九五五年には、政治の世界では、左右の社会党が統一し、自由党と民主党が統一して自民党が出来るといった、いわゆる五五年体制がスタートします。その後、さらに六〇年安保をめぐる政治対立を経て、岸内閣から池田内閣への路線転換があり、ここでいわゆる所得倍増計画、高度経済成長が始まりましたが、その根っこは五五年体制の成立時にあると私は考えています。しかし、七三年のオイルショックによって、名目成長率が一〇%の時代が終わります。従って、私は五五年〜七三年を「成長前期」と位置付けているわけです。

七三年の第一次オイルショックに続いて七九年に第二次オイルショックが起こります。この間、省エネを進め産業構造の転換をはかる等、日本は世界で最も早く経済環境の変化に対応した国造りに成功し、その後の五%の経済成長へと入っていきます。しかもその前の高度経済成長時代と少し違って、厳しい国際競争にさらされながらでしたから、経営者をはじめとして学者なども日本的経営として相当自信を持つようになり、その一方でバブル経済に酔ってしまった。そういう時代が終わったのは一九九〇年ですから、七三年〜九〇年を「成長後期」、あるいは「成熟期」というふうに区分しております。

九〇年のバブル崩壊から「失われた一〇年」が始まります。しかし、一〇年間では処理できなくて、やっと今年になって、竹中大臣が経済財政演説で「もはやバブル後ではない」と宣言し、ここに「失われた一〇年」

の幕が降りたということです。そして、この間の名目成長率は一％程度ということになりました。また政治的には冷戦が終焉し、湾岸戦争、九・一一事件に象徴される国際テロの時代という区分となります。

この歴史的な鳥瞰図の中から読み取らなければならない重要なことは何かと言うと、五五年政治体制とその後出来上がったシステムがほころびつつあり、放っておいたらどうなるか分からないことになっている、ということではないかと思います。ただその「ほころび」をもたらしたものが何かということについては、憲法に問題があるのか、高度成長時代に問題があるのか、あるいはオイルショックを乗り切った後のバブル期に問題があるのか、失われた一〇年時代にあるのかはっきりしない。そういう意味では、戦後六〇年と一括りにしてしまうのはやはり乱暴だろうという気がいたします。

4 世界的な条件の変化

しかし、その一方で、今日の状況を、例えば一九四五年の頃に比べると様々な点で大きな違いがあります。はるかにグローバル化が進んでいる、ＩＴ、情報通信技術が飛躍的に進んで世界の情報・通信状況は大幅に変わっている。それから冷戦が終わって、その後新しい世界の平和協調の枠組みが出来たかというとそうではない。湾岸戦争、九・一一同時多発テロ、さらにはイラク戦争を経験する中で、われわれは、冷戦後の世界というのは、アメリカ一国が突出した軍事力を持ち、国連とぶつかるようなことが起き、「先制攻撃」さえ辞さないとする唯一の超大国として存在するという現実に直面しているわけです。

それからもう一つは、超軍事大国アメリカをもってしても、なかなか対応が難しい国際テロという問題です。この国際テロですけれども、私は「暴力のグローバル化と民営化」と、とらえております。これまでの正規軍が戦っていた国際法における戦争と異なって、国際テロは暴力を行使しているのは軍人か民間人か分からない。従って、正面と後方なんていう区別もなく世界に広がっている。加えて、アルカイーダのように、民間人でお金を持っている人がスポンサーになって、例えばアフガニスタンで一時的にせよタリバンという政権を「買い取る」というわけです。そういう意味で、暴力のグローバル化と民営化が国際テロであると私は考えているわけです。

5　国内的課題は豊かな社会の裏返し

これらの二つを世界の中での変化として、では日本国内の問題は何かと考えてみると、対処しなければならないことがたくさんあります。それらは豊かになってしまった時代の悩みとして一括りにできるかもしれません。

例えば、教育ですが、この場合の最大の問題は、生徒・学生がモチベーションをどう持つかです。これまでは、これを勉強すれば豊かになれる、大人になって困りません、あるいは就職に役立ちますということで、東京大学とか慶應義塾大学を目指して一生懸命勉強していた。ところが、今日では、いい職につけるかどうか分からなくなったし、いい職だと思ってもその会社が存続できるかどうかは分からない。更には、いい職につくこと自体に意味を見出せなくなっています。つまり、豊かになることがある意味で当たり前になっていますから、ハングリー精神が育たないわけです。

これは逆にいうと、豊かになった時代でもモチベーションが持てれば勉強も一生懸命やるということです。従って、そのモチベーションをどう見つけさせ持たせるかは、日本全体の問題といっていいわけです。不登校や引きこもりは途上国にはありません。これは先進国病の一つなんです。しかし、アメリカにしろ、イギリスにしろ、フランスにしろ、豊かな社会の問題を克服してきています。だから、日本も工夫次第で克服はできると思います。

それから、二つ目は、少子高齢化問題で、これは大変だと多くの人が発言しています。具体的には、少子高齢化社会になると、年金や医療費あるいは介護が大変な問題になるとおっしゃいます。

高齢化社会というのは、現存世代が年老いていく社会ですから避けては通れません。日本の人口予測統計によりますと、二〇五〇年前後で人口が最も多いのは、女性の七七歳前後の人達で、約九〇万人となります。女性の八五歳以上の人口を合計すると約六百万人くらいで人口の中で一番多い層になります。一方男性でも、やはり女性と同じく、現在団塊ジュニアといわれている世代の七五歳くらいの人口が最も多くなります。そして、いずれもピークの七七歳くらいを境にしてそれ以上の年齢層は急に減少してはいますが、全体の形は高齢者が若齢層に比べて多い逆三角形となります。

こういう高齢化社会になると、少なくとも年金を賦課方式のまま維持できると考える人はまずいないと思います。将来世代に大変な負担を与えることになるからです。積み立て方式に変えたとしても解決できるかどうか分かりません。民主党が主張している年金の一元化も、私は難しいと思っています。

6 少子化社会は世界的傾向

一方少子化社会というのは、これからの政策の内容によっては歯止めをかけることが可能かどうかです。従って、少子化を何とかしろ、もっと子供を増やす対策を立てればよいとおっしゃる方もたくさんいます。日本は女性の家事労働負担が多い社会だから女性が子供を作りたがらないとか、企業がもっと託児所を作れば安心して子供を生めるのではないか、と主張する人もいます。

ところで少子化問題で一つの目安とされるのは「合計特殊出生率」です。これはご承知のように、一人の女性が生涯に平均何人の子供を生むかの推計値で、日本は〇四年で一・二九となっています。では、日本だけがこんなに低い数値かというと、そうではありません。日本よりもっと低い国はたくさんあります。

世界で少子化が進む国は三つのグループに分けることができます。アジアでは、香港〇・九四は別として、韓国は一・一九ですし、台湾一・二四、シンガポール一・二六で、日本より少子化が進んでいます。それから、ヨーロッパでは、スペイン一・一五、イタリア一・二三、ギリシャ一・二七、オーストリア一・二八といずれも一・二前後のグループです。ドイツは一・三五で、日本より高いのですが、社会保障政策が手厚く、例えば託児所などの施設も整っている国としては低いと言わざるを得ません。

同じくロシア一・一四、チェコ一・一六、ハンガリー一・二〇、ポーランド一・二六、スロバキア一・二八といった旧東欧圏諸国も低い。またロシアは平均寿命が男子で五八歳ですから、少子化と早死社会ということになりますが。

政策的に少子化政策を取ったのが中国です。ご承知の一人っ子政策ですが、これによって二〇〇三年の「合計特殊出生率」は一・八まで下がっています。しかも一人っ子政策の下で最初に生まれた人達が今二〇歳くらいですから、少子高齢化社会はすぐ目の前に迫っているということになります。

こういう数値を見ますと、日本だけが政策に欠陥があって少子化が進んでいる、日本は政策運営に失敗している代表だとは多分言えない。その意味では、ヨーロッパもアジアの国々も、日本が少子高齢化社会で生ずる年金、医療、介護といった問題をどう解決するか、注視しているように思います。

7　社会制度の根幹に関わる問題――分権とコミュニティの危機

第三は財政赤字及び分権の問題です。前者については財政赤字が大きく膨らんで、今ＯＥＣＤの中で一番悪いイタリア以下になってしまったのは何故なのか、という問題です。それに、特別会計や財投を加えると、もっと深刻になってきます。

それから後者については、三位一体問題の時に議論されましたように、今や中央と地方の政府の関係を整理しなければならない時代になり、機関委任事務などで、中央が持っていた権限を地方に移し、補助金を廃止する、あるいは少なくする傾向にあります。しかし、政府から地方政府へ権限だけを移して財源の移譲がなければ、国の財政赤字のしわ寄せが地方に行くわけです。地方経済が澎湃として頑張るようにならない限り、この問題の本当の解決はないだろうと思います。従って、民間経済がもっと元気が出る、あるいは地方がそれぞれ持っている活力をどうやったら生みだせるのかが本当は重要になりますけれども、その前段として中央政府からの権限移譲、財源移譲を進めなければならないと思います。

戦後六〇年を経て日本の社会は大幅に変化しました。例えば家族の構成が大きく変わって、かつて隣近所とのコミュニティがあることを前提にして行われてきた社会運営ができなくなってきているわけです。この隣近所とのコミュニティ、家族というのは、社会制度の根幹に関わる問題です。

8　政府と市場、仲介役としてのNPO（NGO）

これは別の言葉で言えば、政府と市場の関係をどういうふうにするかという問題です。しばしば「民間にできることは民間に！」と言われますけれども、政府がやっている仕事を単にマーケットに移すだけでいいのか。少し前からNPO、NGO、第三セクターがそういう政府権限の受け皿として機能していますが、これらは純民間なのか、それとも真ん中に位置するのか。実はそのあたりは、はっきりした区分けが必要になってくると思います。つまり、政府がやっている例えば病院、学校を全部株式会社にするか、あるいはNPO、NGOとしての財団法人、学校法人に任せるかという問題です。

アメリカは政府以外すべてマーケット・エコノミーで動いていると多くの人が考えています。しかし、実はそうではないわけです。教育、医療、社会保障では第三セクターが相当重要な働きをしているわけです。例えばメトロポリタン歌劇場とかカーネギー・ホール、あるいはハーバード大学などは、会計基準でいけば株式会社ではなくてＮＰＯ方式で運営されている、即ち、集めた財源を基金にして運営されているのです。

これらのＮＰＯにはそれぞれ寄付をしたビジネスのリーダー達がボードメンバーに入っています。しかし、彼らはビジネスで言ってることをＮＰＯでは持ち出してはいけないと運営の時に注意しています。例えばいきなり決算や収益について言ってはいけないわけです。ですから、組織運営に豊富な人材を活用できるＮＰＯが、政府と市場の真ん中に入って相当部厚いものとなっていると言えます。

9　ロー・スクールと公務員制度改革

制度の根幹に関わる問題には、前述の内閣と与党の関係に加えて、公務員制度問題があります。公務員制度を今後どうするのかは本当に重要な問題です。ただし、同制度の改革案について実は閣議決定は終わっています。しかし、労働組合との関係、それから各省庁との調整という二つの理由で法案がなかなか出せません。

昨年四月から日本でも法学教育を行う機関として、これまでの大学の法学部の他に、職業人大学院として法科大学院（ロー・スクール）が発足しました。日本でも高度な専門的知識を備えた職業人を育てる大学院の設置が経営や公共政策、情報技術などの分野で進められています。法科大学院もその一つですが、これはある意味では日本の社会、教育の世界での転換点だろうと思います。

旧来の大学院は学術研究者を育てる役割を担ってきました。従って、大学院修了者を企業が採っても即戦力としては使えません。当たり前の話です。それを、ロー・スクールとかビジネス・スクールとかで実務の経験を一応積んできた人材を採用すれば、すぐに応用が効きます。企業の採用者について、現在はまだメインは学部卒だと思います。特に、社会科学、人文学系はそうですが、今この職業人大学院を卒業した人を採るような社会に移りつつあるわけです。

こういう意味において、公務員の人材においても、今まで通りの教育の仕方でいいだろうかと、私は問題提起しているわけですが、その一つがロー・スクールの卒業生を採用するという考え方です。ロー・スクールの学生の一部は公共政策を学ぶと思います。その人達の中には、法律職の国家公務員試験も受けて採用されている人も含まれているはずです。彼らに、大学院で学んでいる二年分とか三年分の給料を多く払うだけではダメで、メインの採用が職業人大学院からになるかどうかです。

ロー・スクールというのは何も法曹関係者である弁護士と検事と裁判官の三者だけのための制度ではないはずです。卒業した人達の中から政治家になり、公務員になり、ジャーナリストになる人達が出なければ駄目だと思います。そういう度量の広さがないですから、試験の合格者を三者の需要にのみ応ずるとしているのは残念なことです。

しかし、もっと発想を広げて、中央官庁がロー・スクールの卒業生を採っていく、もし霞が関の官庁がダメなら、地方自治体が採用していくということになれば、日本の公務員制度も変わっていくと思います。

国家公務員I種に受かった人達は、地方自治体の職員より自分の方が力は上だとずっと思ってきた。しかし、ロー・スクールの卒業生が地方自治体の職員幹部として入ってくるようになったら、変わらざるを得なくなると思います。そういう意味で、地方分権を促進するためには、まず地方自治体から、法務や公共政策を学んだロー・スクール卒業の人材を採用することを私は提言しているわけです。実現までには難しい問題があるかもしれませんけど、少なくとも現行の公務員制度を改革しなければいけないということを自覚していただくには、意味があるだろうと考えています。

10 「日本問題」解決の視点

次に、今後の政策の課題は何かということに話を移しますと、先ほど「もはやバブル後ではない」ということを申しました。そうしますと、高度経済成長時代にあったこと、冷戦時代にあったこと、政治の五五年体制時代にあった条件というのは通用しなくなりつつある。現にグローバル化、IT化、あるいは国際テロや環境の悪化が起こっている。日本の国内に限っても、財政赤字、道路公団、年金といった問題に直面しています。私はこれを「日本問題」と呼んでいるのですが。従って、これらをどうやって改革していくかがこれからの政治の課題だと思うのです。

この「日本問題」を打開するにあたっての考え方を、年金の問題を例にとって申し上げますと、財政におけるプライマリーバランスをはかるという発想に立つことが大変重要だと考えています。年金では過去に約束した支払い分、つまり過去債務分が非常にたくさんあります。歳入と歳出のバランスが今は取れていないわけです。そこで過去債務分を棚上げしておいて、現実に入って来る保険料と出ていく給付とのバランスを取るということを先ずやっていかないといけない。棚上げした分に利子を払っているわけですから、その分は減らない。企業経営に比べれば甘い基準です。しかし、少なくとも第一歩にプライマリー・バランスを取ることで、キャッシュ・フローは回るようになります。これは家計で言えば、ローンがあるのは仕様がない、だけど収入と支出を合わせることで、身の丈に合った暮らしをしようということです。

この考え方は、実は企業の不良債権問題、道路公団についても適用できると思います。つまり、プライマリーバランスが取れるということは、経済成長分くらい利息は増えていくけれども、過去債務分を棚上げしておけば何とかシステムを制御可能な状態に保つことが出来ます。これは第一歩にしか過ぎないのですが、この第一歩が取れるかどうかが大変重要だと思うわけです。

11　郵政改革の争点とその本質

しかし、その第一歩でさえ取れない日本問題が他にも山ほどあります。それの代表として取り上げたいのが郵貯改革です。郵政には借金はありません。そういう意味では、郵政改革は道路公団とは異なっていますので、日本問題の範疇に入るのかと疑問に思われるかもしれません。しかし「日本問題」であるというのが私の考えです。

現段階で郵政改革の争点とされているのは、一つは民営化された場合の職員の身分をどうするか、即ち準公務員とするのかどうかという問題ですが、これは妥協は可能だろうと思います。

もう一つは簡保、郵貯に付けられている政府保証を外すかどうかという問題です。これについては、仮に外しても民営化の会社については政府が株を持つという形ですから、最終的には政府保証ということになります。政府案では、全国津々浦々、郵便を配達するユニバーサル・サービスについては残してあるので、自民党も反対していません。政府案と違うのは、自民党が郵貯も簡保もユニバーサル・サービスとして取り扱い、かつ政府に保証しろと主張している点です。

この争点の本質にある問題は何かということですが、現郵政というのは、二種類の事業をやっています。一つは郵便事業です。これは物流配送業に近い事業と言えます。もう一つは金融事業です。

前者の物流配送業に関しては日本に欠けているものがあります。それは国際物流です。特に中国に対して国際物流がすごく遅れています。ですから、郵政公社は国際物流が行えるように、ドイチェ・ポストがDHLを買い取ったようにしたいと考えているのだろうと思います。これは多分に理解できます。

後者の金融事業ですが、現在のこの事業におけるビジネス・モデルというのは、単純に言いますと、郵貯で集めたお金で国債を買って、その国債の利回りと定額貯金の利息との利ざやで回っているという、非常にシンプルなビジネス・モデルです。因みに、今の日本の銀行も似たようなモデルで回っています。本来ならば、預金金利と貸出金利の利ざやで利益を稼ぎ出すというのが金融業のはずです。しかし、現状では貸し出す方がなかなか難しいので、大量に国債を買っている。そして、ゼロ・パーセントの預金利息と国債の利ざやで動いているからです。

12　三五〇兆円の資金、財投機関と財投をどうするのか

そこで、問題は郵貯に集まる三五〇兆円にのぼるお金をどう動かすかということです。従来通りのビジネス・モデルを使って永遠に国債や財投債を買い続けるかどうかの可否が問われているわけです。もし国債を買わないとなると、それに代わる運用先が必要になりますし、その際に必要なノウハウはありますかという問題に帰するわけです。

平成一三年度から郵貯などを政府の資金運用部に預託する制度がなくなりました。これによって、それまでの財政投融資制度から生ずる問題は終わったと言われました。しかし実際はそんなことはなくて、財政投融資機関に融資するための資金源である財投債は国債と同様に、その多くを郵貯・簡保が買っているわけです。引き受け額は、郵貯が九六兆円、簡保が五五兆円、合計一五〇兆円ぐらいで、発行額全体の四六％になります。大口の買い手です。そしてこれらの資金が財投機関からの貸し出し先である道路公団とか本四架橋公団、あるいは地方公共団体や第三セクターへ融資されていったわけです。つまり、「日本問題」の資金源となったわけです。

財投資金から借りてきて、赤字がたくさん累積している地方自治体や道路公団、本四架橋公団などでは、

毎年のキャッシュ・フローではとても債務の解決はできません。それだけ巨額の累積債務をかかえている。郵政改革の問題も実はここに手をつけるかつけないかにかかっているわけです。

おそらく竹中大臣は、この件は後回しにすると思います。つまり、財投問題、財投機関の問題、財投機関から出ていく先の問題というのはとっても大変で、なかなか手を付けられないのではないかと私は思っています。

この点について小泉総理は自民党のマニフェスト、政権公約の中で「約束した」と言っていますし、竹中さんも同じくそう発言しています。ではマニフェストはどんな内容になっているかというと、「郵政事業を二〇〇七年四月から民営化するとの政府の基本方針を踏まえ、日本郵政公社の経営改革の情況を見つつ、国民的議論を行い、〇四年秋頃までに結論を得る」と書かれています。東京新聞がこの文言をどう解釈すればいいのかと言語学者の金田一秀穂さんにたずねたところ、金田一さんは「文義的（文の意義的な意味）に言うと『改革はやらん』ということになる、他方、語用（言葉の用法）から全体を見ると、『やる』というふうに解釈される」と答えています。

もう少しはっきり郵貯はこうすると書いておくべきでした。そうすれば小泉さんはもっとパワーを発揮できたはずです。改革も進めることができたに違いないと思います。しかしマニフェストの中でこういう分かりにくい文章しか書けないのが、今の自民党の限界だろうと思います。言い換えますと、これ以上書いてしまうと選挙を戦えないし、悪くすると選挙前に自民党に大分裂を起こしかねないということです。

13 改革のジレンマ

改革というのは本当になかなか進まないし、進まない理由はさまざまあります。景気のいい時には、制度に欠陥があっても今まで通りのシステムをやっていけます。景気が悪くなって改革の必要が分かっても、景気の悪い時に改革なんてとんでもないとしりぞけられてしまう。その場合に、危機感を共有できれば改革に着手できるかもしれないのですが、しかし危機感を煽るとみんなシュリンク(萎縮)してしまう、かといって、危機感がないとみんな改革に乗ってこないというジレンマがあります。

それでは危機感が改革につながったのはどういう場合かというと、今まではいわゆる外圧です。つまり黒船がやってきた、敗戦だ、オイルショックだといった外からのショックをテコにして改革が進んだわけです。日産自動車が「ゴーン革命」に成功したのもこの部類に入ると言っていいと思います。

しかし「テコ」ということで言いますと、市場も世論もテコになります。政策についてマニフェストに書き込んで選挙戦に勝ったら、自民党であれ、利益集団であれ、官僚であれ、政策の実現に向けてのプロセスを認めざるを得ないから、これもテコです。というのも、国民がマニフェストの内容を認め支持したことになるからです。小泉総理一人が声を荒くして、「俺が言ってるんだから確かだ」と言ってるだけではやはり弱い。今は選挙で勝っても、マニフェストに掲げた政権公約をすぐに法案化するところまで来ていませんが、本来の選挙とはそこまでやるべきです。しかし現状では党の体制がまだそこまで進んでいない。その意味では党改革にはまだ大変難しい問題が残っていますが、そこがもし変わったら、自民党は今とは異なる政党になるかもしれません。

一方で「小さな政府」ということを多くの人がおっしゃっています。ところがそう言いながら他方では例えばＢＳＥ、ＨＩＶは政府の責任だ、ＤＶ（ドメスティック・バイオレンス）までもが政府の責任だと主張される方もおりますが、これらの政府への要求は「小さな政府」への主張とは反対の、「大きな政府」がよいと言っているようなものです。

それから、「日本問題」についてはまずどこかに解決の糸口をつけることが重要です。今のままでは、問題の将来世代への先送りにほかなりません。つまり、次の世代は大変だろうけれども、自分の世代がよければいいという態度です。先程もお話ししましたように、人口は減少しますから、借金だけが残るのは目に見えています。にもかかわらず、これに手をつけないで、将来世代を縛ってしまってはいけない。これはわれわれの世代としてきつく戒めなければいけないことだろうと考えます。

改革の方向性についてはなかなか難しいものがあります。例えば、グローバル化に対してなのか、環境問題なのか、ＩＴなのか、本当の答えは見つかりません。今まで通りやれば、一億二千万人が食べていくことができるとお考えの方もあると思いますが、現在はもうその「今まで通り」が難しくなっているのです。つまり、それは成長をゼロ・パーセントに維持することも難しいということです。

14　「日本改革」のテコはマニフェストと憲法

今やっていることを全部やめた場合がゼロかというとそうではありません。ゼロ・パーセントを維持するためには前の年と同じこと以上のことをしなければなりません。だから、過去一〇年間が名目で〇％から一％ぐらいの成長とは言っても、それは死に物狂いの努力をしたからできたことです。しかし、これからは、それでもうまくいかないという時代に向かいます。そういう時においては、政治、行政、公共の分野は非常に大事な役割を担っていかなければいけないわけです。そういう意味で言うと、マニフェストと憲法がテコになるのは明らかです。憲法は統治構造を決める国の骨格です。マニフェストは政府の政策の基本方針の骨格となるものです。

憲法について改正をめぐる論議が活発化しているのは、「改革」ということにおいて大変評価すべき状況だと思います。しかし、改正にはまだまだ時間がかかるのは避けられません。従ってそれまではマニフェストを充実化して動かしていくしかないというのが私の考えです。

今ある日本問題を正しく理解した上で、打開のための処方箋を書く、医者の役割が必要です。そういう意味で、改革への処方箋がキチンと書けて治療ができる腕のいい医者、即ち為政者が求められているわけです。そういう為政者に改革を委ねるためには、われわれ国民がマニフェストをしっかりウオッチしていくことではないかと考えている次第です。

（日本工業倶楽部第一二三二回木曜講演会講演要旨、二〇〇五年一月二七日）

23 参院のあり方を考える

強い力政権の壁に

参院の否決が解散をもたらしたことは、二院制を考えるいい機会をつくることになった。わが国に限らず、二院制をとっていれば、二院の決定が異なることは当然想定されるので、その処理の方法について、明文規定がある場合が多い。わが国の場合は両院協議会があるが、現状の運営方法では、両院の合意を得ることは難しい。

また、参院の否決に対抗して、衆院が三分の二の再議決を行えば、法案は成立する。その意味で、今回の解散が郵政民営化関連法案の成立を改めて目指すのなら、連立で過半数の議席確保という、政権を作る時に必要な条件だけでは不十分なのである。実は、この「強い参院の壁」に悩まされるのは、小泉政権だけではない。例えば、仮に民主党が政権を取ったとしても、参院の過半数を現在の与党が握っているので、法案はほとんど通らない。マニフェスト（政権公約）に、あれもできる、これもできると、法案に関することをあまり書かない方が賢明である。

かつて参院は衆院のカーボンコピーといわれ、むしろ、盲腸的に思われていた時期がある。ところが、現在は「強い参院」という批判が多くなってきた。おそらく、参院の過半数を取ることができないという理由をもって、連立政権を組むという事態が起きたので、そのことを意識することが多くなったといえる。

しかしながら、自民党の憲法草案でも、二院制の問題を正面から問いかけることは避けている。政権選択は基本的には衆院で行われるので、議院内閣制といっても「衆院内閣制」と考える方が分かりやすい。だが、参院議員でも首相になれるし、閣僚を送ることもできる。

衆院の議決が優越する首相指名や予算、条約などを除いて、ほぼ対称型のわが国の二院制は、ある意味で「両院内閣制」の側面も持つ。おまけに、現行の選挙制度は衆参が極めて似ていることから、独自性の議論でいつも問題になる点である。

これまでも参院は独自性を模索してきた。衆院の予算に対し、参院の決算審議の強化などがその例である。党派色の薄い「緑風会」的なあり方が追求されてきたこともある。しかし、参院が衆院と同等の議決権を持つ限り、それを行使するのは当然のことであろう。その行使について自制的であるべきだという主張も、河野謙三参院議長以来のことだが、実現していない。

となると、参議院廃止論を含めて多様な批判が出てくるのは当然である。イタリアのように参院にも解散を求める意見もある。だが、イタリアの上院は下院と同時に選挙を行う。であれば、上院とは何かが改めて問題になってしまう。両院とも同じなら無駄、異なれば有害とアベ・シエイエス以来指摘されてきたことの克服は難しい。今回の解散は、ますます、二院制そのものを、憲法論も含めて問うことになったのである。

（『読売新聞』二〇〇五年八月一〇日）

24 納税者が〝タックスイーター〟でもある現実

累積債務に責任を負うのは誰か

税収だけでは賄えぬ予算

税金問題を議論するとき、納税者をタックスペイヤーと呼ぶのに対し、税金で恩恵にあずかっている人をタックスイーターと呼ぶことが一時期はやったが、その対比はある意味で分かりやすい。

これは、税金の分配にかかわる問題といえるが、いっさい税金を払わず、恩恵だけの人というのは現実にはあり得ないだろう。だが、図式的には、公共事業のように税金依存の仕事に従事する層も、それに関与する政治家も官僚もいることは確かである。

「政治の世界で、大きな声を出す人は税金を払っていない人だ」と昔から政治学ではいわれてきた。その点で、タックスペイヤーがきちんと自分の主張をして、税金の使い道を示すことは、民主主義の一歩であるということは正しい議論である。また、このタックスペイヤーの話は、サラリーマン層の支持を受けやすい。所得の捕捉率も職業によって大きく変わることもよく知られているからである。

しかし、現実にはタックスペイヤーだからといって、涼しい顔をしているわけにいかないところに現在の税に潜む問題がある。つまり、補助金の恩恵にもあずからず、毎年きちんと税金を払っていても問題があることをここで提起したいが、それには疑問がわいてくるだろう。

では、話を簡単にするために平成一八年度の一般会計予算を見てみよう。規模は約八〇兆円であるが、このうち税収分は四五兆八千億円にすぎない。この分をタックスペイヤーが負担していることは確かとしても、さて残りの三〇数兆円は誰が負担しているのかというのが、ここでの議論の出発点である。

国債の発行を全面的に否定するつもりはないが、毎年発行される約三〇兆円の国債部分は借金である。それが累積された長期公的債務は（国・地方を合わせて）七七〇兆円を超えていることもよく知られている。当然ながら、これらの債務は将来の税収が担保となっている。

ということは、誰かが将来、利子を付けて返済することになるが、払うべき人の具体的な顔がはっきりしないところに、この問題の難しさがある。つまり、簡単に言ってしまえば、まじめなタックスペイヤーでさえ、この構図の中では、将来の税収のタックスイーターということになる。

遺産相続では借金も対象

このことは世代間の問題として一般的には扱われるが、現在日本が直面する税金、年金、医療など数多くのことは、この種の責任を伴わない「先送り」問題に帰着することに、事の重大さがある。

深刻な問題を気づかせたのは、三位一体改革の時に、建設国債による公共事業は、もともと税収はないので、地方への税源移譲は無理だという議論であった。

ここでは分権の必要性を十分認めた上で、税源のみに絞って議論すれば、通常の補助金(国庫補助負担金)でさえ、この論法に従えば、全額の税源移譲は本来おかしいということになるはずである。すなわち、一般会計で移譲できる税収は、十割はおろか地方が受け入れた八割でも実態を反映していない。それはおよそ六掛けであるべきはずだったからである。

もう少し詳しく言うと、全額の移譲だとするなら、借金部分の移譲も行わないと理屈に合わなくなるからだ。この例は、遺産相続には負の遺産(借金)も当然含まれるという例を持ち出せば分かりやすいだろう。

こんなことを言い出すと、財務省の手先か、公共事業で税源移譲に反対した国交省の肩を持つのかと言われるかもしれない。しかし、事の本質は三位一体よりも、日本が抱えた借金は誰が責任を持つのかという話の方である。

「先送り」の責任では同罪

問題をもう少し分解すると、現在のタックスイーターが将来のタックスペイヤーの負担に依存しているのか、それとも現在のタックスペイヤーとタックスイーターを合わせた「現在世代」が「将来世代」に依存しているのかで、議論は分かれるということである。

すなわち、前者だと、現在のタックスイーターと将来のタックスペイヤーとの関係になり、現在のまじめなタックスペイヤーは少し気が楽になる。そうであったとしても、将来に「先送り」させている責任は、現在のタックスペイヤーにもあることだけは確認しておく必要がある。

まして後者なら、「現在世代」として「将来世代」に連帯して責めを負うことになる。まじめなタックスペイヤーの悩みは深いのである。


（『産経新聞』二〇〇六年四月一日朝刊）

25 小さな政府は単なる規模縮小に非ず

まず必要な国が担う役割の定義

国家の構造設計への責任

「小さな政府」と構造改革は同じものと思っている人が多いかもしれない。確かに、小泉内閣では、この二つの目標を同時に掲げている。

しかし、「小さな政府」は大きいか小さいかの量的把握が可能だが、構造改革は、財政、金融、政治など、システム上の制度的改革を目指すものであり、「小さな政府」よりも量的把握は簡単とはいえない。ただし、両者は矛盾する概念ではないので同時追求は可能である。だが、それには「小さな政府」と構造改革がどう関連しているのかを明確にしておく必要がある。

すなわち、政府の規模の大小より、担う役割は何かが定義されていないと構造改革は明確にならない。それは基本的な国家観の問題でもある。最近の例では、耐震偽装問題で話題になった、建築における「構造設計」の話を考えると理解が早いだろう。

つまり、国の骨格をなす「構造設計」に責任を持つことこそ政府の仕事だといっていい。「小さな政府」とは、全体の規模をそのまま比例的に縮小するのではなく、政府が行うことを「国の構造部分」に特化して、そのほかの部分、たとえば「間取り」や「内装」は民間や個人に任せるということである。その意味で構造改革とは、まかり間違っても、鉄筋を抜いたり、減らしたりすることではないということである。

小さいか否かではなく、どこまできちんと制度設計ができているのか、また、制度設計だけではなく、効果的に実施・運営ができているのかどうかも課題となる。

構造改革を進める注意点

しかし、問題はその構造部分とは何かが必ずしも一義的に決まらないということである。例えば、BSE（牛海綿状脳症）の検査では、国は責任を持つべきなのか、建築確認は最終的には地方自治体を含めて政府の仕事か、今回のライブドアの「粉飾」事件を防ぐには証券取引等監視委員会がもっとしっかりすべきか、といった問いに、「そうだ」が答えであれば、当然、政府の仕事は多くなる。

これらに共通する一つのことは、経済学では昔から「情報の非対称性」の問題として、市場に限界がある代表例として扱われてきた。

例えば、薬の内容について消費者は供給者ほど情報を持ち合わせていない。市場モデルだと、効かない薬はいずれ淘汰《とうた》され、市場から消え去る運命にある。あるいは、薬についての民間検査機関の情報が売買され、その機関の情報が正しくなければ、その機関は市場から消えるはずである。しかし、事はそう単純ではない。その間に、患者が死んでしまったり、重大な副作用が出たりという問題があるがゆえに、事前チェックが必要だという根拠となる。

このような例では、単に民間に問題を投げるだけでは解決しない。つまり、専門家の知識抜きにはチェックできないからである。それゆえ、一つの答えは、医師、弁護士、建築家などの専門家集団による相互チェックの自立的なシステムを設計しておくことが重要になってくる。さらに、建築や医療では、保険制度と組み合わせて、消費者の利益を守ることが重要である。民間とはいっても、弁護士、医師、会計士など専門家の責任を大きくし、その失敗をまた専門家が判定・処理するシステムを作ることが、構造改革の次のステップであろう。

簡単ではない制度の移行

もう一つ考えるべきことは、国は外交・治安・公共財の提供だけに絞ればいいという「小さな政府論」を採用したとしても、日本はすでに、医療・年金・介護などの社会保障について、大きく踏み出している現状があることである。その意味では、社会保障制度を白紙に戻して設計するということはできない。

すでに利害関係を持った膨大な既得権の体系ができあがっている日本の現状は、低福祉・低負担の国ではないだろう。正しくは、中福祉・低負担か高福祉・中負担かだろうが、それを判断する基準は相対的なもので、他国と比較する必要がある。例えば、日本の年金水準は低いと思っている人は多いが、大和総研チーフエコノミストの原田泰氏によれば、日本の年金額はスウェーデンの年金よりも高い水準にあるという。

制度改革の難点は、利害関係者が国民すべてという範囲の大きさだけではなく、制度移行の問題があることだ。一度制度ができあがると、一朝一夕に次の制度に移行することは簡単ではない。その影響は後世まで長期に及ぶ。それだけに、この問題こそが、構造設計と構造改革が必要な領域なのである。

（『産経新聞』二〇〇六年四月二二日朝刊）

26 小泉時代の「政治の構造改革」と今後の道筋

今日のテーマは、ポスト小泉をにらんで小泉時代の五年間を検証するということだと思います。ポスト小泉の話題が北朝鮮のテポドン・ノドンミサイル、それから靖国参拝問題、さらに天皇の資料(富田メモ)などが出てまいりまして、話題がもっぱら政策よりも現実の政治状況といいますか、政局の動きに左右されています。そのような意味では、このシンポジウムは、総裁選を政策論争に持っていく役割を担っているだろうと思います。

行革ということになりますと、ここには過去一〇年、一五年、もっと言えば土光臨調から二〇年以上もおやりの方もたくさん参加なさっているわけです。そのような意味で言いますと、今日の話題は小泉改革五年なのですが、実は日本の一九九〇年代、「失われた一〇年」あるいは「失われた一五年」といわれた時代がありますが、この失われた一〇年とか一五年とかは、裏を返せば「改革の一〇年」だったし、「改革の一五年」なのです。そこを考えたうえで、小泉改革五年というのはこの一五年の中で「何だったのか」と位置づけたほうが、多分いいのだろうと思います。橋本行革の場合には、その「失われた一〇年」部分のところの総括がないままに行革がなされた。橋本行革は、二一世紀型の問題を取り込まなかったという欠陥と同時に、もう一つには、「失われた一〇年」部分のところの反省がなかった。そこが、今から考えると残念な部分であったのではないかと思います。

1　小泉構造改革とは何だったのか

小泉さんの評価というのはもう各方面から出ていて、それに関してはいくつか論争点がありますけれども、共通している部分が多分あるだろうと思います。

一つは「財政出動なしの景気回復」についてです。従来の自民党的手法（経世会的手法といってもいいかもしれませんけれども）は、景気が悪くなったら財政出動するということの繰り返しで、小渕政権時代には一〇〇兆を超える景気対策、財政出動があり、それが積もり積もって、公的債務の残高は今では七〇〇兆円を超える。そのツケがいまだに残っているわけであります。しかし、小泉さんの場合には、国債発行に三〇兆円という枠をはめた。それを完全に実行することはもちろんできなかったわけですが、基本的には、景気が悪くなると財政出動という手法はとらなくなった。これはかなり大きな転換だろうと思います。

二つ目は、不良債権処理の問題です。さきほど、失われた一〇年と申し上げましたけれども、その失われた一〇年の大きな理由はバブル期の問題とバブル崩壊後の問題を含めて、不良債権処理に非常に手間取ってしまったということです。不良債権の処理は小泉政権の成果だと一般的にはいわれております。それはそのとおりです。ただ小泉政権下において、柳沢路線から竹中路線に転換したこと、つまり担当大臣を柳沢さんから竹中さんに変えることによって政策転換をしたというところが大きいと思います。

さらに言えば、現在の路線としては、基本的には新自由主義的な政策が自民党の路線になっているわけで、「小さな政府論」というのはある意味で当たり前の話です。これは土光臨調のときからも言われているのですが、新自由主義的な路線は必ずしも自民党のメインの政策路線ではなかった。日本の経済学あるいは経済学者の中でも、古くは、ハイエク達の「モンペルラン派」に属す人というのは極めて少数派だったと思います。むしろケインズ派のほうが多かった。九〇年以降はマネタリストが多くなったとは思いますけれども。

そのような意味でかつての自民党の路線、どちらかというと地方とか弱者とかに配慮する、その配慮を財政をもって行う。社会保障というよりも社会保障の代替的な政策として公共事業で行うというようなスタイルが、小泉時代に整理され改革されてきた。財政出動が簡単にできないということもありますけれども、考え方の転換が行われただろうと思います。

それから小泉改革にかなり厳しいことを言っている人でも、「景気は回復した。回復した理由は、一つは企業のリストラであって、もう一つが外需だ。アメリカ、中国の需要に支えられた日本の景気回復だ」

という評価になるわけです。そうすると、「構造改革はむしろ政府が何もやらなかったことによって発生する」という主張になるとも言える。ただこれは一般的に言われていることを少しまとめただけでして、もう少し後で詳しくお話をしたいと思います。

2 「構造改革」の意味

構造改革とは何か、いまだによく分からないという重要な問題があります。いまだによく分からないところがあるというのは、構造改革と例えば制度改革とはどう違うのか。つまり制度学派というのは、政治学にも経済学にもあるわけですけれども、制度学派が唱える制度改革というものの「制度」と「構造」とは同じなのか、あるいは違うのか、というところの整理もついていないわけです。

「クローニーキャピタリズム」からの脱却

そこでひとつ、このようなことから話をすると分かりやすいと思うのです。アジアの金融危機が起きたときに、ＩＭＦがそれまで行ってきたラテンアメリカだとか新興経済、エマージング・マーケットで使った手法をそのままアジア金融危機に用いてしまったわけです。だから結論的には間違いだと思うのですが、やった手法は新自由主義、マーケットエコノミーなのです。

それは何をやったかというと、「歳出削減をする。増税をする。高金利にする。いわゆるむだ使いするな」

という手法です。これに加えてタイだとか韓国だとかインドネシアは、インドネシアの場合にはスハルトの家族の関係、あるいは韓国の場合には財閥など、いわゆる一般的にクローニーキャピタリズムと言われるものに手をつけよう、これが構造改革だと、ある意味でそこに迫ったわけです。

そのような意味で言うと、小泉改革は浮き彫りになると思うのです。つまりＩＭＦ流の改革をやれという主張ではないのですが、小泉改革の重要な点というのは、一つは歳出削減であり一つは構造改革なのです。やっていないのは二つあるわけです。高金利とそれから増税はやっていないのです。

だから小泉改革が厳しいという評価もあるし、逆にＩＭＦ的な見方からすれば生ぬるいともいえるわけです。ただしメッセージとして、構造改革とはクローニーキャピタリズムから脱出することではないということを、本当は、はっきりと言っておくべきだったと私は思うのです。そうでないと、小泉構造改革というのは韓国だとかインドネシアと同じようなレベルで議論されてしまうことが、そう多くはないのですが、そう思われる部分があるので、ここはきちんと整理しておいたほうがいいのではないか。

構造改革論の系譜

それから、青木昌彦さんたちの新制度学派の話は省略いたしますが、昔ながらの構造改革というとグラムシ、トリアッティ、あるいは江田三郎の構造改革というのを思い出すというと、世代が分かるのですが、この時代のことを覚えている人はこの中でも半分ぐらい、あるいは三分の一ぐらい、もう世代的にはかなり古い方しかいないと思います。また、日米構造協議というのが八〇年代末行われました。これは、ＳＤ

Iをもじって S I I といわれたのですが、S D I というのはソ連に対するためにアメリカがスターウォーズ計画でストラテジック・ディフェンス・イニシアティブということを言い出した。それをもじってストラクチャル・インピーディメント・イニシアティブ、「日米構造協議」というように訳されたのです。日本の構造的な問題があるからそれを何とかしろと、ある意味でクローニーキャピタリズムの議論と似ているところもあります。

歴史的にはそうなのですが、構造改革というのはある意味分かったような、分からないような言葉で便利なわけです。あるときには体質改善をいい、競争力強化をいい、産業構造の転換を主張するということで、やるべきことはやれ、体質改善をしろ、糖尿病体質あるいは肥満体質を直せ、筋肉体質にしろという。その精神は分かるのですが、具体的には何なのかというところははっきりしない。ここには経済学をおやりの方がたくさんいるので、もう少しマクロ政策として構造改革という政策手法は、一体どのような意味を持っているのか、はっきりさせていただきたい。

マクロ的、中長期的構造改革の理論化の遅れ

九〇年代に日本は金融政策と財政政策をほとんどやり尽くしたわけです。財政はジャブジャブに出した。金融はゼロ金利までいった。ゼロ金利では足りなくて、量的緩和までやった。これはもう政策的には手いっぱい、手詰まりなわけです。だから構造改革という主張が受け入れられたのだと思うのですが、そのときマクロ経済政策として構造改革とは一体どのような意味があるのでしょうか。

通常は構造改革というのはミクロです。しかも中長期です。これが普通の構造改革の意味で、企業とか個別産業とかで議論するのだったらよく分かる。つまりミクロなら分かる。ところが、経済全体としての構造改革というのはそのようなことなのでしょうか。しかも小泉五年という時間を見れば、短期ですね（中期に若干入るかもしれないけれども）。そこを整理しておいてほしいという希望があります。

日本の現実というのは失われた一〇年とか失われた一五年といわれますが、実は、そこには多様な課題があったわけです。その中には、世界に先駆けて解決しなければならないような問題もたくさんあったわけです。例えばデフレという問題があった。デフレというのは日本だけではないといえばそうなのですが、デフレ問題というのは日本で相当議論されたわけです。あるいはインフレ・ターゲット論もあったし、量的緩和もあったわけです。そのような意味で課題は山ほど出てきている。従来の経済学のテキストを引っ繰り返しただけでは済まない問題があったのですから、それだけリッチな現実があったとすれば、それに基づく経済学の理論化あるいは政策の理論化というのがあってしかるべきであるだろうと思います。だから、よく、災いを転じて福と成すと言うのだけれども、現実をうまく踏まえれば不況であろうとデフレであろうと、そこから新しい理論の可能性がある、そのような楽観論を取りたいと思うわけです。

また、ごく最近の例で、耐震偽装の問題のときに「構造設計」という言葉が出てきました。構造設計と通常の意匠設計あるいは間取りのような問題、あるいは内装などとどう違うのか。多分ここが一番説明するには分かりいい話だろうと思うのです。つまり国は骨格、構造に責任を持て、そして間取りだとかあるいは内装だとかというのは民間に任せます。だから、そのことはいわゆる小さな政府論とうまく結びつけないといけない。小さな政府論というのは骨格の鉄骨を抜いたり、柱を細くしたりすることではないのです。鉄骨は残す。しっかりして作っておく。しかし、それ以外のところ、やらなくてもいいところには手を出さなくてもいいではないか。それが多分小さな政府論なのだと思うのですが、ややもすると鉄骨の骨を抜くとか、あるいは構造設計をいいかげんにするとかということで、小さな政府論を考える人がいるとすれば、それは多分いくつかの誤解に基づいているのではないかということを私は考えるわけです。そのような意味で、構造改革というのはもう一度再定義する、あるいは小泉経験を踏まえたうえでの構造改革論を組み立てることが必要だろうと思います。

3　政治の構造改革

小泉さんが成功した部分というのは、実は政治のほうだろうと思うのです。これを政治の構造改革と名づけて、多分いいのだろうと思うのです。

組閣と大臣任命の指示書

例えば組閣をするときに派閥のリストに従って大臣を選ぶということが、慣行としてずっと続いてきました。しかし小泉さんは全く無視したわけです。無視しただけではなくて、自薦・他薦、売り込んだやつは入れないとか、直前に官邸に行くとか秘書官に言うとかという人を非常に嫌う。

そのような意味ではかなり異色な人なのですが、実はそのようなことは、自民党内には「古典芸能」として、日本の伝統と思われていたことがずっとあったわけですが、そのようなことを無視した。つまり憲法的に考えたら、首相が大臣を指名することは簡単といいますか当たり前のことでして、それをやっただけなのですが、その当たり前のことができないことが随分今まであったわけです。逆に、古典芸能として重んじてきた。

昔の新聞記者の方はご存じだと思いますが、「総裁枠」というのがあったのです。何かというと、大体派閥の人数比例で大臣の数が決まっていくわけです。しかも一番最後には見事なまでに精緻化されて、派閥の数に応じて「ドント方式」で割り振るというようなことまでやった時代があるのです。それで残りの一個か二個については、総裁が自由に決めていい。これが総裁枠です。こんな状況で、総理大臣といえるかという話です。考えてみれば、小泉さんは全部総理大臣枠、総裁枠だということを改めて示しただけなのです。しかし、これも変人ではないとできないというように通常思われるわけです。

それから大臣に選んで官邸に入るときに、何々大臣というように言わないで、国務大臣として来てもらって、その担当というのは官邸で具体的に指示をしていたということが随分言われます。このような項目を担当大臣としてやってくださいと指示書が出ているのです。その指示書を公表している人もいるし、そのようなものは知らないと忘れてしまった人もいるのですけれども、この辺も今までの総理大臣とは違う。

マニフェスト(政権公約)の使い方

マニフェストに関してですが、マニフェストという言葉を小泉さんは使わないのです。「北川正恭だとか菅直人が使うような言葉を俺は使いたくない」。これはひとつ心理としてあるわけです。ただし政権公約というものを行う。それは二〇〇三年のときの総裁選挙で、総裁選挙と内閣改造と総選挙を小泉改革宣言、つまりマニフェストで横串に刺すというのは小泉さんのアイディアだったわけです。小泉さんが乗らなければいかに民主党が頑張っても、あるいは民間のグループが頑張ってもマニフェスト選挙にならなかったと思うのです。そのような意味で、小泉さんはある種の決断をしたのだろうと思うのです。ですから、マニフェストということを小泉流に解釈してそれを利用したと思います。

ただマニフェストというけれども、実はここに少し問題があって、二〇〇三年のときには郵政の問題が書かれているのですが、それがあまりうまく書いていないわけです。どちらにも読めるように書いてあるわけです。それがもとで昨年、二〇〇五年の郵政解散選挙になるわけですが、反省材料として小泉マニフェストは成功したのか否か。昨年の選挙だけを見ればそれは成功なのですが、二〇〇三年の総選挙のときの郵政問題、郵政民営化ということとつなげて考えると、実は党内をうまく抑え切れなかったわけです。マニフェストには書いてあるけれども嫌だという人があれだけいたわけです。

これは、実は党内問題なのですが、それを見事なまでに小泉的ひらめきで、これは党内の責任問題としては棚上げにして、郵政賛成派対反対派の選挙だ、責任は反対するあちらにあるというようにした。いわゆる争点転換というのを見事に行って大勝利ということになったと思います。それから、もちろん一番重要なことの一つは、経済財政諮問会議を小泉さんがうまく利用したことであります。この経済財政諮問会議に関しては改めてご紹介いたします。

政策決定過程の一元化

それから現に進行している一つの問題があります。つまり、政治の構造改革は小泉内閣時代に全部解決したのではないのです。その進行中の問題は何かと言いますと、政策決定過程の一元化の問題です。日本における政策決定過程は、二元体制と呼んでいいと思います。内閣と与党の二元体制があって一体化ができていなかった過去の問題を、小泉さんは意識して一体化しようとはしたのですが、未解決の部分がかなりある。この解決は、実は方向性としては二つしかない。内閣側で一体化するのか与党側で一体化するのか、これは揺れ動いているわけです。中川政調会長が「政策ユニット」を政調会長のところに作ったり、「財政・経済一体改革会議」というのを作ったりしているという問題は、実は『「小泉改革」とは何だったのか』という本に書いたのですが、それ以降の話というのが多分かなり重要になってくると思いますので、そこを少し説明したいと思います。

それから昨年の選挙で、小泉さんは政党の原理あるいは小選挙区制の原理をうまく使いこなしたと思います。小泉さん自身は小選挙区制には反対だったわけです。そのような意味で見ると、かなり歴史の皮肉で、その自分が反対していた制度をうまく使って、自分が大勝利する。あるいは、経済財政諮問会議は橋本行革の結果なわけです。ただしそれを使いこなしたのは、橋本さんでも森さんでもなくて小泉さんだった。そのような意味でいうと、小泉改革の源泉をたどれば、必ずしも小泉さんにたどり着かないものが多い。小泉さんにたどり着くのは郵政なのです。二〇年来郵政をずっと唱え続けているわけです。

4 「改革の司令塔」はどこか？

経済財政諮問会議は、小泉時代の中で「改革の司令塔」とか「改革のエンジン」とかいわれてきた。そして、それは橋本行革のときに多くの人が目玉として取り上げていたものです。橋本行革は二つの大きなことをやったわけです。つまり、中央省庁の再編と内閣機能の強化。内閣機能の強化というのは強い内閣を作るということに中心があるのですが、その中でさらに経済財政諮問会議を作って、そこを司令塔にして、首相あるいは内閣のリーダーシップを発揮できるようにするという大きな設計思想があったわけです。

それが、実は立法化の過程で、内閣府設置法では企画立案機能ではなく調査審議機能というように、言ってみれば非常に役割は制約された。あるいは、民間議員は非常勤とすると法律にまでに書いてあるわけです。そのような制約条件があるのですが、竹中時代になりまして、いくつかその辺を突破していくわけです。この辺が法律と現実の政策決定プロセスとの違いで、制度化のプロセスを見ていくときには大変面白い例だろうと思うのです。

例えば全国知事会あるいは地方六団体というのがあるのですが、それが、三位一体について内閣と相談をする。言ってみれば、形式的には意見具申程度の役割しかないのが、インフォーマルな組織から実質的決定権限が発生するわけです。インフォーマルだけれども、そこで決まれば三位一体の方向性もかなり決まってくるというようなことで、それも制度化していく。この話し合いの機関の立法化は今のところ無理だと思いますけれども、そのような意味で面白いものなのですが、これは実は小泉時代といいますか、竹中時代である程度制度化がうまくいった例だろうと思うのです。

経済財政諮問会議の三機能

経済財政諮問会議は、どのようなことをやったのかと言いますと、大きく言って三つの機能がある。一つはアジェンダの設定機能、つまり課題を設定する。日本が進むべき道あるいは論争すべき問題点を整理するというアジェンダ設定機能が一つは大きくあった。同時に予算編成機能に踏み込んだ。予算編成機能は、本来は財務省・大蔵省の仕事なわけです。そことのバッティングがもちろんあるわけですが、そこにかなり手を入れたといいますか、そこに踏み込んだということです。

それから学者の間でまだ評価が定まってないのですが、閣議の代替機能をしているのではないかということを、私を含めて何人かの人間が言っております。それはどのようなことかと言いますと、閣議というのは確かにありますが、閣議で議論はほとんどしないわけです。もし閣議で議論したらもう永遠に終わらない。それが普通でして、閣議ではもう署名といいますか、花押を書くというその作業で終わってしまう。議論が必要なら、閣議が終わってから、閣僚懇談会で議論をするという慣行なのです。

しかも閣議の議題はその前の日に行われる事務次官会議で決まったことしか上がってこない。事務次官会議が大変影響力があるという言い方をする人もいるのですが、そうではなくて、事務次官会議に上がるというのは省庁間の合議（あいぎ）、つまり省庁間で調整が済んだものしか上がってこないわけですから、つまりいわゆるボトムアップの基本的なパターンなわけです。そうだとすると閣議をもっと活性化しろといっても、事実上この仕組みの中では無理だと思うのです。ところが、経済財政諮問会議は一一人以下に抑える、人数が少ないということがある。事務局をできるだけ排除するということもあって、そのような意味でいうと議論をする、首相の発言がある、担当大臣だけではなくて、かなり広い範囲の議論がなされたということです。

もう一つ注目すべきは、首相と官房長官を除くと四大臣で済んでしまう。つまり省庁間調整というのは非常に厄介なものです。それが四大臣の調整で済むということは、割と調整がしやすい。ここで決まったものを閣議決定に持っていく、これは慣行として定着したわけです。ですから、ある意味で、このようなことをされては困ると自民党は思うわけです。それは当たり前です。内閣のリーダーシップを強調するということは、それは与党のリーダーシップを削ぐということですから、そのプロセスがここでかなりあったということです。

そして、具体的には竹中大臣チームというサポートグループと民間議員がすり合わせしたうえで民間議員ペーパーが出てくる。出てきたものに対して議論をするのですが、議論の取りまとめというのは竹中流の取りまとめをうまく行う。だから、今日の議論は何だったのかという論点整理は竹中流に行い、竹中さんだけで済まないときには首相が最終的に裁定を下すというような役割分担がうまくできていた。

竹中から与謝野への変化

これが竹中時代の経済財政諮問会議だったわけです。ところが与謝野さんになってから、いくつかの問題があって、竹中さんはかなり批判的です。民間議員の一部にも、少し性格が変わってきたのではないかと言う人もいる（変わってないと言う人もいますけれども）。つまり与謝野流になったということで、一つは政策の内容的な論争がシフトしてきた。たとえば成長率論争。成長率と金利の論争は大変面白い例だと思うのです。

なぜ成長率と金利の論争をこれほどするのかというと、この前提が決まらないとプライマリーバランスの回復の時期が遅くなるか早くなるか、二〇一〇年代初頭ぐらいまでにできるかできないかということも決まらないわけです。それだけではなくて、歳出削減だけで済むという議論が成り立つか成り立たないかも決まらないのです。もし成長率よりも長期金利のほうがはるかに高かったとするならば、財政再建はかなり大変だし、さらに歳出削減だけではとても無理だし、消費税を相当上げなければいけないという議論になるのです。ここに関しては竹中さんと中川政調会長のとる立場が片方にあって、それと与謝野さんあるいは財務省との考え方の違いがあって、学者の議論としても竹中さんと吉川民間議員の対立などが出てくることで、論争としてはとても面白いことが行われたということです。

また、日本銀行の量的緩和やゼロ金利解除政策についても、竹中さんが経済財政担当大臣から外れたことが大きいと思います。政府の中で、財務大臣の谷垣さんや経済財政担当大臣の与謝野さんが、「うん」と言ってしまえば、政府の内部でもブレーキをかけることはできないし、日銀の政策決定会合に出席して、議決延期の請求ができるのは財務大臣と経済財政担当大臣の二人ですから、日本銀行もある程度、裁量的にできるということだと思います。

実は今行われていることの解釈ですが、小泉さんは昨年の組閣で考えを変えたのかどうかというのはいまだに分からないところがあります。つまり、それまでの政調会長の与謝野さんを経済財政担当大臣にして、そして中川さんを政調会長にするという布陣は、今までの内閣あるいは経済財政諮問会議中心の改革のプロセスから、ウエートを党にシフトさせて改革をする。言ってみれば、党の中の抵抗勢力をあぶり出すという手法はもう選挙で決着がついてしまった。だから内閣と与党は一体なのだから、党のほうでもうやって十分だ。そのような判断をしたのかどうかというのは、まだ解釈が分かれます。私も最終的なところは分かりません。ただし中川秀直政調会長の個人的な発想もあって、政調会長の下に「政策ユニット」を作るというような改革を行い、党と与謝野さんとの関係で「財政・経済一体改革会議」のようなものを作り、それを骨太の方針に反映させるというようなことになってくるわけです。

財政・経済一体改革会議とは何か？

ただ、この財政・経済一体改革会議とは一体何なのでしょうか。記憶のある方がいらっしゃるかもしれませんが、森内閣時代に財政首脳会議というのがありました。経済財政諮問会議が翌年の一月から発足するのに、その前に財政首脳会議という今の財政・経済一体改革会議のようなものなのですが、与党の幹部と大臣が入って財政問題を扱うということをやろうとしたわけです。それに対して「大蔵省出すぎるな」という批判が一つあったのと、それから経済財政諮問会議ができるのに、屋上屋を架すことだという批判があったということが記憶にある人はいらっしゃるかもしれません。ただそのときはそのような批判があったのです。だけれども小泉時代になってから、この経済・財政一体改革会議などというものができても、別段あまり不思議だという人はいないのです。屋上屋説という説もあまり出てきませんで、この辺のところは注意すべきで、つまり政策のエンジンもさることながら、司令塔はどこに置くべきなのかということです。

複数あってもいいというのは、もちろんそれは政治の世界ですからありうるのですが、意思は一本化されるべきであって、一体化は進むべきである。その一体化の進め方は、属人主義的な解決だとその人が代わればもうおしまいですから、人よりもシステム化しておくべきです。それから党よりも内閣という、内閣のリーダーシップを基本に制度設計すべきだろうと思うわけです。これは橋本行革の結論でもあったわけです。

ただ内閣といっているのだけれども、厄介なところがあるのです。首相なのか内閣府なのか内閣官房なのか、あるいは閣議という内閣なのか、どれをコアにすべきなのかというのは、本当は十分整理しておかなければいけないのですが、内閣府といってみたり、内閣官房といってみたり、官邸といってみたり……。官邸の中には首相がもちろん入るのですが、首相だけではなくてプラス内閣官房を入れたりする、そこのところの整理はまだできていないのです。だから首相なのか内閣なのか、あるいは内閣府なのか内閣官房なのか、一体どこに中心を置くべきなのかをはっきりさせることは必要だろうと思います。

5　日本の政策課題（マクロレベル）

マクロで長期の話を考えたうえで、ポスト小泉にはどのようなことが課題になるかということを少し時間の許す範囲で申し上げたいと思います。

図1に書きましたけれども、日本だけではないのですが、外的な条件と内的な条件、国内的な条件というのは考えなければいけないと思います。

グローバル化とIT革命

外的な条件としては、まず、グローバル化というのは、避けられない話だろうと思うのです。グローバル化というのは日本だけではなくて、世界中の国が直面している、世界中の企業が直面していることですし、IT革命、ICT革命というのも避けられない。つまり九〇年代の最初の、あるいは土光臨調のころは、まだICT革命ではなかったのです。それが現在では、もうこれは当然である。それから金融の世界もICTを使って相当変わりました。金融あるいはエネルギー問題というのもかなり重要な、環境を入れてもいいですが、外的な条件としてある。

(外的なインパクト)　　　　　　　　(国内の状況)

グローバル化→　　　　　　　　← 少子・高齢化

ＩＴ革命→　　**改革するパワー**　　← 財政赤字

　　　　　　　総合競争力

金融／エネルギー→　　　　　　← 意欲・コミュニティ力衰退

↑↑↑

一人当たりＧＤＰの向上は

制度改革(政治改革、地方分権、年金・医療・介護、税制……

政府・市場・市民社会の活用

図１　日本の総合力発揮についての考え方

成熟化された社会の問題

国内的条件については、少子化や高齢化問題を前提にした政策を考えざるを得ないでしょう。また、財政赤字問題も、これも放置できません。また、日本はやはり豊かになり、成熟社会になった。成熟社会になると、意欲が衰える。一生懸命に「坂の上の雲」を追いかけるという時代と違って、追いつき追い越せといっても、「もういいじゃないの」と思い込んでいる節があるし、中学生・高校生に「勉強面白いよ」と言っても、もっと面白いテレビがあり携帯がありゲームがあり、あるいはＤＶＤがある。つまり、今の学力問題というのは算数ができる・できないではなくて、モチベーションがないわけです。だから世の中に面白いものが山ほどある中で動機づけをどうするかということは、教育における最大の問題だろうと思います。

そして、コミュニティの問題についても、日本のコミュニティによって犯罪を防止するシステムができるなどと思っていたのだけれども、そこも崩壊し始めてきている。典型例が「コンビニでは聞き込み捜査ができない」ということです。

このような前提の下で、少なくとも一人当たりのGDPを下げないようにするためにどうしたらいいかという議論の内容は、このような話につながるのだろうと思うのです。それは非常に狭い視野の目標なのです。しかし、一つの例として一人当たりのGDPという言い方はしていますが、それは、人口が減っても安心な社会とはどのようなものなのかということを言っているに過ぎないのです。

そのためには、まだ制度改革が必要です。だからここになると、構造改革なのか制度改革なのかという問題になるのです。政治改革をやり、地方分権をやり、年金・医療・介護は制度改革をやっているし、税制改革もしなければいけない。このような制度改革がまだ終わってないのです。山ほど残っているのです。

「新たな公共」の必要性

小泉さんは「官から民へ」「中央から地方へ」と言ったのですが、もっと言えば政府、つまり「官」から「民」という「民」の意味は一つがマーケット、つまり株式会社が代表します。学校だとか医療だとかというのは株式会社でやれというマーケット型が一つありますが、もう一つには、市民社会説というのがあります。市民社会というのは少し幅の広い言葉ですが、ノンプロフィット・オーガニゼーション（NPO）なわけです。つまりメトロポリタン・オペラは株式会社なのですか、ハーバード大学は株式会社なのですかという話です。それらは、非営利法人なわけです。つまり、社会の成熟化や社会の厚みということを考える場合には、NPOを考えたほうがいいのではないでしょうか。それをどのように設計するかで、日本の成熟社会の先が見えます。

マーケット部分というのは、どこの国でも、半分から六割ぐらいを占めるのです。経済全体の中で、公的部門はGDP比で、大体四割ぐらいあるわけです。さらにその中間のところに市民社会、例えばNPOが雇用をかなり持っている国もあるわけです。国によって一〇%ぐらいの雇用を持っているところもあるわけです。この点も今後の見通しの中で考えるべきことなのだろうと思います。

6　ポスト小泉の政策争点

ポスト小泉の政策争点、つまり今候補者何人かいますけれども、ほとんどの人に、次のことは論じてほしい、と思って五つばかり挙げました。

これですべてでは、もちろんありません。ただいくつか面白い論争があります。それが格差社会論争、財政金融論争、少子化論争、それから地方分権論争、外交・安全保障です。しかし、この中で小泉改革との関係で全部触れられることはできないと思いますので、幾つかの点だけ申し上げます。

格差論争

その一つは格差論争です。格差は本当にあるのかという問題です。これは阪大の大竹文雄先生と京大の橘木俊詔先生の論争が典型で、大竹さんがほぼデータ的には、解釈的には正しいと思います。日本の格差問題というのは、実は高齢化問題です。つまり、高齢化における格差というものが、日本全体における格差にある程度影響を及ぼしている。ただあのデータが扱っているのはこの一〇年ぐらいではなくて、もっと前の段階なのです。八〇年代から起きている話を扱っているわけです。特に格差というのは、つまり非典型雇用、非正規雇用の拡大というものが、特に九〇年代後半から起きてくるわけです。そこが一時的な現象なのか長期にわたる問題なのかと考えたら良いと思います。

格差問題というものは、小泉さんの時代よりもっと前から起きているわけです。長期にわたって日本の労働分配率を見てみますと、日本の労働分配率は八〇年代にはとても低かったのです。これはアメリカとかヨーロッパ先進国に比べて低かったのですが、九〇年代に入りますと、労働分配率はずっと上がるわけです。この理由の一つは、不良債権問題もしくは景気の悪化です。このような状況であっても、給料は下げられない、雇用は切れないとなると、儲からない仕事をしていたわけです。労働生産性も上がらなかったわけです。儲からない仕事をずっとするわけです。労働分配率が上がってしまうわけです。それによって、一〇ポイント近く上がるわけです。

これでは企業は成り立たないということで、正規雇用をカットするというよりも非正規雇用にシフトする雇用をするわけです。それで、パートだとか派遣だとか契約だとかということがどんどん増えるわけです。ある意味で企業は、いわゆるリストラを成功させるわけです。それにさっき言ったアメリカ、中国などの外需がプラスされるわけですが、そのずっと上がってきた労働分配率が二〇〇〇年ぐらいを境目にして下がり始めるのです。今はアメリカ並みになってきていると思います。

そこで疑問となるのは、これは短期現象なのか、それとも今後も長期に続く現象なのかということです。

その捉え方で格差論争は相当違ってくると思うのです。そうでないと、例えば、朝日新聞は、足立区では四二・五％が就学援助をもらっているという記事を書いております。私の考えでは就学援助というのは貧困ライン以下だから出すというように思うのですが、よくよく見てみると、日経が反論していましたけれども、二人の子供を持った夫婦で最大五八〇万円までの人に援助が出ているというわけです。

年収五八〇万円はポバティラインではないですね。日本は五〇〇万円の所得のところで大体七〇％ぐらいの給与所得者が入ってしまうわけです。そのような点で、本当の格差問題というのは一体どういうことなのか。新聞社や学者の人たちも格差論をやれば、それは本も売れますし、読者も増えるので、ビジネスとしては面白いのですが、実態としては、どこに問題があるのかと言うと、中心部分にはこの正規雇用と非正規雇用の所得格差が明らかにあるのです。

それが一時的なものであれば、つまり、景気が回復すれば約三分の一ほどいる非正規雇用が正規雇用に戻っていくとするならば、それほど大きく心配することはないのだけれども、これが長期に続くのだとすれば、日本はやはりこの格差の部分は解決する仕組みを作っておかなければいけない。労働組合だけでは多分済まない問題だろうと思います。

財政・金融論争

歳出削減と増税、特に消費税の増税に関しては、今までの論争は、「どちらを先にしますか」ということと、「比率をどのぐらいにしますか」という話でした。ですから、7対3というのは黄金比率なのかどうか分かりませんけれども、議論の幅としては7対3か6対4の選択ぐらいなのです。非常に狭い範囲でしか議論をしていないのです。

「どちらが先か」というのは、政治的には、「歳出削減からやりましょう」という議論です。それから「時期はいつからなのか」というと、もう来年というのは無理だから再来年かその次かという、これも、一年か二年の差ぐらいしかありません。この範囲に議論が収斂すると、これを争点として総裁選に勝つことは、多分、無理だと思うのです。だから、この部分でイノベーティブなアイディアが出てくるのかどうかということが、一つの大きな問題です。

プライマリーバランスの話については、長期金利と成長率はどちらが高いのかということを、盛んに議論した。竹中さんがマンキューの話を出してきて、「マンキューの論文ではこういうことが書いてある」と言ったら、小泉さんが「マンキューだかサンキューだか知らないけど、学者の論争は要らない」と言ったというのが記録に残っています。この発言の基本的問題は、学者論争が要らないのではなくて、そこが基になっていないとあとの設計ができませんということです。どちらが正しいかとは別です。

少子化論争

もう一つ少子化論争をお話しして、地方分権と外交のことは今日は省略いたします。少子化論争は山ほど議論があります。出てくる資料はほとんどＯＥＣＤの資料です。そこで私はへそ曲がりですから、アジアの少子化の資料を少しここに付け加えました。アジアはおしなべて少子化なのです。つまり、日本だけが異常に低いとみんな思い込んでいるのですが、そのようなことはなくて、韓国ははるかに日本よりも先に少子化、それから香港に至っては一・〇をもうとっくに割っている。ですから、かつてアジアはたくさん子供を産んでいたというように思い込んでいた時代があると思うのです。それはそうなのですが、今やアジアの共通した問題というのは少子化なのです。しかも高齢化もやってきます。ですから日本が世界に先駆けて、この少子化問題と高齢化問題、特に年金・介護・医療といった領域で世界に先駆けたアイディアを出すべきだと思うのです。少子高齢化で一体どのような政策が可能なのですかということを、アジアだけではなくて、アメリカもヨーロッパも日本を見ているわけです。

ただ、この少子化に関しては政策的には二つの考え方があります。補助金型と男女共同参画などの「環境整備型」です。つまり、児童手当とか子供手当を出せというタイプと、環境を整備する、働く環境を整備して子供を持っても仕事ができるようにしましょうというタイプです。ただ、ここは政策をやっている者から言いますと、効果の分析ができてないのです。幾ら出すと幾ら効果があるのかという分析がない。それでほとんど効果がないことをやっているのです。公共事業は効果がなかったのです。それでも、一を超える乗数効果があるのです。しかし、この少子化に関しては何か気休めといいますか、やらなければいけないという強迫観念でやっているようなところがあります。本当に効果があることをやる必要があります。

例えば、さきほどの格差論争のところでは触れませんでしたけれども、やることは二つでしょう。つまり格差是正をしようとするならば、まず大学へ入るときの奨学金というのを完璧に作るしかないでしょう。

もう一つは、なぜブレアとかクリントンが政策の課題で「エデュケーション、エデュケーション、エデュケーション」と言ったのかといったら、不登校とかいじめとか学力問題ではなくて、つまり「教育」というものを使って産業構造の転換を図るということでしょう。つまり、一度構造的に不況に陥っているような業種あるいは職種から新しい分野に転換していくときには再教育が必要で、その再教育システムをどう作るかという制度設計ではないでしょうか。

ですから格差論争というのは入り口の、例えば高校というよりも大学のほうが重要でしょうけれども、そこの奨学金の問題と産業構造の転換ができるような、特にミッドキャリアの再教育システムの問題ではないでしょうか。そのような制度設計というのは、議論されているのかどうかということに少し疑問があります。

地方分権と外交安全保障

地方分権の話は、後ほどパネルディスカッションで皆さんがご議論なさると思います。それから外交安全保障は今日の議論の対象ではないのですが、関心が多分おありだろうと思うので一言だけ言います。米軍の再編というのは沖縄問題ではないのです。あれはアメリカの全世界的な軍再編の中で位置づけるべきで、特に国際テロの問題とハイテク化によって常時駐留しなくても可能だというラムズフェルド的な意見があるのですが、それを日本はどう理解するのかというのが一つです。

日米一体化になるのはいいのですが、一体化はあそこまで一体化していいのですかという話があります。しかし、北朝鮮の核とかミサイルの問題が出ると、米軍再編の問題と日本軍の再編、つまりミサイルディフェンスをやるべきだという説の説得力はあるのです。だけれども、いっぺんに六発も七発もミサイルを打たれたら、ミサイルディフェンスは、とても対応できないと思います。「敵基地攻撃論」も地下基地などにはお手上げです。

7　ポスト小泉に求めるもの

今、ポスト小泉で何人かの人の名前が出ております。「誰が」という論争をずっとやり続けてきた。「麻垣康三」などあまり意味がないことをずっと書き続けてきた。そうではないでしょう。どのような政策を重要な政策として採択するのか、誰がどのような主張をするのか。つまり総裁選挙とは、新しい首相の選択というのは新しい政策の選択でもあるわけです。その政策の選択というのを一体どのように考えたらいいのかということです。

それからもう一つは、政治の構造改革というのは、ある意味で政治のインフラストラクチャーの問題です。そうするとさっき申し上げましたように、リーダーシップを強化せよというのだけれども、そのリーダーシップを強化する場所は党と内閣のどちらかといったら内閣でしょう。議院内閣制の原理からいけば当然そうでしょう。

小泉さんのときにまだまだ不十分だった内閣・与党の一体化問題というのは課題が残っています。それから経済財政諮問会議もある種の属人的に、竹中さんから与謝野さんに代わって変わりました。人が代わるとやはり制度は大きく変わるわけです。制度といいますか組織が変わるわけですが、それでも次の人はこれを利用するでしょう。そのときにどのように使いこなすのですかと考えてみると、経済財政諮問会議はあるのだけれども、国家安全保障会議はない。アメリカで言うところのNSCですね。経済財政は毎日といいますか毎週議論しているけれども、日本の安全保障会議は実は危機の時しか集合しない。アメリカの国家安全保障会議といいますかNSCは毎朝議論している。毎朝情報を上げている。だからいわゆるミサイル問題などは日常的に処理されていると思います。

最後に、政策課題というのは小泉さんのときで全部終わってないのです。それは当たり前です。一内閣で全部終わるなどということはありません。だから課題は継続しています。難問の優先順位は相当人によって差があります。だから、ここにおそろいの経済学者の人たちの間でも相当プライオリティー、優先順位のつけ方は変わっていると思います。それはいいのです。それを例えば首相になるべき候補者は、党首マニフェストに書き込んで論争してください、というのがわれわれといいますか、私の主張なわけです。でないと、次の内閣では何をするのかよく分からない。単に人がよさそうだ、若いとか、経験があるとか、それだけでは少し困ります。政策課題を十分組み込んだうえで論争してください。論争過程で多分その人の能力が結構見えてくるでしょう。見えてくることが重要だと思います。

そのような意味で言うと、党首マニフェストを書いて選挙を戦ってください、総裁選を戦ってくださいというのですけれども、何か候補者がリングに上がってこないという状況が結構見えてくるのです。それでは注目度も低くなってしまう。ただ候補者はいなくても「政策の候補者」(政策の候補者という言い方は変ですが）は山ほどリングに実は今上がっているのです。この政策の候補どうしがバトルをしているわけです。だからそのバトルを実はメディアはもっと報道していただきたいと思います。

（行革国民会議シンポジウム、二〇〇六年七月二一日）

27 安倍政権誕生後の民主党に求められるもの

1　安倍政権の誕生

安倍首相の訪中と訪韓の時期に合わせ、北朝鮮は核実験を行った。しかし、この北朝鮮の核は、安倍政権には「北からの追い風」となるだろう。ただし、求めるべき目標を「北の核の放棄」ということになると、国際社会も日本も決定的な手段をもっているわけではない。

新聞が「論功行賞」「お友達」内閣と辛めの評価をしても、世論調査に表れた内閣支持率は、各調査とも七〇パーセントを超え、歴代では、小泉内閣、細川内閣に続く高さである。

このような安倍新政権に対して、民主党にはどのような戦略や選択肢があるのかという問いに答えることことが本章のテーマである。

自民党総裁選の途中で、福田政権が出来るよりも、安倍政権なら対抗しやすいということが民主党の中から出てきたりしたが、その希望的観測はなぜ出てきたのかも検証しておく必要がある。まだ、スタートしたばかりだが、安倍政権のイデオロギー、政権運営体制、組織改革の方向性、政策などを位置づけた上で、民主党はいかなる方針を出すことができるのだろうか。ここでは、野党とは何をしたらいいのか一般論を述べることではないだろう。また、政権を取った後の姿を語ることでもない。野党が選挙を通じて政権を取る道筋を、安倍政権誕生を前にして語ることこそが主題であるのだろうが、課題があまりにも多すぎることに気がつく。

民主党は、小沢党首を無投票で再選したが、選挙戦術の主張は理解できるが、政策論争の組み立てはどうか、国民の支持を引きつける方法はなどと、次々に課題が登場する。まずは安倍政権の正確な把握の上に、政権交代への道筋を描き、その中で、来年の参院選挙はどう位置づけるのかという具体的な点にも触れる必要があるだろう。

2　官邸主導とは

安倍政権の特徴を、人気に求める立場も、そのイデオロギー的な保守性に求める立場も、世代交代ということに重点を置く立場もあるだろう。しかし、この内閣は、制度論的に見て、未解決の問題を見切り発車したという感じがする。その代表例が、官房副長官の人事と補佐官の多用である。今まで、官房副長官（事務）は、事務方のトップとして、各省間の調整を行ってきた。このポストに的場順三氏をいわば「政治任用」することで、従来型の霞が関的秩序に対して挑戦し始めた。

この内閣と霞が関の接続問題は従来からも議論されてきたが、それは、内閣・大臣・官僚の関係の問題として扱うことが多く、各省間の「下から」の積み上げを官房副長官のところで捌いてきたものを、「上から」の統制で動かすことができるのだろうかという現実の問題を注視する必要がある。

また、担当大臣と補佐官の任務が重複している点も、今後、整理すべき課題である。その代表例が、「国家安全保障会議」構想と担当補佐官との関係にある。すでに、アメリカ型の「国家安全保障会議」の創設には、内閣府設置法などの法改正を必要とするし、現実的には、二〇〇人のスタッフを抱えるアメリカ型組織を日本で作ることができるのだろうか。表現上は「国家安全保障会議」とはいうものの、実態は、イギリス型の三〇～四〇人規模の「合同情報委員会」のような会議体を考えた方が、経済財政諮問会議との関係でも、おさまりがいい。

小池百合子補佐官がＮＳＣのハドレー氏との会談をするというのも実質的なものと見るべきではないだろう。国家安全保障会議についての組織設計を十分行った上での任命とは思えないからである。

もう一つ重要な組織として、経済財政諮問会議はどのような方向に進むのかを占うためには、それを構成する大臣の顔触れを見れば予想がつく。諮問会議は、首相、官房長官に加えて、四人の大臣と四名の民間議員と日銀総裁の合計一一名からなる。その四人の大臣とは菅義偉総務大臣、尾身幸次財務大臣、甘利明経産大臣、大田弘子経済財政担当大臣であるが、大方の予想するところ、いずれの大臣も成長路線派で増税派ではないという点で、安倍内閣の成長路線(中川秀直幹事長の「上げ潮政策」)と合致している。また、根本匠経済財政担当補佐官はこの会に出席するのであろうか。出席するとしたら、いかなる立場で出席し、権限はいかなるものになるのか。

未解決の制度的問題とは、議院内閣制へ大統領制の制度・組織をどのように整合的に接続できるのかである。ただし、安倍政権のこの部分に対する「危うさ」は、民主党政権が出来たときに起きる「危うさ」とも共通する。

もう一つ、制度との関係で見ると、年金問題を政策として扱うよりも、社会保険庁の解体という方向で、法案の再提出を考えている。いわば、小泉政治が「抵抗勢力」をたたいたように、社会保険庁たたきで人気を博するようにするのではないかと予想できる。

ここに挙げたことは、いわば、制度をテコにした攻めの部分である。ところが、安倍政権の特徴として靖国参拝や強固な外交姿勢という点が、福田康夫氏と違い、民主党としては戦いやすいと見てきたかもしれないが、外交では、小泉政権では中断していた、日中、日韓の首脳会談を成果として挙げる。

この点では、安倍晋三個人としてのイデオロギー的発言は、官房長官就任以来抑制されてきたが、さらに、首相になってからは、口を閉ざすか、曖昧戦略をとっている。

3　小泉政権との違い

小泉政権時代は、民主党にとっては悪夢のようなところがあった。一つには、「自民党をぶっ壊す」と訴え、小泉首相は自分が「自民党ではない」というメッセージを出し続けてきた。民主党が野党として、まず「自民党ではない」ことを有権者に伝えることで党としてのアイデンティティを確認し、その後で、政策的な訴えをするのが普通の方法であろうが、その「自民党ではない」ところに、小泉首相が居座り続けた。また、当初、民主党は小泉改革に対して、改革競争を仕掛けようとしたが、改革を行うのは政府であり、野党にはアイディアの提示しかできないというハンディキャップがある。小泉改革は、元々民主党が主張してきたアイディアを自民党が取って実行に移したものだといくらいっても、それは、犬の遠吠えにしかならない。

また、郵政民営化選挙の時には、民主党の代替案の準備が遅れていたという弱点もあったが、それ以上に、自民党の抵抗勢力と野党が一緒くたにされ、郵政に反対する「抵抗勢力」と位置づけるという小泉作戦にしてやられてしまった。

では、この構図の延長に安倍内閣がくるのであろうか。おそらく、財政再建では、成長路線を中心にして、プライマリーバランス回復には歳出削減が七割、歳入増が三割という方針になるだろう。しかし、小泉内閣が先延ばしした課題である消費税の増税問題は論ぜざるを得ないが、それは、参院選以降に先延ばしされるだろう。

では、小泉政権と安倍政権との違いは何だろうか。大きくいって、小泉路線では、民営化や規制改革などの「新自由主義」的な経済手法をとってきたといえる。小泉（竹中）改革時代には、固有の自民党支持者にとっては、ある意味で、不満が鬱積してきたともいえる。自民党内には骨の髄から「新自由主義者」は、そんなに多くいるとは思えない。むしろ、弱者保護を旗印にした「分配型」政治が得意技であったし、イデオロギー的には、保守的な自民層の不満はかなりたまったはずである。

この点では、安倍首相が唱える憲法改正、教育基本法などは自民党の結党以来の悲願の達成でもある。さらに、皇室典範の改正中止、靖国問題、拉致問題などは、ナショナリズム的反応を引き出す格好の争点である。小泉改革へ不満を持つ固有の自民層に対して、「戦後レジームからの脱却」は意味あるメッセージとなるだろう。

しかし、安倍首相が本来持っているイデオロギーは、右に位置する層の支持を獲得できるので、仮に、靖国参拝や憲法改正を声高に叫ばなくとも、その層は、自民党に投票するであろう。むしろ、無党派層を含む「ふわっとした」安倍政権に対する支持層を問題にした方がいいと思う。

4　自民党と民主党の構図

このような構図の上で、「政権交代」をキーワードとして、自民党と民主党の関係を見てみよう。すなわち、なぜ政権交代しなければならないのか、有権者が納得する理屈・理由は立てることができるのかである。もちろん、定期的な政権交代は健全な民主主義では必要であるという原則論に賛成する人もいるだろうが、おそらく、多数派ではないだろう。となると、実態的に、政権交代をしなければ、にっちもさっちもいかない現状の打破は無理であるという訴え方は説得的なものかである。

「政策転換」は政権交代で成されるのが一般的であるとしても、自民党政権内の総裁交代で十分に政策転換が成されているという主張がある。それに対して、それは疑似政権交代にすぎず、本格的な政権交代とは、野党が政権党を選挙で倒して初めて成り立つということを、一言で説明できるだろうか。

また、政策転換とならんで、「改革」というシンボルを自民党が使って久しい。本来の現状維持を「保守する」層が多い自民党が、橋本行革やら小泉改革で、「改革」を推進する党というイメージを植え付けてきた。つまり、政権交代しなくても、自民党政権の下でも改革は十分可能であるという説明に対する反論をどう組み立てるのかである。

その一つに、自民党「官僚丸投げ説」があるが、「霞が関退治」を目指す安倍政権に対する批判として有効なのだろうか。むしろ、官僚との関係で「危うさ」を持つ安倍政権への批判をいかに組み立てるのかが重要となってくる。

そのためには、政策論争を仕掛ける必要があるが、その論争でさえ、中途半端に終わる可能性がある。今までも、政策論争が総裁選の時のように安倍・麻生・谷垣の自民党内での対立・論争で十分であり、そこで選択肢が出尽くしたとすると、民主党の出番はなくなってしまう。この自民内の政策論争では幅が狭く、もっと広い土俵の上で議論すべきということを、どのように説得的に訴えればいいのか。

このことは、政策論争以前にイデオロギー的な位置関係でいかなる方針を立てるのか整理すべきであろう。すでに、自民党固有の支持層を図式的に、①新自由主義、②イデオロギー的保守、③利益分配型政治と分けてきたが、民主党としては、イデオロギー的には保守を唱えないとしても、経済政策における新自由主義に対抗するには「第三の道」をとるのだろうか。この路線についてのメッセージは重要であるが、「格差論争」で政権を奪うことができるとは思えない。というのも、「格差感」は広がったとしても、格差の実態は、政権が倒れるほどの深刻さはないし、高齢化のように小泉政権以前から出てきている問題もある。強いていえば、九八年の金融危機以降、企業が正規雇用の採用を控え、派遣やパートなどの非正規雇用を増加させたことによる、正規雇用と非正規雇用の賃金「格差」には注目する必要があるが、それが固定化されて不満が爆発するには、まだ時間がかかる。

また、民主党は利益分配政治反対を唱えるのか、自民党の利益分配に不満を持つ層の取り込みをはかるのだろうか。つまり、小泉自民党から脱落した層を拾い集めるという利益分配型政治を民主党はやるのだろうか。郵政反対組しかり、農業地域における不足払い方式、子供手当だけではなく「親手当」を出すという論理は、旧来の自民党の分配政治を超えているのだろうか。

それは、イデオロギーというよりも、選挙戦術に関わるが、政権を取るためには、いかなる戦術もあり得るという一般論と、落ち穂拾いをすることとは同じではない。

来年の参議院選挙は重要な分岐点になることは当然であるが、それが政権選択になることはない。というのも、仮に、自民党・公明党の連立が、参議院で過半数割れを起こしたとしても、政権そのものには決定的ダメージを与えることはない。もちろん、選挙での敗北は、安倍政権への批判を大きくするだろうが、仮に参議院で過半数割れが起きても、昨年の総選挙で、自民党・公明党の連立は、衆議院の議席数で三分の二をはるかに超えている。ということは、法案が参院で否決されても、最終的には、衆院で再議決をすることが可能である。もちろん、法案審議に停滞をきたすことはあり、国会運営の駆け引きではさまざまな手段がありうるが、最終的なところでは、法案の議決はできてしまうので、決定的な打撃とはならないのではないか。

ある意味で、選挙区をこまめに歩けという小沢党首の主張は、今まで、基本をおろそかにしてきた民主党議員に活を与える意味はあるが、それが、選挙キャンペーンのすべてでは心許ない。ひたすら歩けという営業では、現代のマーケティングは成り立たない。選挙区をこまめに歩いて獲得する情報と世論調査による有権者の把握にはいつも差が出てくるのだが、その統合こそが、選挙の出発点であるだろう。

5　おわりに

小選挙区制やマニフェストを中心とする選挙では党首の果たす役割がきわめて大きい。しかし、小沢党首の後を民主党は準備しているのだろうか。つまり、今まで、長期戦略を持たずに、いわば、岡田克也、前原誠司などを使い捨ててしまった。菅時代の「年金未納」の追求や、永田議員のようにスキャンダル追及が、自らの党首を「オウンゴール」で失っている。いわば、政策以前といってもいい問題が民主党の課題であった。すなわち、長期戦略に基づく人材養成がきわめて重要であるという言わずもがなのことを、今またここで繰り返すことになってしまう。

政権交代した後の青写真を書くことも必要であるが、政権交代をどうするのかが、野党にとって最も重要である。単に選挙で勝つためにその手法を晒すというだけでは、十分ではない。少なくとも、世論の支持を獲得するためには、真面目な政策論争で安倍政権の矛盾を突くことと、それを通じてどのようにして支持を増やすのかの戦略にかかってくるだろう。

（『改革者』二〇〇六年一一月）

28

福田政権と日本政治の行方

——問われる「動かぬ国会」の動かし方

1 「まさか」の連続

政治の世界では予想を超えた「まさか」が起きる。しかし、こう「まさか」が連続して起きるとは誰も思わなかっただろう。参議院選挙は自民党が敗北するだろうと予測していた自民支持者も、「まさか」(1)自民党が三七議席になるとは思っていなかっただろう。この大敗北を前に、当然、安倍首相は退陣するという予想を裏切り、「まさか」(2)早々と続投宣言をするとは思ってもみなかっただろう。しかし、本格的に「まさか」がやってくるのは、所信表明演説をした後、「まさか」(3)の辞任表明である。おそらく、麻生支持者は、福田康夫が「まさか」(4)立候補するとは思っていなかっただろうし、「まさか」(5)一夜にして麻生包囲網ができてしまうとは予想していなかっただろう。だが、再び本格的な「まさか」は、福田首相と小沢代表の党首会談で「まさか」(6)の「大連立」の協議がなされたことである。それ以上の驚きは、その大連立を民主党役員会で否定されたら、小沢一郎党首の「まさか」(7)の辞任表明であり、さらには、慰留された上での「辞任撤回」である。

これほどめまぐるしく変わる政治の状況は、ひとことで言えば、「政策以前」の問題、マニフェスト以前の問題である。急な出馬で、明らかに政権運営の方針も政策の準備も不足していた福田内閣の出発であるが、少なくとも、政策的には、小泉改革、安倍政権との距離と位置関係を示しておく必要がある。そのことは、各種格差論(①高齢化、②地域、③正規・非正規雇用による格差)の台頭、つまり、財政出動の圧力の増加の中で、どう対処するのか、基礎年金の財源を消費税増税でまかなうのか、農業や少子化に対する方針も必要となっている。

しかし、それら政策を議論する以前に、過半数割れの参院で、政府提出の法案が通らないという現実に直面している。それゆえ、福田内閣を語ることとは、福田政権の基盤とは何かを語ることであり、その上で、政策課題は何かを探るという手順になる。

2　なぜ、「大連立」か

日本の政治は議院内閣制である。そこまでは誰でも知っていることであるが、議院内閣制といっても「衆議院内閣制」と見てもいいだろう。内閣は衆議院の多数派から形成される。現状では、自民党と公明党では三分の二以上の議席を持っている。その意味では、十分すぎる議席数である。ところが、参議院の方は、七月の選挙の結果は自民の惨敗であり、公明党の議席を足しても、過半数には足りない。逆に、民主党は、野党系の無所属議員を足すと、過半に近い数を確保することになった。日本の衆議院と参議院の関係は、首相指名、予算、条約を除くと、ほぼ対等なので、衆議院で可決した法案は、参議院では通らない。

それをもって、「動かない」議会ということになるのだが、動かないのではなく、動かそうとしないことに問題があると私は見る。あらかじめ「大連立」をして、参議院も安定的に多数派を確保して法案を通そうという意図は分からないでもないが、それによって失うことの大きさを考えると、はるか遠くにある「大連立」という選択肢をいきなり使うことは、あまりにも先走りすぎていると謗《そし》られても仕方がないだろう。

大統領制の国では、大統領の所属する党会派と議会多数派が異なることはしばしばあり、「分裂政府」と呼ばれている。日本の現状はそれとは違い、議院内閣制なので内閣と衆議院は一致しているが、参議院の多数派が異なり、一般に「ねじれ」国会と呼ぶことが多いが、参議院の多数派が異なる「分裂議会」の状態にある。

そのような場合にどのようにするのかは、憲法も想定していることである。三分の二の再議決とか、両院協議会とかをどう使うのかは経験が少ないのだが、具体的な方法は各種あるので、まず、できることは何かを見ておこう。

3 「分裂議会」の動かし方

臨時国会を開いても法案が一本も通らないという言い方がなされる。しかし、それは現状を正確に把握しているとは言えない。例えば、大連立論や政界再編論は話としては面白いが、その前提となる選挙制度(小選挙区制と比例代表制)、議会(対立型国会と妥協型国会)、内閣(責任内閣と比例的内閣)の違いを無視していることが多い。さらに、二院制問題を議論すると、憲法の改正にまで行き着く課題であるが、現行憲法の下でも、事態を動かす方法は沢山ある。

二院制を採用していれば、両院の多数が異なることは当然予想される。その時のことを想定して、わが国の憲法では、いくつかの手段が書かれている。例えば、衆院で可決した法案が参院で否決されたときには、衆院は三分の二の多数で再議決することができる。現状の自民・公明の連立政権は、衆院で三分の二の議席を持っている。ということは、大連立論を持ち出すはるか以前に、今のままで、法案の可決は可能なのである。ところが、与党には、三分の二の議決の行使にはためらいがある。それは、「強行採決」とはまったく違う憲法上の規定であるので、粛々と行使すればいいのであるが、連立のパートナーである公明党からの抵抗と、世論がどう動くかの様子見からできないということになる。

さらに、もし、三分の二の再議決を行使したら、参院で首相の「問責決議」が出てきて、それは、そのまま解散につながるという議論がまことしやかに語られる。まず、「問責決議」とは何かであるが、それは、衆議院に与えられている「内閣不信任」とはまったく異なる。「決議」の拘束力はどこまであるのかという決議一般の話と、「問責決議」という特定の話を分ける必要もあるが、決議については、通常の法案の議決とは異なり、院の意思表示以上のものではないと考えるのが一般的である。問責決議の事例として、額賀福志郎防衛庁長官が辞任した例を挙げることがあるが、それは、問責決議で直接に辞任したわけではなく、臨時国会で補正予算を通過させた後に「前例にしない」ということで辞任をした。

確かに、通常の法案審査と異なるこの種の「決議」や「承認」（同意人事なども入る）の位置づけを改めて考えるべきであるが、それが三分の二の再議決まで規定している法案審査以上に厳しいハードルとして解釈することには問題がある。

もう一つの憲法的な手続きとして衆参の議決が異なるときには、「両院協議会」を開くことができる。ただし、現在の両院協議会は、それぞれの院で議決した会派から代表を一〇人ずつ出して、三分の二の多数で成案を得ることになっているが、成案に達することは現実には難しい。むしろ、この両院協議会の人選の仕方、動かし方の工夫、妥協の方法について、先例にとらわれず議論をした方がいいのではないか。さらに、法案修正の仕方、小委員会の持ち方など各種模索すべきことがある。

臨時国会の焦点が新テロ特措法と思われているが、「職を賭しても」通したいと言った安倍前首相と、福田政権の意識には明らかに違いがある。明確な態度をとってこなかった福田政権であるが、最後には三分の二規定を使うのではないか。それにためらっている公明党も、大連立と三分の二の再議決の行使との選択を迫られたら、行使に傾くのではないか。むしろ、公明党は安全保障ではなく生活関連法案でなら三分の二規定の行使はあるとしてきたが、その方が難問であるといえる。

4　予算関連法案のゆくえ

例えば、来年度予算は衆議院の優越があるから最後には通過する。ところが、予算関連法案の通過は、参議院の状況から難しい。それゆえ、従来の日切れ法案のように、三月末に一括処理をすれば済むという問題ではない。とくに、参議院が否決しないで、審議を引きずるときには、六〇日の「見なし否決」規定をも考慮しなければならなくなる。ということは、道路特定財源の揮発油税を例にとれば、法案が通過しないときには、ガソリンの値段が一リットル約二五円下がり、再議決で再び元の税率に戻すという事態が想定できる。このような生活関連の法案の場合、新テロ特措法よりも、三分の二の規定が使いやすいということは言えないだろう。それは、自公だけではなく、民主党もその姿勢を問われることになり、訴える内容によっては世論の批判を受けることを覚悟する必要が出てくる。

このような、国会の手続きを使っての、与野党間の駆け引きと、与党が申し入れている「与野党協議」とはまったく性格が異なっている。一般の国民が感じているような与野党の「話し合いはいいことだ」とか「政策協議は必要だ」ということではなく、それは、五五年体制時代から、自民党が得意としてきた、与党の事前審査を野党にまで広げようとすることなのである。つまり、国会に法案が提出されたときには、すでに、了解がついていて、後は、採決のみという国会運営のレールの上に乗せようとすることが、「与野党協議」の本質なのである。

過去の事例としては、九八年に参院で自民党が過半数割れを起こした金融国会や二〇〇四年の年金協議があるが、その経験から学習していれば、民主党は「与野党協議」の持つ意味がよく分かるはずである。与野党協議の変形に「党首会談」がある。二回行われた党首会談での内容には不明な部分が多いが、そこで行われたのは、「政権協議」であったのか「政策協議」であったのかの区別は重要である。小沢党首と福田首相の認識の差は、まさにそこにあったと思う。

すでに見てきた、「分裂議会」の状況と次の「民主党にできること」を踏まえれば、答えが「大連立」となるはずはないのである。

5　民主党にできること

参議院において、野党が過半数を握ったということは、実は大きな意味がある。過去にも、参議院で与党が過半数を割った例があり、今回を含めると、①緑風会時代（一九四七年五月〜一九五六年六月）、②消費税選挙での参院選敗北（一九八九年八月〜一九九三年六月）、③橋本参院選敗北（一九九八年七月〜一九九九年一〇月）、④安倍参院選敗北（二〇〇七年八月〜）の四回である。

いずれも国会運営には厳しいものがあったが、今回の場合は、与党の過半数割れというよりも、民主党が過半数確保にあと数議席という本格的な逆転状況である。また、過去には、与党の過半数割れでは、公明党をバッファーとして使ってきたが、すでに自公は連立を組んでいる状況なので、そのカードは使えない。

参院の野党は、ざっと見て五つの手段が手に入った。それらは、①衆院通過法案の否決、②参院先議の法案可決、③国政調査権、④問責決議、⑤同意人事である。すでに見たように、法案を通過させる立場からいえば、首相指名、予算、条約を除き、通常の衆参はほぼ対称的なので、厳しいハードルとなる。改めて、法案は衆参両院を通過しないと法律にならないという原則が確認された。

逆に、参院先議で可決した法案を衆院に送り、衆院での与党の反応を見るということも新たな状況である。民主党提出の法案審査では、答弁側に民主党議員が当たることになり、それは、官僚機構に依存している与党とは違い大いにハンディキャップがあるが、そこでの答弁は政権担当能力を示す機会でもある。もちろん、その法案が、衆院を通過するという保障はまずない。しかし、今まで、ほとんど通過する見込みのない法案を議員立法で努力してきたことと比べれば、参院での通過だけでも効果は大きい。

だが、参議院の多数を握っただけでは政策の実行には到らず、その実行のためには、総選挙で勝つことが基本なのである。そこに、もう一つの重要な原則がある。政策を実現するためには政権を取らなければならないという原則を踏み外すと、安易な「大連立」構想に乗ることになる。

すでに、決議と承認(同意人事)については述べてきたが、与党側から見れば、そのハードルをいかに乗り越えるかの工夫と理論武装が必要ということは、逆に言えば、参院は簡単に拒否権を行使できるということでもある。しかし、いつでも承認をしないということでは、単なる難癖になってしまうので、野党側も原則が重要になる。このケースでも、与党から野党に対する事前審査の依頼ということは、与野党協議一般と同様に、注意してかかる必要がある。

総じて、参議院での多数を取るということは、衆議院において多数を取り政権を取ることとは違うが、多くの手段を手に入れたということであり、それなりに責任が重くなったということでもある。

6　総選挙での戦いは今までと違う

国会が動かないという現実を前に、次の総選挙の時に何が訴えられるかであるが、もちろん、年金や格差が表には出てくるだろう。しかし、政権側にとっての最大の課題が、「分裂議会」であるとしたら、それをどうするのかを、総選挙で示す必要がある。自公側からは、動かない国会を動かすためには三分の二の議席が必要であるから、「三分の二の議席をください」ということになるが、現状の三分の二の規定を使いたがらない連立政権では、その訴えは矛盾を露呈するだけとなる。三分の二を使うから解散をしないという理屈は成り立つ。しかし、三分の二を使わないから解散をしないという理屈では、国会の現状を無視している。結局、衆議院選挙の結果は、与党側はよくて過半数確保だろう。となると、「動かぬ国会」は、三分の二規定が使えないので、さらに本格的に動かなくなることになる。

一方、民主党の方は、選挙がしやすい。つまり、現状の参議院はほぼ過半数ある。この状況は、向こう六年間は変わらない。少なくとも、次の参院選までは続く。

そうすると、総選挙では、通常の選挙と同様に、「政権をください」（つまり「過半数をください」）という選挙をすればよい。そうすれば、衆参の「ねじれ」「分裂議会」は解消する。すなわち、民主党の勝利は「動く国会」「安定政権」を達成することができると訴えることができる選挙ができ、それは、今までの野党にはなかったことである。その意味で単純で分かりやすい選挙が可能で、マニフェストで訴える内容も実現可能性を持つ。逆に言えば、自民党のマニフェストには、この動かぬ国会をどう乗り切るのかということを正直に書かないと、実行可能性はないということになる。

このような構図の中での、「大連立」や国会外での「与野党協議」は誰が得をするのか一目瞭然であろう。

(『改革者』二〇〇七年一二月)

あとがき

本書は、小泉首相が指名された日に行った講演から始まっている。その意味では、評価が難しい小泉政権であるが、その五年半を評価していると言うこともできるし、その小泉の遺産を背負った安倍、福田政権の位置づけでもある。しかし、日本の政治が抱える課題は小泉内閣にのみ当てはまる問題ではない。小泉内閣に代わって、どの政治家、どの政党が政権運営しても、立ち向かわなければならない課題には共通性があるからである。一言で言えば、改革を志したら、何をなすべきか、という点では共通性があるが、口で言うほど改革は簡単ではない。改革派でさえ、多くのジレンマに直面することを示したかった。また、正確な評価を行うためには、イメージで語ることや好き嫌いではなく、事実の確認が必要であるだろう。

今まで、評論を時に応じて行ってきたが、書籍の形では世に問うことはなかった。まして、講演を活字にすることは、あまり考えてもみなかったが、東信堂社長の下田勝司氏と三好陽さんのおすすめで、本書をまとめてみることにした。東信堂は、日頃から21世紀臨調や言論NPOなどの出版で御協力をいただいているので、その下田社長の心意気に共感したという背景もある。

本書では、それぞれの論文・講演を発表順に並べ、データを含めできるだけ元のままの形で収録し、この間の変遷を追うことができるようにした。全体のイントロダクションとして「日本ガバナンス」と「改革のジレンマ」を冒頭に新たに加えてある。また、本書では、同じテーマを語っている部分では、内容的にも若干の重複もあり、同じようなジョークが繰り返されているということもあるが、ご了解頂きたい。

本書では、「日本問題」などの問題提起は行っているが、それ以上の政策の詳細な議論は行ってはいない。またガバナンスも日本という大きなレベルでのガバナンス問題を扱い、具体的にガバナンスが効かないメゾレベルのガバナンス問題については、改めて論ずることにする。その意味では具体的な政策課題はさらに論ずる必要があることも事実である。課題山積の現状の問題をどのように解きほぐすのか、あるいは、各政党のマニフェストの検証・評価をどう行うのか、専門家の果たす役割はますます多くなっているだろう。また、現状を解説するだけではなく、「どうしたらいいのか」「どうすべきか」の政策論が必要なのも今の時代の特徴である。

改革とは難しい。特に、タイミングをめぐり、改革はいつやるのかと問われることが多い。私の答えは、「只今がその時、その時が只今」(『葉隠』)ということになる。

モンペルラン派……………………　397

ヤ行
靖国問題…………………………　430
山一証券の破綻……………………　187
郵政改革の争点………………　375, 376
郵政事業への民間参入……………　159
郵政(三事業)民営化　…… 7, 15, 21, 47, 87, 95, 102, 119, 131, 140, 361, 383, 404, 429
羊羹の輪切り………………………　209
予算関連法案………………………　440
予算編成機能………………………　407
預託制度…………………………… 56
与党審査……… 40, 59, 73, 92, 95, 96, 98, 99, 103, 105, 107, 111, 113-119, 123, 126, 137, 145-147, 152-154, 218, 220, 221, 242, 243, 250-253, 255, 262, 363
与党主導………………………… 73, 138
与野党協議…………………………　440
ヨーロッパ社民的…………………　163

ラ行
ライブドア……………………… 16, 392
拉致問題………………………… 271,430
立法府—執行府関係………………　125
両院協議会…………………………　437
両院内閣制……………………　345, 384
量的緩和……………………………　401
——論………………………………… 90
緑風会…………………………　384, 441
冷戦の終焉………………… 68, 197, 212
労働分配率…………　215, 291, 292, 416
労農派…………………………　163, 296
ローカルマニフェスト…　355, 356, 358
六大改革………………………… 88, 204
ログローリング……………………　148
ロスト・ディケード………………　175
ロック・イン………………………　241
ロビング……………………………　258

ワ行
わが党の公約………………………　327
ワーク・シェアリング……………　302
ワシントンコンセンサス…………　189
湾岸戦争………………………　232, 366
ワンフレーズ………………………　361
ワンフレーズポリティックス……　162

380, 381, 446

ハ行
ハードランディング… 12, 171, 176, 177
橋本改革…… 236
パブリックアジェンダ…… 252
バランスシート 22, 33, 89, 90, 169, 173
パワー・ゲーム…… 44
頒布…… 327
非営利法人…… 414
ＢＳＥ（牛海綿状脳症）…… 392
悲観論…… 37, 98, 188, 321
引きこもり…… 368
非正規雇用…… 416, 417, 432, 436
比例代表制…… 61, 214, 331, 438
フィージビリティ・チェック…… 356
フォーカスグループ…… 80
部会…… 220
「賦課方式」…… 340
副大臣・政務官制度…… 109, 204, 236
含み損…… 169
不足払い方式…… 432
不登校…… 368
部分均衡…… 40, 164, 217-221, 240-243, 246, 265, 266, 273
プライマリーバランス…… 14, 21-23, 340, 341,375, 409, 418, 429
プラザ合意…… 51, 182
プラットフォーム…… 322,323
フランチャイズ…… 208
フリー・フェア・グローバル…… 11, 192, 205
ブリッジバンク…… 13, 171, 176
不良債権 169, 176, 177, 181, 182, 185, 186, 188, 205, 217, 219, 230, 234, 236, 263, 279, 287, 290, 291, 293, 342, 343, 377, 399, 418
──処理…… 173, 175, 179, 186, 192, 203, 215, 216, 235, 271, 281, 294, 307, 308, 341, 397
プルラリティ・システム…… 122
プルラリティ・ルール…… 122
文義…… 28, 378
文書図画の頒布…… 332
分裂議会…… 443
分裂政府…… 355, 437
並行審査…… 153, 154
閉塞感…… 44, 172
兵力の逐次投入…… 183
『ベスト・アンド・ブライテスト』 8, 181
ヘッジファンド…… 4, 189
ヘリコプターマネー…… 286
法科大学院…… 372
包括政党…… 67, 69, 212
補完性…… 219
補佐官…… 427
補助金型…… 419
ポスト五五年体制…… 234
北海道拓殖銀行…… 187
骨太の方針…… 85, 87, 88, 132, 160, 162, 410
ポピュリスト…… 363
ポリシー・ユニット…… 60, 125, 140

マ行
マイクロソフト…… 195, 199
「まさか」…… 437
松沢マニフェスト進捗評価委員会… 360
マニフェスト…… 17, 19, 20, 27, 28, 35, 38, 40, 113, 129, 130, 134, 136, 160, 208, 209, 238, 313, 314, 384, 404, 422, 433, 444, 446
マニフェスト・サイクル…… 318
マニフェスト選挙元年…… 332
ミクロ・コーポラティズム…… 223
ミサイルディフェンス…… 420, 421
ミッドキャリア…… 420
未納三兄弟…… 343
民営化推進委員会…… 308
民主党政権運営委員会……116
ムーディーズ…… 194
無党派……58, 68, 211, 304, 311, 430
村上ファンド…… 16
メインバンク制 18, 40, 184, 218, 243
『Made in America』…… 199
モニタリング…… 7, 19, 183, 184
もはや戦後ではない…… 8, 51, 174, 365
もはやバブル後ではない…… 365
モラルハザード…… 4, 170, 176, 178
問責決議…… 438

相対価格…… 284
総務会…… 220
総力戦…… 174, 181
族議員政治…… 129
ソフトパワー…… 198
ソフトランディング12, 13, 170, 171, 176

タ行

第一次オイルショック…… 365
第三セクター…… 371
第三の道…… 140, 222, 298, 432
耐震偽装…… 392, 401
貸倒引当金…… 168, 169, 170
第二次オイルショック…… 365
大本営発表…… 182
大連立……436-438
多数決…… 151
多段階の多数決…… 149, 150
タックスイーター……387-390
タックスペイヤー……387-390
ダボス会議…… 31
タムワース・マニフェスト　317, 323
タリバン…… 367
団塊ジュニア…… 368
逐条審議…… 137, 268
地上戦……78, 79, 311
中選挙区…… 122, 206, 212, 214, 238, 240, 314, 319, 325, 330, 333
中央省庁再編…… 235
仲介機能…… 172, 294, 308
中間評価…… 344
中福祉・低負担…… 394
超高齢化…… 14
調査審議機能…… 406
直接償却…… 51, 176, 215
治理…… 18
陳情…… 258
通年国会…… 137, 268
土光臨調…… 102, 395, 397, 412
強い参院…… 384
定額貯金…… 376
抵抗勢力…… 85, 91, 96-99, 102, 108, 115, 119, 128, 134, 251, 269, 298, 308, 309, 319, 351, 410
ディスクロージャー…… 46
ディバイデッド・ガバメント（分裂政府）…… 261
デジャビュ…… 3, 4, 5
Debt overhang…… 44
デファクト・スタンダード　193, 195
デフレーション…… 45, 215,400
デプレッション…… 45, 305
デモクラティック・ガバナンス　45, 46
デリバティブ…… 189, 196
テロ対策特措法…… 86, 87, 95
典型雇用…… 416
同意人事…… 439
党議拘束…… 106, 115, 149, 154, 220, 221, 314
党税調…… 141, 164, 269, 270
党内民主主義……108, 111, 112, 125
道路関係四公団民営化推進委員会　157
道路公団民営化…… 15, 16, 30, 159, 341, 348
道路調査会…… 91, 108
道路特定財源…… 440
特定郵便局長会…… 57
特別会計…… 370
特別職…… 357
特命チーム…… 100
都市再生…… 295
土地担保主義…… 18, 40, 178, 184, 218
ドント式…… 231

ナ行

内閣改造…… 332
内閣機能の強化…… 11, 73, 109, 117, 118, 209, 234, 236, 237, 261, 406
内閣主導…… 59, 73, 92, 100, 106, 109, 129, 136, 221, 358
内閣府強化…… 161
内閣不信任…… 351
内閣与党…… 145, 159, 242, 243, 250, 252, 255
内閣・与党の一元化…… 132
　――論…… 242, 250, 252
二段階革命…… 163, 165, 296
日米構造協議…… 399, 400
日本版ビッグバン…… 205
日本問題…… 339-341, 374, 375, 377,

衆院選挙区画定審議会………………… 92
衆議院改革に関する調査会145, 155, 251
衆議院内閣制……………………… 345
終身雇用(制) ………… 194, 303, 339
修正自己資本比率………………… 182
『重点政策集』……………………… 333
首相の権限強化………………… 61, 117
首相公選……………………… 61, 245
首相主導を支える政治構造改革に
関する提言………………… 99, 155
小選挙区…… 70, 204, 206-208, 212, 214,
236, 238, 314, 319, 329-331, 333,
336, 352, 405, 433, 438
承認(同意人事) …………… 439, 442
証券化………………………… 3, 5
証券取引等監視委員会…………… 392
勝者独り占め……………………… 193
小選挙区比例代表併用制………… 331
小選挙区比例代表並立制…… 204, 212
省庁再編…… 59, 73, 100, 109, 209, 235,
236, 359
消費税……………………………… 288
情報の非対称性…………………… 392
所得倍増計画……………………… 365
審議会 92, 147, 152, 160, 239, 328, 357
新自由主義………… 222, 398, 430, 432
新生党……………………………… 68
新制度学派………………………… 399
新直轄方式………………………… 308
新テロ特措法……………………… 439
新党さきがけ……………………… 68
信用創造機能………… 172, 294, 308
信頼システム……………………… 179
ステークホルダー……………… 19, 22
聖域なき構造改革………… 93, 162, 204
政界再編……… 102, 116, 165, 210, 211,
302, 309, 320, 438
──論…………………………… 440
政官の接触………………………… 139
正規雇用…………………………… 432
政権協議…………………………… 441
政権交代…………………………… 430
政権公約(マニフェスト)検証大会 358
政権選択……………………… 328,344
政権選択・首相選択・政策選択 208,319
政権担当能力……………………… 442
政権の鬼門……………… 344, 345, 350
税効果会計………………………… 168
政策以前…………………………… 433
政策協議…………………………… 441
政策決定過程…… 39, 41, 108, 152, 167,
246, 262, 363, 405
政策室(ポリシー・ユニット) …… 60
政策新人類………………………… 188
政策転換…………………………… 431
政策ユニット………………… 405, 409
政治(介入)からの遮断 …… 15-17, 22
政治家主導…………… 73, 138, 259, 260
政治主導…………… 59, 72, 73, 123, 138,
259-261, 363
政治任用…………………………… 357
政治の構造改革……… 39, 85, 109, 126,
265, 362, 395, 402, 405, 421
税制調査会………………………… 255
成長時代…… 205, 212, 233, 365, 366, 374
政調部会……………… 92, 108, 115, 328
成長率論争………………………… 409
制度化……………………………… 147
制度改革…………………………… 398
政府委員の廃止………… 109, 204, 234
政府税調…………… 141, 164, 255, 270
政務調査会………………………… 220
絶対安定多数……………………… 346
絶対価格…………………………… 284
ゼロ金利解除……………………… 409
全員一致……………… 108, 150-153, 363
一九四〇年体制…………………… 205
全球的治理………………………… 18
選挙綱領…………………………… 322
選挙プログラム…………………… 322
戦後レジームからの脱却………… 430
先進課題………………… 13, 14, 23
先進国病…………………………… 368
先制攻撃……………………… 232, 366
選択的消費………………………… 282
早期健全化法………………… 171, 176
総合デフレ対策…………………… 167
相互補完性………………………… 238
総裁選……………………………… 332
総裁枠……………… 231, 248, 363, 403

業務利益…………………………　186, 219
拒否権……………………　152, 220, 442
亀裂………………………………………211
金融工学……………………………　189
金融緩和……………………………　281
金融再生トータルプラン…………… 13
金融再生法………………　171, 176, 187
金融再生プログラム………………　167
金融デリバティブ…………………　196
金融ビッグバン　11, 192, 205, 234, 327
空中戦…………………………78, 79, 311
空洞化論……………………………　285
good question ………………………… 10
クローニーキャピタリズム　398- 400
グローバリズム……　188, 189, 191-193,
195, 224, 226, 299
グローバルガバナンス…　5, 18, 21, 200
グローバル・スタンダード………　193,
194, 298, 299
『経済白書』…………………… 8, 51, 174
経済財政諮問会議…………　59, 91, 128,
141, 164, 239, 254, 255, 270, 329,
405- 408, 410, 411, 421, 422, 427
経済の構造改革……　39, 91, 99, 218, 219
経世済民…………………　188, 190, 191
携帯家族……………………………　304
決議…………………………………　439
決定ルール………………　149, 151, 152
牽制投票…………………………………67
建築確認……………………………　392
憲法改正……………………………　430
憲法制定会議……………………………111
小泉三原則…………………………　129
後援会………………………………　331
合計特殊出生率……………………　369
講座派……………………………　163, 296
皇室典範……………………………　430
合成の誤謬…………………………　179
構造改革……………………　14, 398,399
構造設計……………………………　392
公的債務……………………　72, 388, 396
合同情報委員会……………………　427
公平公正…………………………　163, 164
国際経営開発研究所（ＩＭＤ）…　200
国債発行三〇兆円………　158, 159, 300
国際テロ……………………………　367
国政調査権…………………………　442
個人後援会…………　79, 208, 324, 333
個人の年金勘定……………………… 32
護送船団方式　18, 19, 40, 184, 218, 243
国家安全保障会議……………　424, 427
子供手当……………………………　432
コーポラティズム…………………　223
コーポレート・ガバナンス　183, 184

サ行

再議決………………………………　433
財政・経済一体改革会議……　405, 410
財政出動……　89, 97, 224, 281, 288, 361,
362, 396, 397, 436
財投債……………………………　56, 377
財投資金……………………………　343
財投機関債……………………………… 56
サイバー戦………………………　78, 311
サウンドバイト……………………　162
先送り……………………………　6, 9, 391
先物取引…………………………　189, 190
参議院廃止論………………………　384
三権分立……………………110, 111, 117
三分の二の再議決…………………　437
三位一体……………………………　362
三洋証券破綻………………………　187
資金運用部…………………………　377
事後審査……………………………　153
資産デフレ……　181, 212, 215, 284, 290
支持なし層……………………………… 67
市場原理主義………　189, 193, 194, 196
事前承認……　95, 99, 103, 113-115, 118,
145, 220, 221
事前審査………… 98, 106, 119, 123, 124,
136, 145, 153, 154, 159, 440, 443
実績評価……………………………　338
『失敗の本質』……………………　8, 180
自分党………………………………　324
司法改革…………　10, 204, 234, 235, 300
市民社会……………………………　414
自民党国家戦略本部…………　140, 155
事務次官会議…………118, 146, 407, 408
社会保険庁の解体…………………　428
弱者保護……………………………222,430

事項索引

ア行

ＩＭＦ……… 52, 178, 189, 194, 226, 299, 300, 398, 399
合議（あいぎ）…………………… 408
ＩＴ革命………… 50, 63, 192, 412, 413
アイデンティティ問題…………… 197
アジア金融危機………… 4, 11, 175, 178, 189, 398
アジア最初のグローバライザー… 196, 197, 200
アジェンダ（政策課題）設定 … 124,407
Ｒ＆Ｄ…………………………… 209, 326
アルカイーダ……………………… 367
池田内閣…………………………… 367
イスラエル…………… 61, 124, 260, 261
一院制論…………………………… 352
一区現象…………………………… 69
一党優位体制……………………… 233
医療保健制度……………………… 62
院内総務…………………………… 148
インフレ・ターゲット論…… 89, 90,401
失われた一〇年 5, 6, 7, 8, 395-397, 401
益出し…………………………… 37, 169
ＳＩＩ……………………………… 400
Ｓ＆Ｌ……………………… 13, 171, 176
ＳＮＴＶ（単記非移譲型）……… 122
ＳＤＩ……………………… 309, 400
ＮＰＯ……………………… 371, 414
円ドル委員会……………………… 182
エンロン…………………………… 281
──事件…………………………… 16
ＯＳ………………………………… 198
小沢改革…………………………… 236
落ち穂拾い………………………… 432
小渕政権…………………………… 396
オンライン納税…………………… 288

カ行

改革工程表……………………… 85, 87
改革のエンジン…………………… 406
改革の司令塔……………………… 406
外部取締役………………………… 184
閣議の代替機能…………………… 407
格差（社会）論争 … 415, 417, 419, 420, 432
箇所付け…………………………… 267
霞ヶ関法学…………………………117
課題の優先順位…………………… 131
合併………………………………… 210
貨幣数量説……………………… 284, 286
環境整備型………………………… 421
韓国資産管理公社………………… 170
監視（モニタリング）…………… 19
間接償却…………………………… 215
官房副長官………………………… 427
企画立案機能……………………… 406
危機感…… 36, 37, 48, 70, 178, 179, 321
疑似政権交代……………… 165,315,431
岸内閣……………………………… 365
規制緩和……………… 15, 205, 216, 222
貴族院……………………………… 351
基礎年金…………………………… 436
期待投票…………………………… 207
既得権……………………………… 393
キャッシュ・フロー………… 375, 378
キャビネット・コミッティ……… 138
九・一一事件……………………… 366
凝集性（cohesiveness）………… 150
教育基本法………………………… 430
強行採決…………………………… 438
『共産党宣言』…………………… 323
行政指導…………………………… 123
業績投票………………………… 207, 313

船橋洋一…………………………………37
古川貞二郎……………………………259
ブレア、トニー………63, 100, 111, 125, 140, 328, 337, 419
本間正明………………………………141

マ行

前原誠司………………………………433
増田寛也………………………………357
松野頼三………………………………243
的場順三………………………………427
マハティール…………………………189
マンキュー、N. グレゴリー……418
水野清…………………………………254
御手洗富士雄…………………………303
宮沢喜一……………………………12, 185
モチヅキ、マイク……………………159

ヤ行

山片蟠桃……………………………190, 191
山中貞則………………………………270
柳沢伯夫………………………………168
山崎養世…………………………………30
屋山太郎…………………………………30
与謝野馨………………………………409

ラ行

レイプハルト、アーレンド………122
レーガン、ロナルド……………15, 195

ワ行

若宮啓文…………………………………71

人名索引

ア行
青木幹雄…… 68
青木昌彦…… 164, 401
赤城宗徳…… 107, 147, 220, 242, 251
アベ・シエイエス…… 387
甘利明…… 429
荒井広幸…… 338
石井紫郎…… 254
猪瀬直樹…… 30, 157
牛尾治朗…… 141, 254
江田三郎…… 401
大田弘子…… 430
大竹文雄…… 417
大西裕…… 170
大平正芳…… 147
岡田克也…… 433
奥田碩…… 141, 194, 254
小沢一郎…… 436
尾身幸次…… 427

カ行
葛西敬之…… 15, 102
梶山静六…… 177, 185
加藤紘一…… 66
加藤創太…… 178
亀井正夫…… 107, 251
川本裕子…… 30
菅義偉…… 427
北川正恭…… 355, 404
金大中…… 170, 171
木村剛…… 295
金田一秀穂…… 28, 378
倉都康行…… 189, 190
ケネディ、ポール…… 50
香西泰…… 187
後藤田正晴…… 185, 263
小林慶一郎…… 178

サ行
堺屋太一…… 186
榊原英資…… 164
桜井よしこ…… 30
サッチャー、マーガレット…… 15, 62, 100, 111, 125, 140, 317, 325, 336
佐藤孝行…… 60, 231
司馬遼太郎…… 183
シュワブ、クラウス…… 31
鈴木宗男…… 137, 139, 157, 158, 257
スティグリッツ、ジョセフ・E. … 189, 299, 300
ソロス、ジョージ…… 189, 194

タ行
竹中平蔵…… 7, 168, 225
太宰春台…… 191
橘木俊詔…… 415
田中一昭…… 30
田中真紀子…… 81, 157, 158, 162
ダール、ロバート…… 268
辻政信…… 180
戸部良一…… 8, 180

ナ行
ナイ、ジョセフ…… 196
中川秀直…… 405
額賀福志郎…… 439
根本匠…… 428
野口悠紀雄…… 205
野中郁次郎…… 180

ハ行
ハイエク、フリードリヒ…… 397
橋本龍太郎…… 185
ハルバースタム、ディヴィッド 8, 181
フェルドシュタイン、マーティン… 289
フクシマ、グレン…… 36
福田康夫…… 428
船橋晴雄…… 191

著者紹介

曽根　泰教（そね　やすのり）

1948年生まれ。慶應義塾大学大学院政策・メディア研究科教授。
慶應義塾大学大学院博士課程終了、慶應義塾大学法学部助手、助教授、教授を経て90年総合政策学部教授、94年から現職。イェール大学客員研究員、エセックス大学客員教授、ハーバード大学客員研究員等。「新しい日本をつくる国民会議」主査。

著書：『決定の政治経済学―その理論と実際』（有斐閣, 1984年）
『現代の政治理論』（放送大学教育振興会, 1989年）
Political Dynamics in Contemporary Japan（共編著、Cornell University Press, 1993年）
『政治学』（共著、有斐閣、1996年）
『変動期の日韓政治比較』（崔章集と共編著、慶應義塾大学出版会、2004年）
『日本の民主主義』（共編著、慶應義塾大学出版会、2008年）等。

日本ガバナンス―「改革」と「先送り」の政治と経済

2008年8月10日　初版　第1刷発行　〔検印省略〕

＊定価はカバーに表示してあります

著者©曽根泰教　発行者　下田勝司　印刷・製本　中央精版印刷

東京都文京区向丘1-20-6　郵便振替 00110-6-37828
〒113-0023　TEL 03-3818-5521(代)　FAX 03-3818-5514
E-Mail tk203444@fsinet.or.jp

発行所　株式会社　東信堂

Published by TOSHINDO PUBLISHING CO.,LTD.
1-20-6,Mukougaoka, Bunkyo-ku, Tokyo, 113-0023, Japan

ISBN978-4-88713-845-2　C3031　